一九六四年東京オリンピックは何を生んだのか

石坂友司／松林秀樹 編著

Ishizaka Yuji
Matsubayashi Hideki

青弓社

一九六四年東京オリンピックは何を生んだのか／目次

第1部　オリンピックの熱狂と内実

——オリンピック至上主義の誕生と大衆化の行方

第2部　都市の改編とインパクト

装丁——神田昇和

序章　なぜいま一九六四年東京オリンピックを問うのか

石坂友司／松林秀樹

1　六四年大会と現在

　東京二〇二〇オリンピック・パラリンピック競技大会（以下、二〇年大会と表記）の開催が決まった。新国立競技場の建設やエンブレム問題にまつわる混乱に象徴されるように、招致から準備に至る過程は、オリンピックを開催することの意味、意義が見いだしがたいかたちで推移してきている。

　一方で、オリンピック開催に漠然とした期待を抱く人も少なくない。例えば、一九六四年の東京オリンピック（以下、六四年大会と表記）を経験した世代では、あのときのオリンピックの感動を再び味わいたい、という声が根強い。また、高度経済成長を経験して戦後復興を果たしていった日本の象徴的イベントとしての六四年大会を、二〇年大会に重ね合わせる人も多い。そこに垣間見えるのは、高度経済成長と一体となった六四年大会の強烈なまでの成功神話であり、それによって日本が世界に認められる第一歩を踏み出したとする自負の物語である。さらにいえば、六四年大会がテーマに戦争からの復興を、二〇年大会が東日本大震災からの復興を掲げたように、都市や人々の生活を破壊した出来事からの復興を世界にアピールするという共通性も併せ持つ。そうした点が、二〇年大会に六四年大会を重ね合わせてしまう理由の一つともいえるだろう。

来たる二〇年大会を契機に、日本社会の方向性について私たちはどのように考えていけばいいのだろうか。そのヒントは、やはり六四年大会に隠されているというのが私たちの見立てである。二〇年大会への期待からもわかるように、五十年を経た六四年大会の成功神話がその後の私たちの思考を規定していることは疑いない。そればかりか、六四年大会は、スポーツ界にとどまらず、東京という都市空間全体を劇的に変貌させ、中央と地方という格差を生み出しながら、日本社会のさまざまな領域を方向づけていった。そうであるならば、二〇年大会を語るためには、日本にとってのオリンピック成功イメージの出発点となる六四年大会とそれにまとわりつく物語を、まずは検証してみる必要があるだろう。はたして六四年大会は、成功に満ち溢れたものだったのだろうか。この問いの答えは社会学をはじめとして、これまで意外にも問われることは多くなかったように思う。

そこで本書は、六四年大会を起点にして、オリンピックが変えていった東京、ひいては日本社会について、スポーツ界（第1部「オリンピックの熱狂と内実――オリンピック至上主義の誕生と大衆化の行方」）、都市（第2部「都市の改編とインパクト」）という二つの柱を立てながら、まずはその内実を描き出すことから始める。

六四年大会と二〇年大会を比べたときに、最も大きく異なるのは、現在の日本社会が「縮小社会」に突入していることである。もはや、これまでのような成長と発展を単純に期待することはできない。その点からも、大規模な都市整備を必要とするオリンピック開催については、期待感がある一方で否定的な見方が根強く存在する。

都市整備の象徴ともいえるのが、高度経済成長期に東京圏で整備された社会インフラだろう。現在、これらの多くが更新の時期を迎え、「二つのオリンピック」を経るうちに、今後の存在意義を問われる状況になっている。その最たるものがオリンピックの前後に高度化・高速化が進んだ交通網で、以後の「開発主義」の礎ともなった。交通網を発展のシンボルとみなす〝神話〟は形を変えながら、いまも根強く日本社会の底流にある。公共事業に依存する施策に対する批判的な見方が定着しつつあるとはいえ、「失われた二十年」を経てもなお、なぜいまだにそうした風潮が残るのだろうか。

安定成長―バブル（とその崩壊）という時代変遷もふまえた六四年大会の「遺産」について、「ポスト二〇年大会」を見据えていまこそ再検討すべきだろう。六四年大会に対して、多くの「主体」がはたしてどのような夢を見、将来像を描いたのか。その結果が五十年を経た現在の社会にどのような影響を及ぼしているのか。このことが本書の最終的な問いである。

2　本書の構成――六四年大会は成功したのか

現在では六四年大会は成功体験として語られることが多い。そもそも「オリンピックが成功する／した」とは、いったいどのような条件をさして使われているのだろうか。NHKがおこなった「東京オリンピック成功予想調査(1)」（直後）の結果から探ってみたい。この調査では、道路の整備／交通機関の整備／競技場や施設の完備／町の美観／競技の運営／日本選手の訓練／外国から来た人の受け入れ態勢／日本人の公徳心の八項目について、一点から十点まで点数をつけさせるやり方で、大会を評価している（図1）。この結果を平均すると、おおむねすべての項目で七点以上になっていることがわかる。開催直後（の余韻が残るなかで）というバイアスを含めたとしても、この結果は当時の評価を端的に表しているといえる。つまり「六四年大会が成功した」という評価は、これら指標を総合した結果であり、それがいまに至るまで生き続けている、と考えうるわけだ。換言すれば、当時の多くの人々に共有されたこれらの経験・記憶・語りが、姿形を変えながら日本社会に根強く残されているのだろう（第1章「成功神話の内実と記録映画がもたらす集合的記憶」〔石坂友司〕）。

とはいえ、この結果をもう少し詳細に見ていくと、いまの私たちが何を考えるべきなのか、いくつかの示唆を得ることができる。

まず、「競技場や施設の完備」と「競技の運営」という二つの項目に関して、十点をつけている人の比率が高

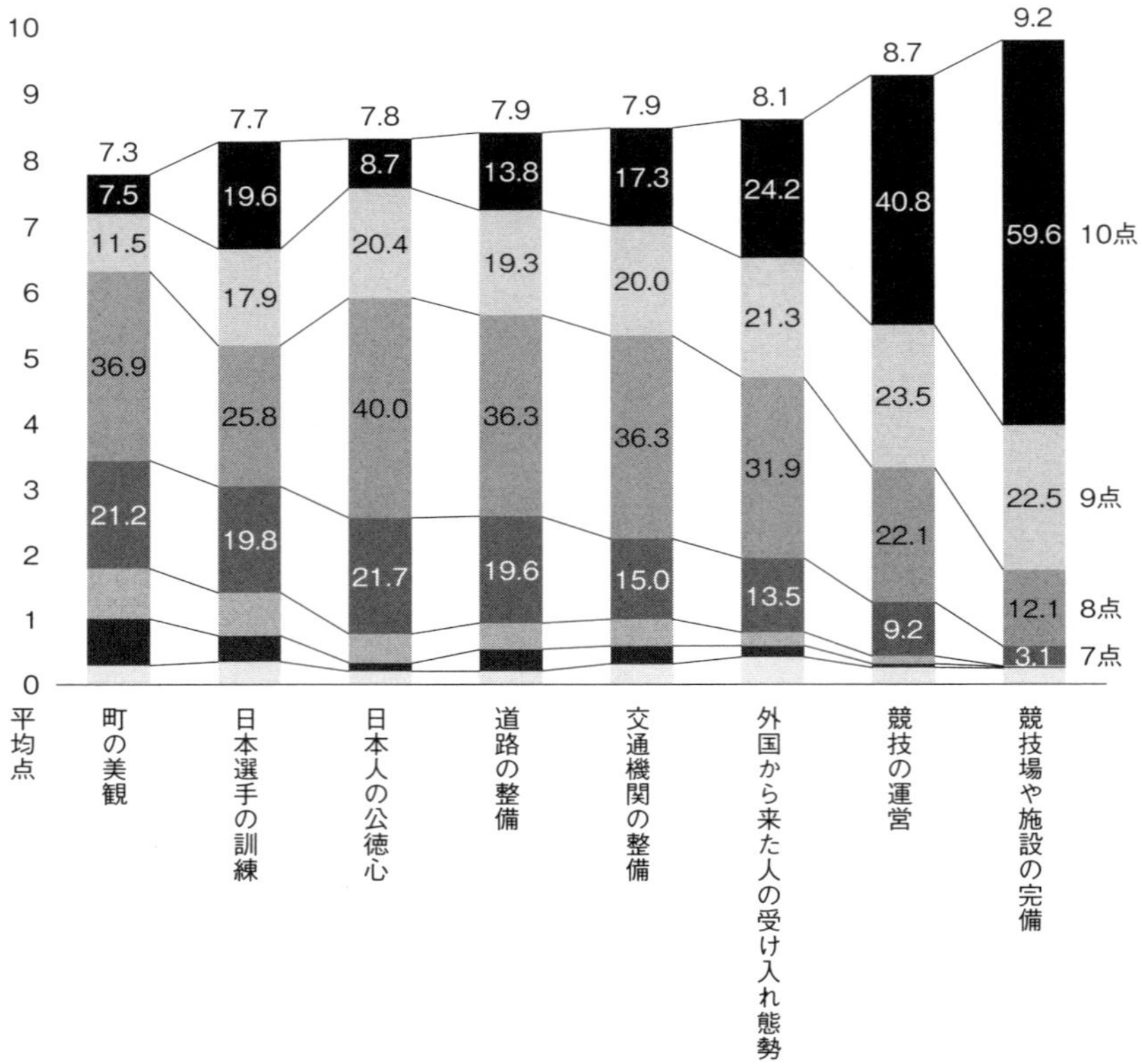

図1 「オリンピックは十分に行われたと思うか（東京、10点満点）」
（出典：「東京オリンピックにたいする意見と行動調査（直後）」、日本放送協会放送世論調査所『東京オリンピック』所収、1967年、192ページ）
注：グラフ最上部に表記した平均点は筆者が算出した

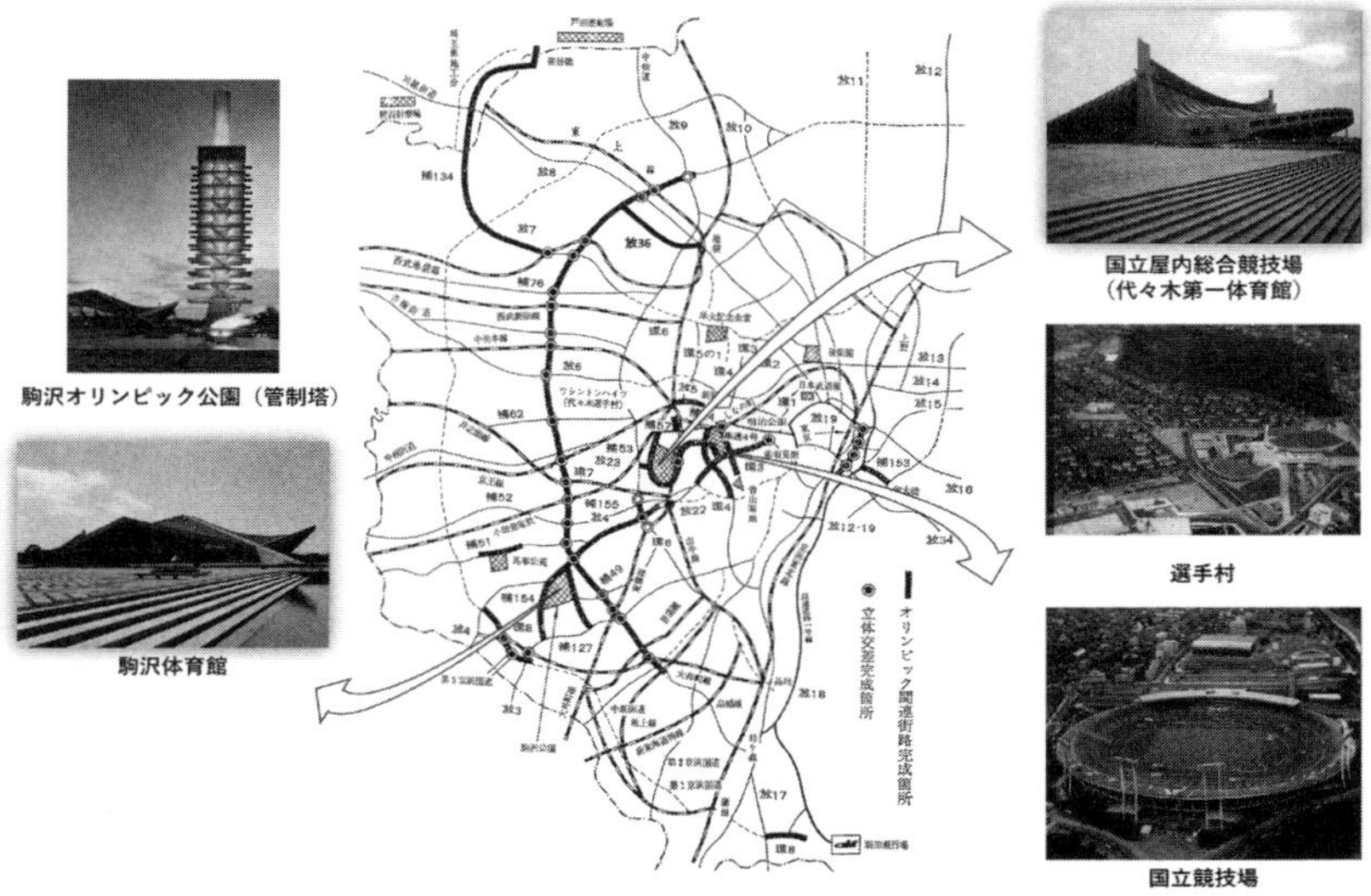

図2　六四年大会関連道路と主な競技会場
（出典：地図は東京都首都整備局編『都市計画概要』〔東京都首都整備局、1966年〕115ページ。写真は「東京オリンピック大会公式報告書」「東京都報告書」から筆者が作成）

い。この大会に向けて建設された施設としては、国立競技場（一九五八年建設）をはじめとして、丹下健三が設計した代々木競技場、高山英華が設計した駒沢オリンピック公園などが挙げられる(2)（図2はこの大会を代表する競技施設とオリンピック関連道路を示したものである）。また、大会そのものに限定すれば、大きな混乱はなくすべての日程が終了し、アベリー・ブランデージ国際オリンピック委員会（IOC）会長が最大級の賛辞を贈った。加えて、この大会ではさまざまな科学技術の導入も図られた。例えば、シンコム三号通信衛星を用いたオリンピック史上初の世界同時中継、セイコーの時間計測装置、IBMの電子計算機を用いた報道サービスなどである。これらは、スポーツと情報が交錯する先駆けとなり、現代の私たちに多大な影響を及ぼしていくことになった（第2章「情報社会化のなかの東京オリンピック――都市、情報、身体」〔新倉貴仁〕）。

その一方で、「日本人の公徳心」と「町の美観」の二項目はほかと比して低い点数への分布が目立つ。二〇〇八年北京大会の開催前、中国の公徳心に関する話題がメディア上をにぎわしていたが、東京も同じような状況だった。例えば、道路にたばこや紙くずを平気で捨てる者、公共物の汚損には無関心な者の存在を新聞の社説でも取り上げていて、日本の恥辱を世界にさらすことを懸念していたし[3]、大会後には競技会場に残されたゴミの山について報道している[4]。

また、舗装されて整然とした道路が通り、新幹線や地下鉄が通って東京の街並みの美観は改善へと向かい、下水道整備事業が曲がりなりにも進捗したことで、「不潔な都市」とも称された東京はたしかに「きれい」になったのである[5]。現代の視点ではネガティブに描かれることが多い首都高速道路が生み出した新しい景観は、当時は未来の都市の出現として肯定的に描かれていた[6]。一方で、川本三郎はこの大会によって「水の東京」が失われたと記しているが[7]、このような古き良き時代の回顧とともに同時代に対するネガティブな言説が登場していることには注意を向けておく必要があるだろう[8]。

これら景観問題と同根と考えられる、その後一九七〇年代にかけて悪化する交通渋滞や工業化による光化学スモッグの発生と公害問題、新幹線公害、ゴミ戦争に代表される生活環境の悪化と地域間格差の発生など、同時代に起こっていた数々の変化を六四年大会が表象することはあまりない。すなわち、オリンピックはそのような否定的な記憶としては語られることがないのである。

一方で、大会後に噴出した都市問題が、オリンピックを牽引して保守的地盤に支えられた東龍太郎都政から、美濃部亮吉革新都政への転換を実現させたというストーリーはよく語られてきた。シロウト都知事と揶揄されながらもスポーツ界のトップとしてIOCと日本オリンピック委員会（JOC）、都政を結び付ける役割を果たした東龍太郎と、そのもとでおこなわれた六四年大会は、都民にとってどのように評価されてきたのだろうか。それは美濃部革新都知事の誕生を導いた要因が、六四年大会とどのように関係するのかを分析することで明らかになるだろう（第9章「なにが革新都政を誕生させたのか」〔丸山真央〕）。

「町の美観」や「日本人の公徳心」ほどではないものの、同様の低得点の傾向を示しているのが「日本選手の訓練」である。やや表現が古めかしいが、これは日本選手団の競技成績と、そこに至る過程について評価されていると解釈していいだろう。本大会で日本は金十六、銀五、銅八のメダルを獲得した。金メダルの十六個はこれまで日本が一大会で獲得した最多メダル数となり、金メダル獲得順位も世界第三位と躍進した。前回のローマ大会が金四、銀七、銅七だったことを考えれば大躍進といえる。

そのうち金メダルを獲得したのは、「東洋の魔女」こと女子バレーボールチームをはじめとして、体操の五種目（団体、遠藤幸雄の個人総合など）、レスリングの五種目（フリースタイル・フライ級の吉田義勝など）、柔道の三種目（重量級の猪熊功など）、ボクシングの桜井孝雄、重量挙げの三宅義信だった。このほか、アントン・ヘーシンクに敗れて全階級制覇を逃した柔道無差別級の神永昭夫の銀メダル、最後の国立競技場で抜かれて銅メダルになったマラソンの円谷幸吉の活躍など、熱戦が展開されて人々の記憶に刻まれた。特に、ソ連と対戦した女子バレーボールの決勝戦はＮＨＫで放送され、六六・八％の視聴率を獲得した。現在でも破られていないこの（驚異的な）数値は、いまでも折にふれて取り上げられ、オリンピック〝神話〟の記憶が上書きされていく。

さらに、個性的な指導者として異彩を放った女子バレーボールの大松博文とレスリングの八田一朗は、「俺について来い」式の指導者として、また、根性論を日本のスポーツ界に持ち込んだ指導者として論評されることが多い。しかしながら、彼ら自身は、根性による非科学的・非合理的トレーニングを否定する言説を紡いでいるように、その描かれ方にはギャップが伴う（第4章「根性論の系譜学――六四年東京オリンピックはスポーツ根性論を生んだのか？」〔下竹亮志〕）。根性論の印象に反して、この大会はスポーツへの科学技術導入の幕開けでもあったのである。

こうした選手の活躍とそれに付随する盛り上がりが人々のスポーツ欲求を高め、いわゆるスポーツの大衆化につながったとする見立てもある。例えば、女子バレーボールチームの活躍が地域のママさんバレーボールを生み、円谷の激走が青梅マラソンをはじめとするマラソンブームを生んだというものだ。そこでは、地域や社会での女性の活躍と解放が積極的に語られ（第3章「女性スポーツの大衆化――東洋の魔女からママさんバレーへ」〔高岡治子〕）、地域の理想的な関係性を生み出す手段として、地域スポーツ＝コミュニティスポーツの必要性が語られていくのである。そのような捉え方は、どれほど実態を言い表せているのだろうか（第6章「背中合わせのオリンピックと地域スポーツ」〔尾崎正峰〕）。

また、二〇年大会がオリンピックとパラリンピックの融合として開催されることから、障害者スポーツの先駆けとなった六四年大会のパラリンピックに注目が集まっている。パラリンピックは、障害者のリハビリテーションを目的に掲げたことで、健常者のスポーツ＝オリンピックとは異なる発展を遂げてきたが、二〇年大会で完全なるアスリートの大会として位置づこうとしている（第5章「パラリンピックの開催――東京パラリンピックが生んだもの」〔渡正〕）。この変化はパラリンピックの誕生にさかのぼって考える必要があるだろう。

以上の五項目と比べて、「道路の整備」「交通機関の整備」「外国から来た人の受け入れ態勢」の三項目は分布の偏りが少ない。

六四年大会の開催にあたっては東海道新幹線と首都高速道路、東京モノレールの建設がおこなわれ、さまざまな道路網が環状七号線と都心部を結ぶ放射状に整備された（図2）。これらの建設は、戦前に準備された「幻の東京オリンピック（一九四〇年）」の遺産や、軍用地をはじめとする跡地利用に規定されながら、大会準備期から一九七〇年代の安定成長期にかけて、東京、あるいは東京圏の都市空間や都市構造の変化を導いていったと考えられる（第7章「オリンピックで見上げた空はなぜ青かったのか――メガイベントの隠れた効用とその両義性」〔町村敬志〕）。

道路建設に関しては、一九五八年に作られた「緊急道路整備計画」が、一般道路の新設拡張と高速道路の建設予算に約千五百五十八億円を計上したものの、その後の三年で事業費は約五二％の執行にとどまっていた。一方、増え続ける東京都の人口は、六二年に一千万人を超え、自動車保有台数は百万台に迫ろうとしていた。六五年には「車より歩くほうが速い」時代の到来が予想され、道路交通の危機が叫ばれていたのである。これを打開したのがオリンピックの開催だった。六一年度を初年度とする都の「新緊急道路整備五カ年計画」（総額二千四百八十億円）、国の「第三次道路整備計画五カ年計画」（総額二兆一千億円、首都高速道路の建設に一千億円を準備）が策定され、オリンピック関連道路の整備を強力に後押ししたのである。実際のところ、広く道路交通の危機が解消されたわけではなく、大会に関係するところ／しないところの差が歴然と現れた建設だったが、東京都はこれらの道路整備を六四年大会が残した最も「大きな遺産」として評価している。(9) これらの整備は東京、ひいては全国の交通網に確かな影響をもたらし、東京一極集中を生んでいったのである（第8章「オリンピックに向けた道路整備――六四年大会が残したもの」〔松林秀樹〕）。

外国人の受け入れについては、宿泊施設の整備に全力が注がれ、一九六二年に運輸省が推計した大会時の流入客総数十三万人（ピーク時の滞在客一日三万人）という数字が基盤となり、三万人を収容する施設の調達が努力目標として掲げられた。このほか、日本語が通じない外国人に対して、言語の壁を超えるコミュニケーション・ツールとしてピクトグラム（当時は「アイソタイプ」「絵文字」などと呼ばれた）が制作され、世界的イベントでの先行事例となった。(10)

以上の八項目に加えて、当時の東京を地方から相対化する視点をもつ必要もあるだろう。本書が注目するのは以下の二点である。現在二〇二〇年大会の開催後に大阪万国博覧会の開催が決まったように、六四年大会の東京と七〇年に万博を開催した大阪、という関係は再び相同性をもち始めている。六四年大会が表出する高度経済成長と、その後に続いていくポスト高度経済成長期の地域政策を大阪から捉え返し、地方圏の都市化と工業化が、東京一極集中が進む社会状況に対してどのような展開を見せたのかについてアプローチすることは、二〇二〇年以後の東京と地方の関係性を見据えるうえでも必要な作業だろう（第10章「大阪万国博覧会と地域整備――万博関連事業の成立と展開」〔高岡裕之〕）。そして、震災復興が強調される二〇二〇年大会に対して、六四年大会では戦後復興が語られた。さらに、六四年大会直前の六月に発生した新潟地震は、大都市圏での災害に対して多大な関心を向けさせる出来事になった。関係する必然性をもたない震災とオリンピックが、どうしてこうも簡単に結び付けられてしまうのかという問題に加え、震災地新潟で語られた六四年大会の姿を、地方からの視点を手がかりに解き明かす（第11章「警告する新潟地震――オリンピックを介した二つの「破壊」」〔水出幸輝〕）。

これまで見てきたように、六四年大会には、現代から見ればネガティブな要素と捉えられかねない多くの事項で、よりポジティブな評価が向けられてきた。そのことは批判的意見が存在しなかったということを意味するものではなく、冒頭で述べたように、成功神話によって多くのことが隠されてしまった可能性もある。そのため、私たちは現代的視点からあらためてこの大会を捉え返すことが必要なのである。

注

(1) NHK放送世論調査所が以下に示す五期間で、東京二十三区と金沢全市を対象に、選挙人名簿による二十歳以上の男女千五百人(金沢千人)に実施した。調査の日程は以下に示すとおりである。一九六四年六月一—十日(事前)／一九六四年十月三—五日(直前)／一九六四年十月十九—二十一日(期間中)／一九六四年十一月四—六日(直後)／一九六四年十二月十二—十九日(事後)。調査概要については日本放送協会放送世論調査所『東京オリンピック』(日本放送協会放送世論調査所、一九六七年)を参照。

(2) 日経アーキテクチュア編『丹下健三——時代を映した〝多面体の巨人〟:日経アーキテクチュア1975—2005』(日経BP社、二〇〇五年)、東秀紀『東京の都市計画家 高山英華』(鹿島出版会、二〇一〇年)、片木篤『オリンピック・シティ東京——1940・1964』(河出書房新社、二〇一〇年)などを参照。

(3) 「読売新聞」一九六三年八月二十七日付

(4) 「朝日新聞」一九六四年十月二十六日付

(5) 池田信編著『みなと写真散歩』池田十二生、一九六八年、八九ページ

(6) 石渡雄介「未来の都市／未来の都市的生活様式——オリンピックの六〇年代東京」、清水諭編『オリンピック・スタディーズ——複数の経験・複数の政治』所収、せりか書房、二〇〇四年、一五四—一七二ページ。一方で、首都高に覆われた日本橋を「ここには〝空〟も〝水〟もない。広大さもなければ流転もない。あるのは、よどんだまっ黒の廃液と、頭の上からのしかかってくる鉄骨むきだしの高速道路である」と評した有名な記述もある(開高健『ずばり

東京——開高健ルポルタージュ選集』〔光文社文庫〕、光文社、二〇〇七年、一六ページ）。

（7）川本三郎編、田沼武能写真『昭和30年東京ベルエポック』（「ビジュアルブック江戸東京」第四巻）、岩波書店、一九九二年、八九ページ

（8）このような言説が登場する背景は、渡辺裕によると、都市景観の矛盾が露呈し、都市論が盛んに語られた一九八〇年代、そして二〇〇〇年代以降の首都高地中化の議論だという（渡辺裕『感性文化論——〈終わり〉と〈はじまり〉の戦後昭和史』春秋社、二〇一七年、第四章）。

（9）東京都編『第18回オリンピック競技大会——東京都報告書』東京都、一九六五年、一四〇ページ

（10）東京国立近代美術館編『東京オリンピック1964デザインプロジェクト』東京国立近代美術館、二〇一三年、九二——九七ページ

第1部　オリンピックの熱狂と内実

――オリンピック至上主義の誕生と大衆化の行方

第1章　成功神話の内実と記録映画がもたらす集合的記憶

石坂友司

はじめに

二〇年大会の開催を間近に控えて、その準備が混乱していることを示す出来事には事欠かない。その原因には、いまなぜ東京でオリンピックを開催するのかといった根本的問いに対する答えが、いまだに見つからないということが大きな要因として存在する。(1)

しかしながら、これらの混乱にもかかわらず、あるいは混乱の陰に隠れて、オリンピックに期待する人々の存在、そして「もう一度オリンピックを見たい」と考える人々の大きい期待もあることを見逃してはならない。「二〇二〇年までは死ねない」というような、生きがいの創出とでも呼ぶべき言説も時折見かけるようになった。その期待をいま一つ理解できない私たちはこの期待の源泉となっている六四年大会について捉え損なっているのではないだろうか。

二〇年大会の開催については、どれだけ多くの人が賛成し、または関心を示しているのだろうか。大会招致が決まる前の二〇一二年一月、開催に賛成する人の割合は招致委員会が実施した限定的な調査結果ながら、六五・

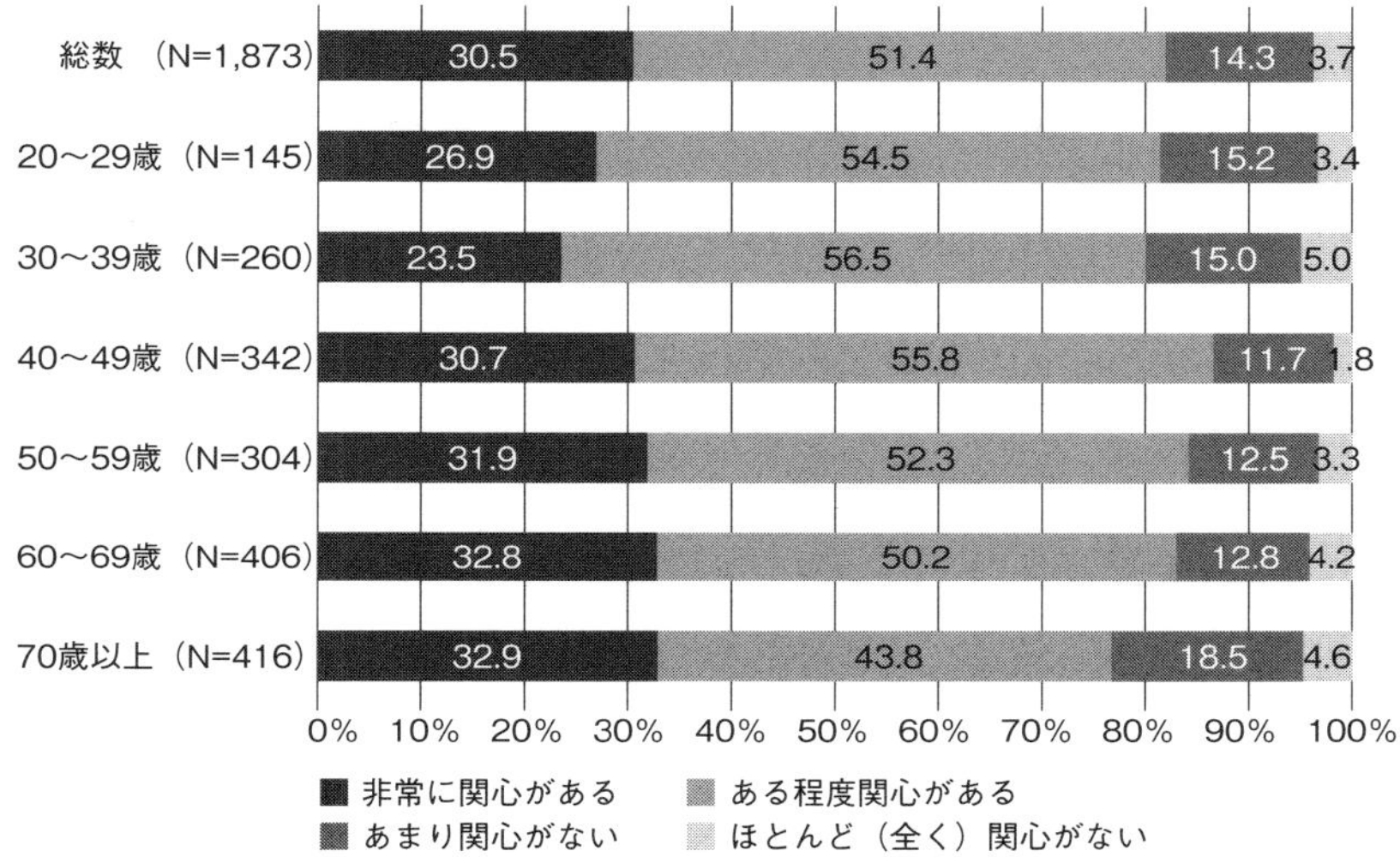

図1　二〇年大会への関心度
（出典：「東京オリンピック・パラリンピックに関する世論調査」〔内閣府政府広報室、2015年6月11日—21日〕）
注：「わからない」の割合は総数0.1％、70歳以上0.2％のため今回は除外した

七％（東京都内六五・二％）と公表されていた。[2] 開催決定後、内閣府政府広報室が一五年六月に実施した「東京オリンピック・パラリンピックに関する世論調査[3]」を見ると、二〇年大会に関心がある人の割合は八一・九％（「非常に関心がある」「ある程度関心がある」を含む）にものぼる。これを年代別に見たのが図1である。「非常に関心がある」の割合がいちばん高いのは七十歳以上で（三二・九％）、六十―六十九歳が次に続く（三二・八％）。この割合は年代が下がるにつれて減る傾向がある。六四年大会時に小学生以上で、教室での観戦や記録映画の鑑賞を経験した年代はおよそ六十歳以上の層に含まれる。[4]

内閣府の調査が準備の混乱を経験する前の数字であることを差し引いても、関心層は高い割合で存在するといってよさそうである。ジュールズ・ボイコフは、現代のオリンピックが多くの過剰を生み出し、人々から敬遠されながらも拡張し続けるメカニズムを、経済利益というよりも祝祭そのものを駆動力として展開する資本主義の一側面、すなわち「祝祭便乗型資本主義[5]」と名づけた。阿部潔は、二〇二〇年に向けて、「スポーツの内側」にとどまらず、「スポーツの外側」のより広範なテーマ群を飲み込んでオリンピックが醸成する祝祭への便乗が華やかに演じられることに警鐘を鳴らしている。(6)

一方で、二〇二〇年大会への賛否に少なからず影響を与えていると考えられる六四年大会は、「ライバルは、1964年。」(ACジャパン)と題したCMに象徴的に見られるように、いま「栄光の参照点」として「元気」や「前向きさ」の表象として描き出されていて、その構図はそれが欠けているものとして現代を捉え直そうとする仕掛けに通じる。そこでは混乱の二〇二〇年大会に対して成功の六四年大会が対置され、「昭和に潜む魅力」がいや応なく際立つ図式になっている。(7)

六四年大会は敗戦からの立ち直りと急速な経済的成長、自信を回復した日本の国際復帰を祝う平和の祭典であり、国家の祭典としてナショナリズムを喚起した象徴的なイベントとして定型的に語られる。(8)六四年大会は、高度経済成長期としてくくられる時代の参照点として定まったメガイベントでもあるのだ。(9)

序章でも言及したように、ここで一つの疑念がわく。そもそも六四年大会は何の混乱や心配事もなく、本当に成功裏に終わったのだろうか。そして、私たちがその成功神話に魅力を感じてしまうように、当時の人々も期待と成功の感覚を共有していたのだろうか。結論を先取りすれば、準備期で、六四年大会は多くの人々の日常生活からはかけ離れ、一般にとって興味が薄いイベントだったし、現在と変わらぬような混乱が相次ぎ、薄氷を踏む思いの開催となった。それにもかかわらず、大会開催を経てその評価は大きく変わり、特に競技場や施設の完備性、競技の運営で高い評価を獲得するに至った。

ここから二つのことを考えなければならない。第一に、六四年大会の準備期の混乱はどのようなものだったのかということ、第二に、それが成功神話に転じるとき、大会の記憶として人々が何を選び取り、一方で何を忘却していくのか、という問題である。

1　準備期での六四年大会の混乱

大会まで三年に迫った一九六一年八月二十五日、「朝日新聞」の社説は「東京オリンピックを憂う」と題して、準備の難航具合について以下のように書いている。

資金をはじめ、競技施設、選手村、それに関連する道路計画など、どれ一つをみても、これでオリンピックが無事にやれるのだろうかという不安が絶えない。一部には返上論さえ起こっている。（略）われわれの求めるのは、このような〔必要最小限のものに限定した：引用者注〕小ぢんまりとして恥ずかしくないオリンピックと、国民全体の協力態勢なのである。(10)

このような記述は六四年大会直前まで見られる一つの言説パターンである。(11) 二〇年大会での同時期の状況と驚くほど酷似しているとはいえないだろうか。

大会準備の遅れや混乱は、組織委員会という大会運営のかなめを根底から揺さぶる事態へとつながっていった。開催まで二年となった一九六二年十月三日、組織委員会会長の津島寿一（日本体育協会会長）と事務総長の田畑政治（日本オリンピック委員会〔ＪＯＣ〕総務主事）が辞任した。事実上の更迭である。政府、東京都、日本体育協会の連携不足と責任体制の不明確さに加え、津島と田畑の不仲が喧伝され、(12) 準備が遅延していたことが一因である。表向きは、六二年にインドネシアのジャカルタでおこなわれたアジア競技大会への日本選手団派遣問題(13)の責任をとらされての辞任になった。その後、会長には安川第五郎(14)（日本原子力発電会長）、事務総長には与謝野秀(15)（外交官）が就任した。安川、与謝野ともに大学時代にはスポーツ経験をもっているが、その後は表立ってスポーツ界との接点をもっていない。オリンピックに関わる要人の「素人性」は、東龍太郎都知事、映画監督の市川崑などいたるところに見いだすことができる。

この時期、競技場の選定こそすんでいたものの、建設をしながらの設計が各所で同時並行的におこなわれるなど、準備に余裕はなく、オリンピック道路の建設で都内のいたるところが掘り返され、慢性的な交通渋滞はさらに悪化していた。競技場や首都高速建設の突貫工事は全国から職人を集めて昼夜を問わずおこなわれ、開幕直前に駆け込むように完成した。また、新幹線建設は、運営の先行きが不透明ななかで計画され、開通にはこぎ着けたものの、まさに薄氷を踏む思いの状況が続いたのである。[16]

2　六四年大会に対する評価

当時の東京二十三区に住む人々が大会準備にどのような評価を下していたのかについては、序章で紹介した「東京オリンピックにたいする意見と行動調査」[17]（ＮＨＫ放送世論調査所。以下、「五輪調査」と略記）のほかに、「東京オリンピック成功予想調査」[18]（統計数理研究所。以下、「予想調査」と略記）からうかがい知ることができる（図2）。詳細に見ていくことにしよう。

「予想調査」によると、一九六二年十二月の時点で、大会が「りっぱに行われる」と回答した人の割合は四六％で、「りっぱにゆきそうもない」と回答した四四％をかろうじて上回ったものの、住民の不安感が高かったことがうかがわれる。その後、開催まで一年を切った六三年十一月には、「りっぱに行われる」と回答した人の割合は六六％、直前の六四年五月には六九％と上昇したが、依然として自信をもてる数字ではない。ところが、大会終了後の六四年十二月には九五％とほとんどの人が成功したと感じていることがわかる。これは多くの人々にとって、この大会が成功したと位置づけられたことを示している。[19]

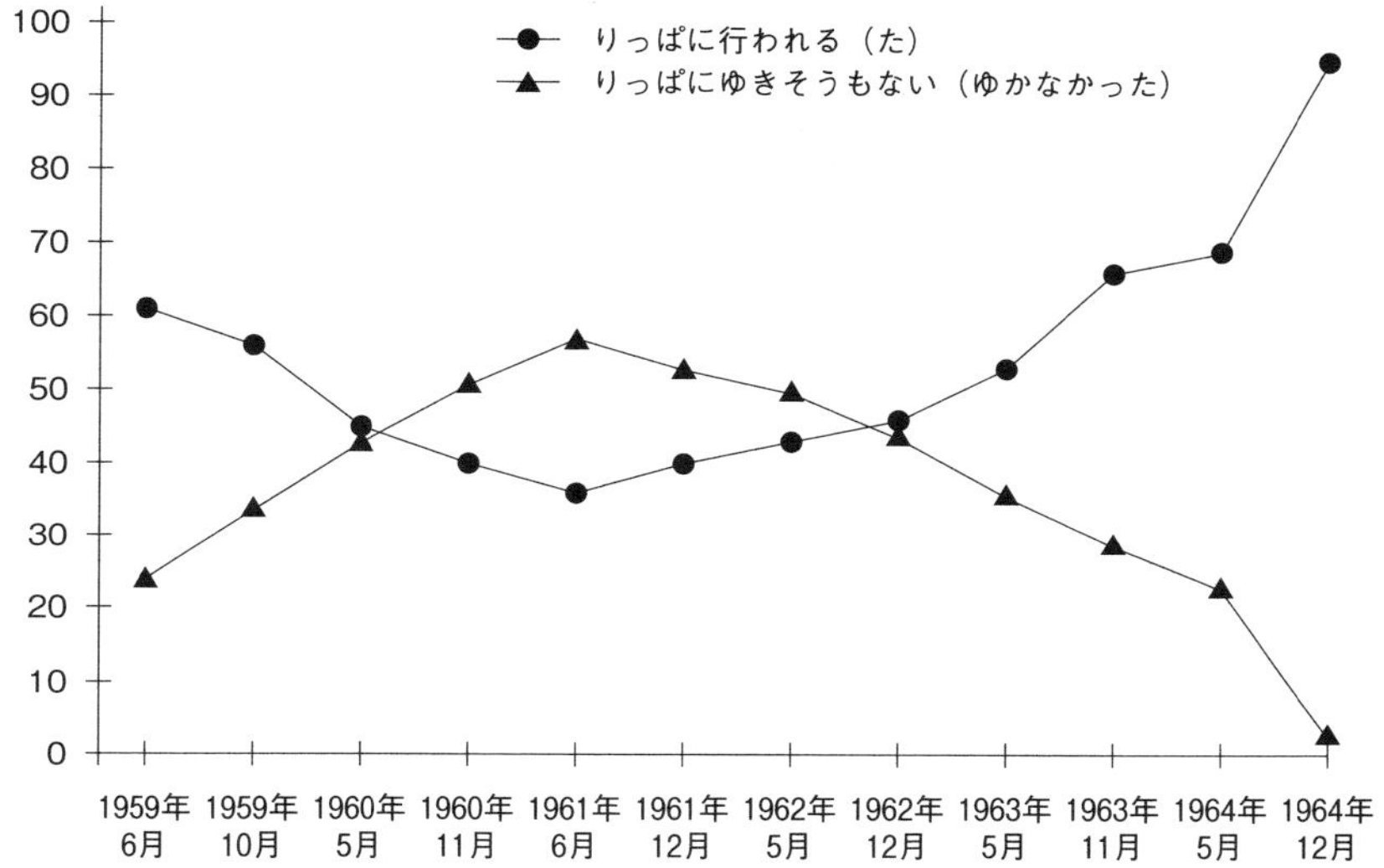

図2 「オリンピックは立派に行われる（た）か」
（出典：「東京オリンピック成功予想調査」、統計数理研究所「数研研究リポート25 東京定期調査の結果――1969年まで」所収、統計数理研究所、1970年）

開催年の一九六四年に開始された「五輪調査」では、大会が「りっぱに行われる」と回答した人の割合は高い数字（六月の時点で八九・七％）が出ている。加えて注目したいのは、大会前におこなわれた調査結果（事前調査、一九六四年六月一日―十日[20]）である。「近頃どんなことにいちばん関心をもっているか」（問一）という問いに対して、「社会・経済・政治への関心」（三三％）、「関心をもっていることはない・わからない・無回答」（一九・四％）、「家族・友人などのプライマリィ・グループへの関心」（一三・四％）、「自分の生活についての関心」（一一・五％）と続き、「オリンピックへの関心」と答えたのはわずか二・二％にすぎなかった。このことから四カ月後に迫った大会よりも、社会・経済といった身近なテーマの位置づけが高いことがわかる。

ただし、人々はオリンピックにまったく関心をもっていないわけではなく、直接大会への関心の度合いに関する質問を向けられると（問二）、「非常に関心をもっている」（二四％）、「やや関心をもっている」（四七・二％）と答えていて、約七〇％の人が関心をもっていたことがわかる。それでも、約三〇％

の人が関心をもっていないということでもあり、初めてのオリンピック開催を控えた東京としては低い数字といえるかもしれない。

さて、六四年大会はどのようにして開幕の十月十日を迎えたのだろうか。日本放送協会放送世論調査所による、当時としては数少ない社会学的分析によると、準備段階での世論の反応は低調であり、「生活から遊離した事件」にすぎなかったとされる。[21] また、先行して開催されたインスブルック冬季大会で日本がメダルを獲得できずに終わったことが、大会への興味をそぐ結果となった。

同じ調査によると、低調なムードを熱狂に変えたのが全国を縦断した聖火リレーの存在だとされる。沖縄や北海道などを出発点とする四コースを経て四十七都道府県を巡って東京まで運ばれた聖火は、およそ十万人がリレーして、二千八百七十万人が見たとされる。人々は聖火を追いながら開会式へと誘われたのである。[22]

3　大会を人々はどのように記憶したのか

次に、大会の評価が、開催後にどのような記憶として残されていくのかについて考えていくことにしよう。筆者らは長野オリンピック開催（一九九八年）から十年を経た地域の変容を調査する過程で、アンケート調査「五輪影響調査[23]」を実施し、大会の記憶は好成績をあげた競技や生活に直結するインフラ整備について強く残ることを明らかにしてきた。その観点をふまえて、ここでは競技の記憶に絞って検討していきたい。

大会の熱戦を人々はどのように見て、どのように記憶したのだろうか。筆者は六四年大会を経験した世代ではないが、すぐに思い出せる映像がいくつかある。例えば、開会式で天皇が待ち構えるスタンドに規律ある行進をしてきた日本選手団、航空自衛隊のブルーインパルスが空に描いた五輪のマーク、早稲田大学の学生だった坂井義則による聖火点灯などである。競技では柔道無差別級でオランダのアントン・ヘーシンクに敗れた神永昭夫の潔い態度と、喜びのあまり試合後になだれ込もうとしたコーチをヘーシンクが押しとどめたシーン。また、「金メダルポイントであります」という実況アナウンサーの声とともにオーバーネットで金メダルを獲得した女子バレーボールチームの活躍と、試合後虚脱感におそわれる大松博文監督などの映像である。

これらの映像的記憶は市川崑による六四年大会の記録映画『東京オリンピック』によってもたらされたものだ。市川は総勢二百六十五人のスタッフ、約十万メートルにも及ぶフィルム撮影と編集を通してこの記録映画を完成させた[25]。会場で観戦できた人が限定的だったことを考えれば、当時の人々の多くは、競技をテレビで観戦したほか[26]、この記録映画の鑑賞によって記憶を上書きしていったと考えられる。

図3　「東洋の魔女」を撮る市川崑
（出典：キネマ旬報社編「別冊キネマ旬報 映画のレンズだけがとらえた東京オリンピック」1965年4月号、キネマ旬報社）

テレビでの実況中継はＮＨＫに加え、ＮＨＫから映像提供を受けた民放五社が、独自のアナウンサー、解説者をそろえて同時間帯におこなったほか、夜には三十分から一時間のハイライト放送をおこなった[27]。大会期間中、日本中のブラウン管はオリンピック一色に染まったのである[28]。実のところ、ＪＯＣが委託し、ＮＨＫが撮影したこれらのフィルムは大会後に散逸し、行方がわからなくなっていた。フィルム自体が高価だったため、上から重ね撮りして使われていたこと、アーカイブの仕組みが十分に整備されていなかったことが原因だが、それらが近年相次いで発見された[29]。

テレビの実況中継と記録映画の映像を見比べると、その違いにすぐ気づかされる。例えば、開会式の映像はナレーション、各国選手団入場時の音楽が異なり、天皇の構図も、あらかじめ一人起立して選手団を待ち受ける記録映画の映像に対し、実況中継では周りの者の姿に紛れているといったように印象が異なる。また、女子バレーボールの映像は、試合後に虚脱感におそわれる大松を市川自身が撮影したというカメラが凝視し(図3)、悲しげな音楽が流されるのに対して、実況中継はソ連の監督とお互いの健闘をたたえ合う、どこかほっとした大松と日本チームの喜びと涙を捉えている。虚脱のシーンが現れるのは、選手が退場行進をするときの一場面である。このように、切り取られ、市川の解釈を与えられた記録映画の映像は、実際に中継で放映された実況映像とは当然ながら異なっているのである。

市川の記録映画制作に対しては、オリンピック担当大臣・河野一郎が懸念を表明した、いわゆる「記録か芸術か」論争[30]が有名である。市川は、「この映画は純然たる記録であって、しかも単なる記録にとどめてはならない。なぜならオリンピックは、人類のもっている夢のあらわれなのだから」[31]とその制作意図を語っていた。これに対して、公開前に関係者を集めておこなわれた試写で、河野は日本選手の活躍場面が少ないなどとして、「芸術性を強調するあまり、正しく記録されているとは思われない。オリンピック担当大臣としては、これを記録映画として残すことは適当ではない」[32]という言葉を発し、物議を醸した。その後、日本選手の金メダル獲得と日の丸掲揚、皇太子の登場シーンなどが追加され、完成披露特別試写会がおこなわれたが、河野の発言力は大きく、一般公開までにさらにいくつかのシーンが追加されることになった。

4　オリンピックはどこまでナショナリズムを高めたのか

私たちは六四年オリンピックの情景描写に、「熱狂の渦に包み込まれた」という表現を使いがちである。現在でも最多タイを誇る十六個の金メダル獲得は、日本選手団の躍進を示し、ネイションの優秀性を示す指標として機能する。[33]この数字を事前に予想していた人の割合は一〇%にすぎなかったが、[34]予想以上のメダルラッシュによって、ナショナリズムを喚起する感情が国民に芽生えていた可能性はある。この時期のテレビの普及は、皇太子成婚パレードなどを通した国民的メディアイベントを成立させていったが、大会を観戦し、メダル獲得の過程を目撃することによって、ナショナリズムを強力に推し進める「想像の共同体」を作り出したとも考えられるからである。[35]その意味で、この大会は「スポーツの祭典としての世界性」を高め、「ナショナリズムの高揚の場」にライブで人々を参加させることによって、[36]以後のオリンピックが増殖させていくとされているナショナリズムの経験を可能にしていったものだった。

しかしながら、「五輪調査」（大会直後、問十三）の結果は興味深い。それによると、オリンピックという場で日本選手に「日本の名誉のためにぜひとも勝ってほしい」という意見と「スポーツを通じて、人間の力の限界をためす場である」とするどちらの意見に賛成かという問いに対して、「前者に賛成、またはどちらかといえば賛成」と答えた人の割合が三七・五％に対して、「後者に賛成、またはどちらかといえば賛成」が五一・六％と上回っている。これは、現在でもまだ抜かれていない六六・八％というテレビ視聴率をたたき出した女子バレーボールの金メダル獲得などを見てもなお、日本選手の勝利を絶対視する感情に支配されることが少なかったことを示している。このイベントを国民的精神発露のきっかけにしようとする政治家の意図はもくろみどおりには進んでいなかったといえるだろう。この問いの答えは、大会をテレビで見た人々の印象が、次に見ていくように、記憶が上書きされ美化された映像によって語られる、現在から見た六四年大会のイメージとは異なっていたことを示唆している。

5　記録映画に込められた意図

記録映画は劇場で百二日間にわたって公開され、鑑賞人員千八百五万人、配給収入十一億七千三百三十二万円という空前の記録となった。[37]河野発言の余波で、文部大臣・愛知揆一は文部省として記録映画としては推薦せず、一方で、小・中・高生の団体観覧の通達は取り消さないという措置をとった。[38]その小・中・高生の団体観覧は千

図4　閉会式
（出典：オリンピック東京大会組織委員会編『第18回オリンピック競技大会公式報告書』オリンピック東京大会組織委員会、1966年）

五十九万人にも及び、空前の記録を下支えした。冒頭に述べたように、この層が現在六十歳を超える人々である。なお、この記録映画はのちに、より記録性を重視した『世紀の感動』[39]として再制作された。

　実況映像との比較ではないながらも、渡辺裕は記録映画が志向した「作りもの」性について論じている[40]。渡辺は記録かフィクションかという対立軸ではなく、その時代の記録映画とその後を隔てる感性の違いをそこに見る。すなわち、ラジオ中継によるような、聴覚的な体験様式や可能性が置き去りにされるとともに、その後の視覚優位の文化状況を生み出す転換点にこの大会があり、記録映画が成立していると論じている。また、真っ赤なブレザーを身にまとった日本選手団が入場行進するカラー映像の記憶について、もともとは白黒画像だったものが、記録映画や回顧番組などで彩色された結果として立ち現れる[41]、と分析しているように、映像の記憶は上書きされる性格をもつ。

　このように、オリンピックを経験した人々は、実況中継で観戦するとともに、その日の再放送で競技を振り返り、さらに記録映画でこの大会を記憶していったと考えられる。一方で、その後に生まれた世代は、この記録映画だけを通じて大会を知り、映像を記憶していった。ここには世代によるオリンピック経験と記憶の差異も存在するはずである。

　ところで、市川崑がこの記録映画に込めた思いとは、「世界が大戦争をしていないときにオリンピックというのは行われている。だから人間は四年に一遍、平和の夢を見るんじゃないか[42]」と述べているように、世界平和が最大のテーマだった。アベリー・ブランデージ国際オリンピック委員会（ＩＯＣ）会長が最大の賛辞を贈った大会は、その最後を締めくくる閉会式によって、オリンピックを象徴する世界平和の概念を表現した意義深いものになった。「お祭り閉会式」とも形容されるそれは、厳格な雰囲気のなかに緊張した面持ちで選手団が入場した開会式とは打って変わって、各国の選手が入り乱れて入場する開放的なものだった。外国選手に肩車された日本選手団旗手の福井誠、吹奏楽団の演奏を傘を持って指揮する者、ユニフォーム姿で観客に手を振りながら場内を走り回る者などさまざまで、会場の雰囲気をやわらげた[43]（図４）。この光景を見た作家たちはその様子を以下のように描写している。

> 行進しながら選手同志《（ママ）》握手するもの、手を振るもの、踊り出すもの、冷たいほど整然としていた開会式に比べて、それだけ今日の方が心暖る《（ママ）》ものがあったろうか。（略）この別離は、そのまま再会につながるのだ。人間が魔につかれて愚かな戦争を起さぬ限り、人間の美と力と尊厳の祭典は所を変え、きり無くくり返されていく筈なのだ[44]。
>
> これは、ぼくがオリンピックの二週間をつうじて見た、最高のお祭り気分の数十分だった。選手たちは、いまや世界じゅうの、すっかり開放されつくした陽気な若者たちの群衆にほかならない。そして彼らの解放感が、観衆にも感染している[45]。

市川は、想定外の出来事が目の前で起こったために気が気でなかったという心境を吐露している[46]が、閉会式の選手団入場はこの大会を代表するシーンの一つである。このような入場がどのようにして可能になったのか、スポーツ批評家の虫明亜呂無が謎解きをしている[47]。そのシーンが「世界の若者たちがスポーツによる平和の出逢いをはたしたあとの友情と青春感情の表現」のような印象を与える一方で、中東をめぐるアラブ諸国とイスラエルとの軋轢と確執がその背景にあった。当時アラブ諸国と政治的緊張関係にあったイスラエルの入場順番について、ボイコットをほのめかした抗議が開会式の時点で起きていた。それに対する政治的配慮の結果として、組織委員会が国ごとの入場行進をとりやめたというのである[48]。

前記のようなお祭り的で、平和を体現するオリンピックの語りに反して、そこに現実的な政治状況を見据えた緊張関係を読み解いているのが松本清張である。

開会式は華やかであった。まことに世界は一つ、の感激がもり上がりそうであった。だが、数日後にそれに水をかけることが競技場の外で起った。ソ連のフルシチョフの失脚と、中国の核実験の爆発である。瞬時にオリンピックが色あせてみえた。世界は一つ、でなかったことがわかった。オリンピックがお祭でしかなかったことも思い知らされた。(略)いまのところ、善意な観念も現実に刃向いができないのである。オリンピック精神によって世界平和を手招きしようという考えは――残念ながら、思い上がりにすぎない(略)[49]。

松本が指摘しているように、オリンピックを一歩離れれば当時の国際情勢は緊迫化していて、それを象徴するかのように引き起こされたのがソ連のニキータ・フルシチョフ失脚(十月十五日)、そして中国の核実験(十月十六日)だった。この大会はお祭り的雰囲気の裏側で、実に不安定な政治状況を抱えていたのである。内田隆三が論じるように、オリンピックとは、「世界は一つ」という理想主義的な〈信仰〉が賭けられている一方で、そこに抜き差しならない〈現実〉がある事態を寓喩的に確認する盛大な儀式でもある[50]。

市川が記録映画のなかで東西の冷戦構造に配慮してアメリカとソ連の優勝者を交互に並べ、マラソンのアベベ・ビキラに長時間のスポットライトを当てることで第三世界の独立機運を表現したように、私たちはそこから競技の記録だけではなく、同時代の空気をも読み取る必要があるだろう。

おわりに

これまで分析してきた六四年大会をめぐる評価と人々の記憶について、どのように現代的に解釈できるだろうか。モーリス・アルヴァックスは「人が想い出すのは、自分を一つないし多くの集団の観点に身を置き、そして一つないし多くの集合的思考の流れの中に自分を置き直してみるという条件[51]」にあるとし、それを集合的記憶と呼んだ。そのときどきに集団が用意している「記憶の枠組」を用いて過去を想起することは、想起がおこなわれる現在にそのつど過去が再構成されるということを意味している。

集合的記憶の枠組みの一つを映像として捉えたとき[52]、記録映画の存在は私たちの六四年大会に対する見方、記憶を再構成する役割を果たす。このとき、過去を想起する主体は大会を経験した当事者には限られない[53]。いま二〇年大会を迎えようとしている多くの人々がこの枠組みを通して六四年大会の記憶を共有し、それを上書きしていくことになるだろう。そして、そのこと自体があるメンバーの取り込みと排除につながる側面[54]、すなわち「想像の共同体」としてのナショナリズムへと接続する危険性に警鐘を鳴らしておくことも必要である。それはすなわち、長野大会でも起きたように、やがて華やかに演じられるだろう二〇年大会がその祝祭的雰囲気に同調できない者を排除し、ナショナリズムを強く喚起するイベントとして機能する危険性である。ただし、六四年大会が友好的な雰囲気を醸し出した閉会式や大会への評価で示したように、それが一面的な価値観に集約するかというと、必ずしもそうではない。

二〇年大会ではどのような記憶が重視され、また忘却されていくのだろうか。町村敬志は札幌オリンピックが生み出した「記憶の地場」について分析した論考で、大会を経験することによって見えなくなるものが存在すると述べる。それは一九七〇年代の札幌で、北海道を支えた経済的基盤が次々と解体していった現実の厳しさの記憶であり、大会の記憶はどこか楽天主義と響き合うノスタルジーを呼び起こす[55]としている。

これまで見てきたように、六四年大会の準備期は混乱の渦中にあり、人々の生活に直結する身近なテーマから遊離していたにもかかわらず、大会自体は立派におこなわれたと評価され、現代に続く成功神話につながっていった。本章はその揺らぎを追いかけながら、記録映画が集合的記憶を呼び起こす一つの可能性について論じてきた。

二〇年大会招致に向けて作られたスローガンは「今、ニッポンにはこの夢の力が必要だ。」だ。ここにはニッポン復活の手段としてのオリンピック、パラリンピックの必要性が掲げられている。言うまでもなく、復活させるニッポンとは一九六四年という時代が表象したような、高度経済成長に彩られた日本である[56]。しかしながら、冒頭の問いに戻ると、六四年大会＝成功の大会として、また懐かしさの文脈で語ることを批判的に捉え返さなければならない。この大会の記憶はただ一つの像を結ぶわけではなく、それ自体が多様な経験と語りとして存在するからである。

二〇年大会も準備期の混乱にもかかわらず、大会そのものは順調におこなわれ、選手も空前のメダル数を獲得するなどして、日本国内が熱狂の渦に包まれるかもしれない。六四年大会がそうだったように、二〇年大会の混乱の記憶は競技会の成功をもって上書きされてしまう危険性を内包している。しかしながら、本章が示してきたように、六四年大会の開催に至るまでにもさまざまな混乱が表出していたこと、それが日本社会の一つのありようを描き出していたことを忘れてはならない。そして、オリンピックをいまなぜ開催しなければならない／ならなかったのか、という現在的な問いの答えを探すこともやめてはならないのである。

注

（1）石坂友司『現代オリンピックの発展と危機1940―2020――二度目の東京が目指すもの』人文書院、二〇一八年

（2）招致委員会が民間の調査会社に委託したもので、調査方法や回収率などは公表されていない。インターネット調査（モニター数三千人）と電話調査（千人）の結果を平均した数字とされ、不完全な調査結果にすぎない。

（3）二〇一五年六月十一日から二十一日に実施され、層化二段無作為抽出法で選ばれた全国二十歳以上の日本国籍を有する男女三千人を対象として、調査員による個別面接聴取がおこなわれた。有効回収数は千八百七十三人、有効回収率は六二・四％だった。このほか、ＮＨＫ放送文化研究所が二〇年大会への関心を問う調査「東京オリンピック・パラリンピックに関する世論調査」を一六年から毎年継続して実施している。一七年の調査結果によると、こちらも関心がある層（大変関心がある、まあ関心がある）が八〇％と高い数字を示している（鶴島瑞穂／斉藤孝信「二〇二〇年東京オリンピック・パラリンピックへの期待と意識――「二〇一七年十月東京オリンピック・パラリンピックに関する世論調査」の結果から」、ＮＨＫ放送文化研究所編「放送研究と調査」第六十八巻第四号、ＮＨＫ出版、二〇一八年）。

（4）一方で、六十歳以上の年代は「ほとんど（全く）関心がない」の割合が三十―三十九歳に次いで二番目に高く（七十歳以上四・六％、六十―六十九歳四・二％）、関心がある層とない層に二極化しているようにも見える。また、「ある程度関心がある」割合を含めると、四十―四十九歳の関心がいちばん高く（八六・五％）、六十歳以上の層は総合的にはそれほど関心が高いというわけではない。

（5）Jules Boykoff, *Celebration Capitalism and the Olympic Games*, Routledge, 2014.

（6）阿部潔「東京オリンピック研究序説――「2020年の日本」の社会学」、関西学院大学社会学部研究会編「関西学院大学社会学部紀要」第百二十三号、関西学院大学社会学部研究会、二〇一六年、八〇ページ。一方で、開催まで二年を切った現時点で、ボイコフや阿部が主張するような盛り上がりに欠けるという肌感覚もある。

（7）阿部潔「「2020」から「1964」へ――東京オリンピックをめぐる〈希望〉の現在」、小路田泰直／井上洋一／石坂友司編著『〈ニッポン〉のオリンピック――日本はオリンピズムとどう向き合ってきたのか』所収、青弓社、二〇一八年、一九二―二一六ページ

（8）例えば、イアン・ブルマ『近代日本の誕生』（小林朋則訳〔クロノス選書〕、ランダムハウス講談社、二〇〇六年）、猪木武徳『経済成長の果実――1955～1972』（［日本の近代」第七巻〕、中央公論新社、二〇〇〇年）など。

（9）石坂友司「東京オリンピックと高度成長の時代」、「年報日本現代史」編集委員会編『年報・日本現代史』第十四号、現代史料出版、二〇〇九年、一四六ページ

（10）「朝日新聞」一九六四年八月二十五日付

（11）例えば、「「五輪」に間に合わぬ？」（「読売新聞」一九六一年七月二十七日付夕刊）など。

（12）青天の霹靂と受け取った田畑の見解は著書（田畑政治『スポーツとともに半世紀』静岡県体育協会、一九七八年、第十三章）に記されている。田畑は大会開催に最も尽力した人物の一人であり、その意義をアジア全体のオリンピック、政治的・思想的思想を離れた原爆がない世界平和への祈り、の二点においていた。

（13）インドネシアが台湾とイスラエルに招待状を出さず、日本選手団の参加の是非をめぐって政治問題化した。IOCは、この大会への参加選手を除名するIF（国際競技連盟）の方針に同調することを打ち出していた。

（14）「至誠通天」が座右の銘。寄り合い所帯である組織委員会の雰囲気の改善、各種競技団体との連絡に努めた。

（15）外交官として活躍していたが、組織委員会の混乱期に外務省研修所長として国内にいた。与謝野鉄幹・晶子を父母にもつ。調整型の組織運営に徹し、報道陣との関係改善に努めた。

（16）六四年大会の準備過程で多くの事故死を生んでいる。

（17）日本放送協会放送世論調査所「東京オリンピックにたいする意見と行動調査」『東京オリンピック』日本放送協会放送世論調査所、一九六七年。五期にわたる調査概要については序章を参照。

（18）統計数理研究所が東京二十三区の有権者を対象に実施している「東京定期調査」の一部である。一九五九年から六六年にかけて、年二回（一九六六年だけ一回）、ランダム・サンプリングによって七百人を選び、面接法によって実施された（統計数理研究所『東京定期調査の結果――1969年まで』〔「数研研究リポート」第二十五巻〕、統計数理研究所、一九七〇年）。

（19）評価者の立場の違いは東京二十三区民、それ以外の東京都民、東京都以外の人々という三層に分けられる。成功指標に関しては、二十三区と金沢市を対象にした「五輪調査」によって比較できるが、金沢市のほうがより高い数値を示していることが興味深い。序章で見たように、成功を導いたと評価される要因はいくつかあるが、顕著な特徴を見せているのが、「競技場や施設の完備」と「大会運営」に関する評価だった。

(20)選挙人名簿による二十歳以上の男女千五百人（東京二十三区）を対象に実施され、千百三十一人から回答が得られている（回収率七五・四%）。

(21)前掲『東京オリンピック』二一ページ

(22)同書六〇ページ

(23)調査の概要と結果は松林秀樹／石坂友司「「記憶と評価」から見た「遺産」」（石坂友司／松林秀樹編著『〈オリンピックの遺産〉の社会学――長野オリンピックとその後の十年』所収、青弓社、二〇一三年）を参照のこと。

(24)市川崑は黒澤明の代役として一九六四年一月からオリンピック記録映画の制作を手がけた。準備期間の短さもさることながら、ニュース映画社のカメラマン、監督部のスタッフという畑違いの人材をまとめる困難な仕事に調整役として挑んだという。スポーツ映像に関してはまったくの素人で、結果がわからない競技撮影に、事前に詳細なシナリオを作成して臨んだ。

(25)オリンピック東京大会組織委員会編『第18回オリンピック競技大会公式報告書』オリンピック東京大会組織委員会、一九六六年、五〇六ページ

(26)NHKの実況放送は十五日間で百四十六時間二十分（一日平均九時間四十五分）、再放送は十八時間四十五分（一日平均一時間十五分）おこなわれた（同書四〇七ページ）。

(27)視聴率はNHKの一人勝ちで、CMを入れざるをえない民放は、同じ映像による他社の番組もあるという放送分散の影響も受け、一部の競技を除いて高視聴率を獲得することはできなかった。また、大会期間中の放送時間は一放送事業者あたり再放送を含めて十時間以内、大会終了直後一回以内、六四年末から六五年初めにかけて一回以内と決まっていた（日本民間放送連盟編『東京オリンピック放送の記録』岩崎放送出版社、一九六六年）。

(28)加えてラジオによる実況放送もおこなわれていて、大会後レコードやソノシートに収録され、販売または付録として配布された（同書）。

(29)NHKは『伝説の名勝負　東洋の魔女　世紀の金メダルロード』（BS1、二〇一三年一月二日）、『よみがえる東京オリンピック 1964→2020 半世紀を経て発見！ 20時間の競技映像』（二〇一三年十二月三十一日）を放送し、懐かしの映像が日の目を見ることになった。

(30) このほか、スポーツ界に近いところからは、この映画の描写が人間に注目しすぎて、スポーツを離れすぎている点、スポーツを通した感動を描き出せていないことに批判を向けた声があがっている。例えば、虫明亜呂無「スポーツを越える美学を──市川崑「東京オリンピック」」「映画評論」一九六五年五月号、新映画（『土着と近代の相剋』〔小川徹編集委員会代表「現代日本映画論大系」第四巻〕所収、冬樹社、一九七一年、一四三─一四八ページ）。

(31) 「朝日新聞」一九六五年三月九日付

(32) 「朝日新聞」一九六五年三月十日付

(33) この項で示すナショナリズムの概念については、石坂友司「スポーツ・ナショナリズムの現代的特徴──商業主義・グローバル化時代の三つのメガイベント」（石坂友司／小澤考人編著『オリンピックが生み出す愛国心──スポーツ・ナショナリズムへの視点』所収、かもがわ出版、二〇一五年）、四三─七四ページを参照。

(34) 「五輪調査」の直後調査（一九六四年十一月四日─六日）、問十七による。前掲の事前調査では、「日本が金メダルをいくつとれる」かという問いに（問三）十二個以上と答えた人の割合は一五・六％にすぎず、それ以下のメダル数を予想した人の割合は五六％で（わからない二八・六％）、期待以上の活躍だったことは疑いない。

(35) E・J・ホブズボーム『ナショナリズムの歴史と現在』浜林正夫／嶋田耕也／庄司信訳、大月書店、二〇〇一年、一八四─一八五ページ。なお、「想像の共同体」の概念については、ベネディクト・アンダーソン『増補 想像の共同体──ナショナリズムの起源と流行』（白石さや／白石隆訳〔ネットワークの社会科学〕、NTT出版、一九九七年）を参照のこと。

(36) 石崎順一「東京オリンピックとその時代性」、NTT出版編「InterCommunication」第六巻第二号、NTT出版、一九九七年、一一三ページ

(37) 田中純一郎『映像時代の到来』（「日本映画発達史」第五巻）、中央公論社、一九八〇年、一六─一九ページ

(38) 「朝日新聞」一九六五年三月十六日付

(39) 一九六六年五月十八日から二十七日の十日間公開された。

(40) 渡辺裕『感性文化論──〈終わり〉と〈はじまり〉の戦後昭和史』春秋社、二〇一七年、第一・第二章

(41) 渡辺が指摘するように、一九六四年時点ではカラーテレビ普及率は計上されておらず、やっと統計に現れるのが六

六年、しかも〇・三％というものだった。白黒テレビの普及率は六四年時点で八七・八％とかなり普及していた（内閣府「消費動向調査」から引用）。
(42) 市川崑／沢木耕太郎「映画とオリンピック」、石井正己編『1964年の東京オリンピック――「世紀の祭典」はいかに書かれ、語られたか』所収、河出書房新社、二〇一四年、一三七―一五〇ページ
(43) ブランデージは後日、この無秩序な入場にオリンピックの尊厳が失われたと不快感を示したとされる（「朝日新聞」一九六五年十月十日付）。
(44) 石原慎太郎「心暖まる光景――聖火消えず移りゆくのみ」「日刊スポーツ」一九六四年十月二十五日付（講談社編『東京オリンピック――文学者の見た世紀の祭典』所収、講談社、一九六四年、一七〇―一七一ページ）
(45) 大江健三郎「お祭りの教訓は現実世界では役にたたない」「サンデー毎日」一九六四年十一月八日付（同書所収、一七七ページ）
(46) 前掲「映画とオリンピック」一四九―一五〇ページ
(47) 虫明亜呂無「日本的表現としての「東京オリンピック」」『高度成長の軌跡――昭和35年～39年』（「１億人の昭和史」第七巻）所収、毎日新聞社、一九七六年、二四三―二四七ページ
(48) 意図せざる結果として無秩序な入場行進がおこなわれたとする語りもあるが、このような入場方法でのリハーサルが前日におこなわれていた（「朝日新聞」一九六四年十月二十四日付）。
(49) 松本清張「解放と別離の陶酔」「朝日新聞」一九六四年十月二十五日付（前掲、講談社編『東京オリンピック』所収、一八三―一八四ページ）
(50) 内田隆三「成長の時代の幻像――精神史としての東京オリンピック」、前掲『〈ニッポン〉のオリンピック』所収、一六四―一九一ページ
(51) M・アルヴァックス『集合的記憶』小関藤一郎訳、行路社、一九八九年、一九ページ
(52) 今井信雄「死者と記憶――震災を想起させる時間、空間、そして映像について」、大野道邦／小川伸彦編著『文化の社会学――記憶・メディア・身体』所収、文理閣、二〇〇九年、一〇二―一〇三ページ
(53) 浜日出夫「記憶の社会学・序説」、三田哲学会編集委員会編「哲学」第百十七集、三田哲学会、二〇〇七年、四―

九ページ

（54）片桐雅隆『過去と記憶の社会学――自己論からの展開』世界思想社、二〇〇三年、一五一ページ

（55）町村敬志「「風雪」と「虹と雪」の呪縛――はるかなる札幌オリンピックとその記憶」、前掲『〈オリンピックの遺産〉の社会学』所収、五四―六三ページ

（56）六四年大会が位置する時代は、社会現象ともなった『ALWAYS 三丁目の夕日』（監督：山崎貴、二〇〇五年）とそれが代表する「昭和ノスタルジー」ブームとも密接な関係をもっている。そこに表現されるのは、高度経済成長期を「古き良き時代」として描き出す、二重三重にノスタルジー化された懐古的な語りである。このことがもつ政治性については、日高勝之『昭和ノスタルジアとは何か――記憶とラディカル・デモクラシーのメディア学』（世界思想社、二〇一四年）が詳細に分析している。

［付記］本章は第四回奈良女子大学オリンピック・シンポジウム（二〇一七年）での報告（「64年大会は成功したのか――神話化される高度成長とオリンピックの時代」）の一部をもとに再構成した。また、科研費（17K01721）の助成を受けた。

第2章　情報社会化のなかの東京オリンピック
——都市、情報、身体

新倉貴仁

はじめに

一九六四年九月一日、芝公園の一角に東京プリンスホテルが開業した。同日には、当時、最も高いビルディングとなる十七階建てのホテル・ニューオータニも開業している。東京オリンピックの開会式が約一カ月後に迫っていた。

その開会式からほぼ四年が経過した一九六八年十月十一日未明、東京プリンスホテルの敷地内でガードマンが射殺された。「広域重要事件百八号」と名づけられた連続射殺事件の最初の犠牲者である。京都、北海道、名古屋と射殺事件が続き、六九年四月七日、明治神宮北参道で犯人が逮捕された。犯人の名は永山則夫。彼をめぐって、見田宗介は、七三年に論文「まなざしの地獄」を書いた。永山は、六五年三月に集団就職の一員として青森から上京してすぐ、兄に連れられて東京タワーに登り、眼下の東京プリンスホテルを眺めたという。この記憶を引用しながら、見田は、永山が「〈東京〉の象徴」を見たと述べる。(1) それは、オリンピックに向けた開発が収束したあとの東京、いわば「一九六四後」の東京である。見田がいう「まなざしの地獄」は「一九六四後」の都市空間のなかで繰り広げられた。

それから半世紀以上がたち、東京プリンスホテルがある芝公園の交差点は、二〇二〇年の東京オリンピックのマラソンコースの一部に設定されている。ランナーたちは、東京タワーに向かって走ることになる。それは、二〇年大会の一つの情景として報じられ、記録されるのだろう。一九六四年には、ランナーたちは、郊外へ拡張する都市東京の動きと共振するように、甲州街道を西へと走った。二〇二〇年には、ランナーたちは都市東京の中心部を駆け抜ける。都市と身体のベクトルは、遠心から求心へと反転している。このコースは、〇七年二月に開催された第一回東京マラソンコースの一部でもあった。九万人を超える人が申し込み、約三万人が走る。すでに当時、その大会の成功の向こうに、東京でのオリンピック大会開催が夢みられていた(2)。

一九六四年と二〇二〇年との対比。外へと拡大する東京と内へと収縮する東京との対比。そして、高度経済成長期の都市東京に重く沈み込んでしまった生と、二〇〇〇年代以降の軽やかに都市東京を走り抜ける生との対比。これらは、いくつかの問いを引き起こす。「一九六四後」の都市東京に広がっていた「まなざしの地獄」は、いくばくか変質したのだろうか。あるいは、なおも変わらず「まなざしの地獄」であり続けるのだろうか。「一九六四後」と「二〇二〇前」には、どのような連続性と非連続性があるのだろうか。本章では、都市と身体における可視性と情報の交錯に注目することを通じて、これらの問いについて考えていきたい。

1　都市、光学、情報

都市と情報

永山則夫が犯行に及ぶ九カ月前の一九六八年一月九日、東北からやってきたもう一人の青年が命を絶った。東京オリンピックのマラソン競技で銅メダルを獲得した円谷幸吉である。彼は、「父上様、母上様、幸吉はもうすっかり疲れ切ってしまって走れません」という書き置きを残し、自らの頸動脈を安全カミソリで切り裂く。福島県出身で自衛隊に所属していた円谷は、東京オリンピック後、度重なる足の故障に悩んでいた。

　自殺する前年の一九六七年三月、円谷は、青梅マラソンの第一回大会を走った。「円谷選手と走ろう」という呼びかけのもと三百三十七人が参加したこの大会は、当時、「大衆マラソン」と呼ばれ、日本の市民マラソンの先駆けとなった。六〇年代末に一人の国民の英雄が倒れたあと、七〇年代に、走ることは市民のスポーツとなる。青梅マラソンの参加者は、七五年に四千八十七人に急増し、七七年には一万七百十人にのぼった。七五年は皇居前広場に「健康マラソン時計塔」が設置され、皇居ランについての新聞報道が相次いだ年だった。

　再び皇居ランに注目が集まった二〇〇〇年代、「第二次ランニングブーム」が喧伝される。走る女性たちへと注目が集まり、色とりどりのウエアやシューズ、さらに身体に密着したタイツがランナーたちの表象となる。だが、より注目すべきことは、〇〇年代のランナーたちが、携帯電話やGPS付き腕時計などの高度な情報技術を実装して、都市を駆け抜けていることである。それらの情報技術は、自己のライフアクティビティを記録し、パフォーマンスを測定する。数値は、ＳＮＳ（ソーシャル・ネットワーキング・サービス）によって情報空間に流れ込み、ランナーたちはランニングと同時に数値と戯れる[3]。

　このような実践は、現代のスポーツと情報技術との密接な関わりのなかにある。サッカー中継は個々の選手をトラッキングし、走行距離やプレーエリアを収集し、視聴者に提供する。また、アメリカの「Amazon」が手がけるMLB Advanced Media（MLBAM）は、試合の進行を通じて生成される膨大な情報を収集、解析し、リアルタイムで視聴者に提供するというサービスを展開する[4]。だが、ここで注目すべきなのは、このような情報とスポーツの結び付きが、スポーツの観戦や視聴といったオーディエンスの快楽としてだけではなく、先述したランナーたちのように、パフォーマーの快楽としても成立していることである。それはいくばくか奇妙に思える。情報という抽象的なものが、スポーツという具体的な身体の実践に不可分に絡まり合っているのだから。なぜ、情報と身体は、都市のなかで結び付くのだろうか。

光学と都市、都市と情報

「一九六四後」の都市東京を考えるとき、「まなざし」は重要な概念だった。それは都市をめぐる「視覚」の問題系を切り開いてきた。例えば、吉見俊哉は二〇一六年に『視覚都市の地政学』を出版し、『都市のドラマトゥルギー』以来の上演論を「視覚性」の問題へと接続させている。北田暁大は〇二年の『広告都市・東京』のなかで都市での「まなざし」の変容を分析し、「見られていないかもしれない」不安を摘出する。若林幹夫もまた〇三年の『都市への／からの視線』で「見る／見られる」「見せる／見せない」といった関係性を論じている。[5]

このような「まなざし」をめぐる光学的（視覚的）都市論が、現代都市の重要な側面を明らかにしてきたことはいうまでもない。事実、都市空間は広告や街頭ディスプレイなどのイメージが氾濫し、人々はグラフィカル・ユーザー・インターフェイスを備えた携帯電話端末を手にしながら、無数のスクリーンに覆われた都市のなかを歩いている。またハロウィーンの日にコスチューム・プレイを楽しむ若者たちの姿は、都市を「劇場」と「演技」で考える議論をより補強するように思える。さらに「見る／見られる」という関係の非対称性は、「監視」の問題系を切り開いていく。ミシェル・フーコーがジェレミー・ベンサムのパノプティコン＝一望監視装置という監獄のモデルから、規律訓練という権力の作用と主体の成形を論じたように、都市の人々は他者のまなざしのなかで自己を成形している。

だが、一九七三年に見田が「まなざし」を論じたとき、それは、視覚や「見る／見られる」という関係だけに収まらない余剰をもっていた。「まなざしの地獄」とは、「服装、容姿、持ち物」といった「具象的な表相性」だけではなく、「出生、学歴、肩書」といった「抽象的な表相性」を含んで、「ある表相性において、ひとりの人間の総体を規定し、予料するまなざし」であり、都市の人間の「運命を成形してしまう」ものである。[6] ここにはたしかに権力の作用が示されている。だが、その「まなざし」は、服装や容姿といった可視的なものだけではなく、「である／でない」で処理される離散的な「情報」に関わる。

このことは、ベンサムの一望監視装置のもう一つの側面を浮上させる。すなわち、「エコノミー」という問題である。すでにフーコー以前に、ダニエル・ベルがそれを引用して論じたように、ベンサムの一望監視装置は「能率 efficiency」の形象でもある。(7) それは無数の囚人をわずかな人数で監視できるという点で「能率」的なものであり、産業社会のなかで目指される価値を体現したものだった。そして産業社会の高度化とともに、「能率」は情報を通じた自己準拠的な制御機構を組み込み、高度化していく。

都市の「まなざし」の問題系の裏面には常にもう一つの問題系が走っている。それは産業技術の高度化であり、その制御をめぐる問題であり、情報をめぐる問題である。「見る／見られる」という視覚的関係性の背後では、都市に生きる人々の身体を場とした、情報化や制御といった諸力がせめぎ合いつつある。

情報社会化のなかの東京オリンピック

このような可視性と情報との交錯を、オリンピックの歴史を通じて考察していくことが本章の課題である。すでに多くの先行研究が指摘するように、一九六四年に開催された東京オリンピックは、日本社会の転機だった。第一に、それは、かつての代々木練兵場に建設された占領軍の宿舎、ワシントンハイツが選手村に使用されたことが示すように、占領からの復興をしるす出来事であった。それは、新幹線、高速道路、道路、地下鉄などの整備を通じて都市東京が現在のコンクリートの集塊へと変貌する契機でもあった。そして、第三に、それは、テレビを通じた視聴が示すように、大衆社会化をもたらした。東京オリンピックとは、高度経済成長期を通じて日本社会に生じた巨大な社会変容の一部だった。(8)

だが、この社会変容の光景の背後で、現代に至る情報社会化が進行していたことを見落としてはならない。すでに一九五〇年代後半から、「オートメーション」のかけ声のもとに「電子計算機」が企業や研究機関、行政へと普及しつつあった。そして、六四年の東京オリンピックでは、日本ＩＢＭのテレプロセシング・システムが導入されている。(9) それは、計算機技術と通信技術が融合する一つの契機だった。さらに、「経営情報システム」や

「リアルタイム」が技術革新の課題として示され、社会のなかに通信技術を介した計算機技術が浸透していく。これらの出来事は、ワイヤレスにインターネットと接続する現代のスマートフォンの重要な前史だといえる。

たしかに、東京オリンピックとは、日本社会に近代化を刻む出来事である。なぜなら、それを通じて、ネーションが「独立」し、社会の「二重構造」が解消されたという神話が作り上げられるのだから。だが、同時に、東京オリンピックは、日本社会に現代化を刻む出来事でもある。社会のさまざまな領域に情報技術が実装され、人やモノの移動だけでなく、膨大な情報が移動・流通する通信インフラストラクチャーが整備されたからだ。都市東京の変容は、可視的な都市空間に関わるものだけではない。その裏側に広がり、それを支える計算された数字が行き交う膨大な奥行きに及んでいる。永山則夫が見た「一九六四後」の東京とは、きらびやかな外観の奥底で情報化の技術が蠢動していた社会なのである。

2　東京オリンピックと日本ＩＢＭ

「科学のオリンピック」

一九六四年の東京オリンピックは当時、「科学のオリンピック」とも呼ばれていた。先述のＩＢＭのシステムに加え、ＮＨＫのカラー放送、接話型マイク、精工舎（セイコー）の時間計測装置が導入される。

一九六四年の「読売新聞」は、「「〇・〇〇一秒」の勝負」という記事を連載している。このなかでは、時計や電子式自動審判装置、ボート、高地トレーニング、写真判定装置、国立屋内総合競技場、ファイバー・グラス・ポール、ＩＢＭ、開会式進行を取り上げている。また、開会式当日の朝刊では、「史上最大の大会」という見出しのもと、シンコム三号通信衛星、太平洋海底ケーブル、ストップウオッチ、写真判定装置、プリンティング・タイマー、デジタル・ストップクロックとともに、ＩＢＭの電子計算機に言及している。

雑誌「科学朝日」（朝日新聞社）も、オリンピックに向けた特集記事を組んでいる。一九六三年十一月号から六四年十月号までの一年にわたる連載のなかでは、「十月開催の気象的背景」「高地訓練でスタミナをつける」「世界最大の吊り屋根構造 国立屋内総合競技場」「競技記録のテレ・プロセッシング・システム」「観衆の流れをさばく」「水泳の審判は電子計算機で」「伝染病への備え」「テレビ伝送の新方式」「ヨット競技の秘法」「陸上競技の判定装置」「サインボードのデザイン」「ライフル競技場の改修」といった記事が並んでいる。

もちろん、ここに「テクノ・ナショナリズム」を読み込むことも可能だろう。事実、セイコーの時計や日本IBMの技術者たちへの言及のなかには、「科学」への国民的な関心と自信をうかがうことができる。だが同時にそれらの技術は、日本という表象や意味とは別に社会そのものを編成していく力でもある。一九六四年に日本IBMが販売開始したシステム／360は、当時の生産技術のなかでも最も高度な制御技術だった。これらの技術がもたらすのは、日本というネーションの独自性よりも、先端技術がもたらす抽象的な社会空間である。

日本IBMのテレプロセシング・システム

これら一連の科学技術のなかで、日本IBMによる「オリンピック・テレプロセシング・システム」は、競技記録の報道と公式記録集の作成を補助するものである（図1）。無数の会場で同時に並行しておこなわれる競技の情報を集約してデータ化すること。このような試みはそれ以前の大会でも試験的におこなわれていたが、競技数も選手も少ない冬季大会での競技データを、バッチ処理するものだった。「リアルタイム」による処理は、この大会が初の試みとなる。[10]

一九六四年は、IBMにとって重要な年であった。先述のようにこの年、システム／360がリリースされた（図2）。このシステム／360のシステムは大成功し、六〇年代から八〇年代までのIBMの隆盛を基礎づけ、それ以後のコンピューターのアーキテクチャを水路づけた。[11]社運をかけたシステムの発表の年、そのパブリックリレーションズの一環として、日本IBMは「Think シリーズ」という叢書を出版している。[12]

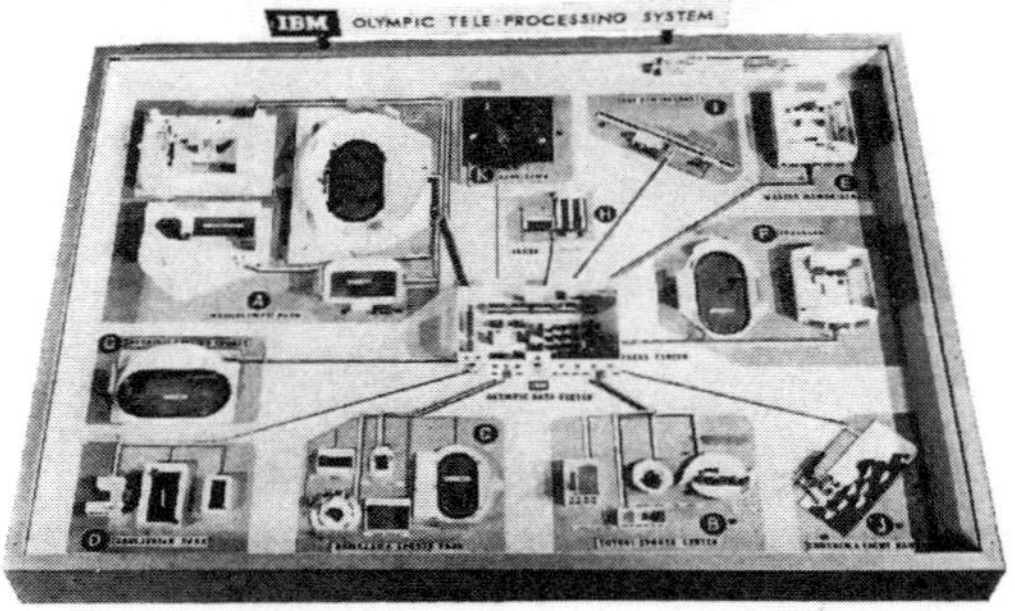

図1　IBM オリンピック・テレプロセシング・システムの模型
（出典：日本アイ・ビー・エム企画・編集『IBM 物語』日本アイ・ビー・エム、1964年、90ページ）

図2　IBM システム／360
（出典：前掲『IBM 物語』91ページ）

これらの広報からこの技術が当時の社会のなかでどのように意味づけられていたか、知ることができる。「朝日新聞」四月五日付に掲載された一面広告では、「研究室のむずかしい計算も受けもつ電子計算機と同じ機械で、在庫の確認もできる…八百万ケタの天文学的な数字、文字を処理できる」とある。さらに別の日の一面広告では、「ロケットの速さを計算する電子計算機、工場の流れ作業を監督し在庫量を判断する計算機、東京本社にいながら九州や北海道支社の出納状況が分る計算機」と、コンピューターの途方もない性能が紹介されている（「朝日新聞」四月九日付）。

オリンピックを翌月に控えた九月一日、同じ一面広告のなかで、東京オリンピックのテレプロセシング・システムが主題となる。「二十の競技種目。三十二の会場。七千五百人の選手。東京大会の規模は史上最大。四千もの試合の結果を、どうして、正確に、スピーディに報道するかが大問題です」。あえて現代風に書くならば、一九六四年の東京オリンピックは、当時にあって、七千五百人の選手と千人の役員を集める空前のメガイベントであり、その競技記録は当時の電子計算機の処理能力にとってはビッグデータだった。もし、テレプロセシング・システムがこの課題を解決するのであれば、このシステムは、オリンピックを超えて、さまざまな産業に転用される可能性をもつ。

時間と距離がじゃまになる。これはどんな仕事にもいえることです。たとえば銀行のように支店が何十もある場合。オリンピック・テレプロセシングを生み出したＩＢＭオンライン・データ・プロセシング・システムで、こんどはＩＢＭオンライン・データ・バンキング・システムを構成すればよいのです。窓口に送受信装置をおいて、本店の電子計算機と直結すれば、支店ごとの台帳の整理がかんたんです。（略）このやり方を、生産会社、商事会社、航空会社、官公庁などの業務に応用すれば、世の中の「仕事の概念」が、まったく新しいストップウォッチで計られる時代に入るのではないでしょうか。（「朝日新聞」一九六四年九月一日付）

そして、オリンピックが閉幕する十月三十一日の一面広告では、その成果が誇らしく語られる。

ＩＢＭは東京大会のために、とくにアレンジした八セットの電子計算機を代々木のデータセンターに設置。（略）各競技場には五十台を越すデータ送受信装置をおいて代々木に直結。（略）公式記録集は、この電子計算機が目にも止まらぬ早さで順序正しく編集したものです。（「朝日新聞」一九六四年十月三十一日付）

一九六四年とは、資本の集中を通じて都市東京が開発され、道路や空港、鉄道などの輸送ネットワークの整備が急速に進展した年だったのと同時に、現代に至る情報制御のテクノロジーを社会が内面化していった年だったのである。そして、ネットワークによるリアルタイムでの情報の伝達・処理・蓄積という仕組みは、銀行や証券会社、コンビニエンスストアなどへと広がっていく。

3　リアルタイムの社会

東京オリンピックと日本電信電話公社

ＩＢＭのテレプロセシング・システムは通信網（電線 wire）の整備を前提とする。情報都市のインフラストラクチャーともいえるケーブルの敷設を担う日本電信電話公社（電電公社）もまた、東京オリンピックに深く関わった企業だった。

一九五二年八月に日本電信電話公社が発足すると、五六年十月にテレックス（加入電信サービス）がスタートする。これはその後の情報通信の先駆的形態といえるものである。六〇年一月には、電電公社内にオリンピック対策委員会が設置され、大会運営用・報道用・一般公衆用の電話の敷設を目指すことになった。また、六四年六月には、太平洋を横断して日米間を直結する海底同軸ケーブルが開通した。

電電公社は、日本ＩＢＭのデータ・テレプロセシング・システムの構築のための重要なパートナーだった。その成果が誇らしく回顧されている。

一九六四年の東京オリンピックは、アジアにおける最初の祭典として、九十四カ国、五千五百人余人の選手が参加、空前の成功をおさめた。その実況はテレビで国内をはじめ、シンコム三号衛星にのって、全世界にも同時カラー中継された。このテレビ放送の〝裏方〟として、大きな役割を果たしたのが通信技術。新技術の枠を結集、その実力をいかんなく発揮した。また、各種競技の記録を速報し、大会終了と同時に、すべての記録をまとめあげた〝データ伝送〟の活躍は、その後のデータ通信の基礎となった[13]。

「競技記録のいっさいが閉会式当日に報告された例はいまだかつてなかった」ことであり、ここに、「日本の科学技術」の精粋と同時に「通信技術と電子計算機技術との完全な融合の威力[14]」が見いだされる。

東京オリンピックの放送や「ＩＢＭオンライン・データ・プロセシング・システム」を通信技術の面から支えた電電公社は、続く一九六〇年代後半にはデータ通信を新たな事業に位置づける。そして、七〇年代以降、「情報化社会」を、八〇年代以降、「高度情報通信システムＩＮＳ（Information Network System）」を推進していく。

リアルタイムと経営情報システム

一九六四年のオリンピックを契機に、日本ＩＢＭと電電公社が「通信技術と電子計算機技術の融合」を果たしたことは、その後の日本社会の「情報化」の先駆といえる。このような社会の変容のなかで、六〇年代後半には「リアルタイム」や「テレコミュニケーション」といった主題が浮上してくる。

二十世紀後半における人類最高の傑作といわれるコンピュータとの結びつきは、いままでの電信電話の枠をのり越えまったく新しい〝データ通信〟を生み出した。全国六十二の地方銀行四百店舗をむすぶ〝専用データ通信サービス〟が、一九六八年十月からはじまる。つづいて、運輸省自動車検査登録システム、万国博データ通信サービスなどがスタート[15]。

一九六七年から六八年にかけて、ジェームズ・マーチン『電子計算機リアルタイム・プログラミング』、ロバート・Ｖ・ヘッド『電子計算機リアルタイム導入計画』、ジェームズ・マーチン『電子計算機リアルタイム』といった理論書が出版される。日本IBMのシステム構築を担った竹下亨もまた六八年に『電子計算機最新プログラミング』という本を日本経営出版会から出している。「リアルタイム」を冠した書物は、それ以外にも藤田獻『リアルタイム予約システム』、大野豊編著『オンライン・リアルタイム・システムの設計』と続く。[16] 六八年は円谷幸吉が自殺し、永山則夫が事件を犯した年であった。

「リアルタイム・システム」は、電子計算機の導入を第一の技術革新としたとき、第二の技術革新にあたるものとされ、計算機と情報を送受信する装置は「端末装置」と呼ばれる。[17] それは、電気通信、フィードバック制御、人間と機械の通信を通じて、従来の電子計算機の可能性を飛躍的に引き上げた。また、従来のさまざまな関係は、巨大な一つのネットワーク、あるいはシステムへと再編成される。

一九六〇年代の「リアルタイム・システム」は人々の日常生活の情景を変えていく。[18] その事例として、第一に、エア・ライン・システムがある。五〇年代後半に、アメリカン・エア・ライン社やイースタン・エア・ライン社が座席予約システムのオンライン化に着手し、リアルタイム・システムを開発する。日本では、日本航空が六四年七月一日に国内線の予約と予約管理を中心としたリアルタイム・システムを稼動し、大量の座席予約の情報を処理した。

また、国鉄（日本国有鉄道）の座席予約業務の機械化もリアルタイム・システムの事例である。すでにMARS（Magnetic-electronic Automatic Reservation System）は一九五五年から研究開発され、六〇年二月にMARS-1が試行されて、特急列車四本の予約処理をおこなった。六四年二月からは、Mars-101システムが稼動を開始し、六五年十月にはMARS102システムが増設されて、二百三十八列車十三万座席の予約データを収容し、端末は全国で四百六十七台となった。この時期、全国主要駅に「みどりの窓口」が設けられる。

第二に、観光予約システムがある。アメリカでは、スタットラー・ヒルトンやホリデー・インなどの大ホテル・チェーンが自分のホテルの宿泊予約をコンピューターでリアルタイム処理をはじめた。日本では、近畿日本ツーリストが一九六七年四月に、同業他社に先駆けて旅行予約システムの運転を開始している。

そして、第三に、証券会社や銀行といった金融業務システムがある。野村證券は、一九六三年にUNIVAC-III大型コンピューターと専用通信回線百十七本のネットワークを活用して、全国集中データ・プロセシングの体系を確立し、東証上場六百二十五社の過去十数年間の財務諸表、産業指標、一般経済指標、株式指標の各データを集めた「NRIデータ・ファイル」を完成させた。

このような一九六〇年代の「リアルタイム」をふまえるならば、二〇〇〇年代のランナーたちがスマートフォンやGPS付き腕時計を身につけて走って数字と戯れる姿は、当時から続く「リアルタイム」の歴史の現在だとみることができる。企業ではなく個人がリアルタイムで自己のアクティビティを記録、伝達、処理する。そして、それぞれが携帯電話の端末を持つと同時に、ネットワークで接続された巨大なシステムの端末となる。

4　身体の計測と効率化

ストップウオッチ

高度経済成長期、スポーツの記録を対象として、「オンライン」「リアルタイム」でデータを処理する通信技術が立ち上がる。それは計算機技術と通信技術が融合したものであり、二〇〇〇年代にスマートフォンやGPS付き腕時計を装備して走るランナーたちの姿につながっている。可視性の背後で都市のインフラストラクチャーとしての情報化が進展していた。

だが、なぜ情報化は、オリンピック、そしてスポーツへと向けられたのだろうか。情報とスポーツという両者の結び付きは恣意的、あるいは偶然的なものだろうか。

そもそも「スポーツ」は、数値化の実践と深く結び付いている。特に近代オリンピックの陸上競技は、ストップウオッチの普及とそれに伴う運動の計数化と深く関わっている。すでにフレデリック・テイラーは、一八八〇

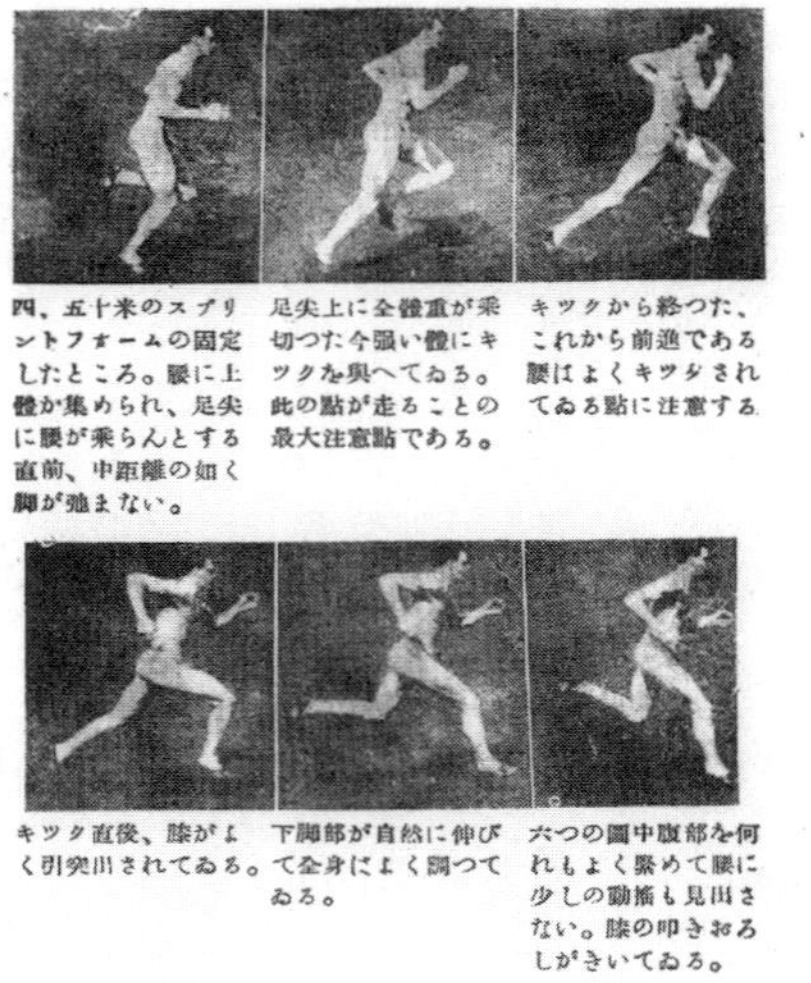

図3　陸上競技の連続写真
（出典：中沢米太郎『陸上競技者に贈る』日本体育学会、1931年、105ページ）

年代前半、アメリカで標準時が制定される時期に、その「タイム・レコーディング・システム」に結び付く時間調査を開始していた。「あらゆる仕事にたいする、不変の、一様な、そしてこのうえなく効率のいい「標準時間」を見いだすために」「テイラーは、ある仕事にかけられる動作をストップウオッチで分析することにより、その仕事がなされるはずの最小限の時間を見つけようとする」。それは効率efficiencyの観点から「個人と社会との関係を再編しよう」とするプロセスである。[19]

そして、一八九六年の第一回近代オリンピックの百メートル走の計測には、ストップウオッチが用いられた。一九二〇年代までは五分の一秒単位のストップウオッチが使用され、大会の記録もそれに基づく。二九年頃から〇・一秒単位のストップウオッチを導入するようになり、計測方法も確立された。陸上競技は世界的に普及し、記録の争いも地球的な規模でおこなわれるようになる。六四年の東京オリンピックでは、オリンピック史上初めて電動計時が公式記録として採用された。[20] すでに述べたように、オリンピック公式時計を担当することになったセイコーは、デジタル・ストップクロックを導入する。これは、百分の一秒まで計測可能であり、スターターがピストルを撃つと、その信号がコードを通じて、写真判定装置と競技時間自動記録装置に伝わるため、ストップウオッチを押す誤差をなくし、決勝点の着順が写真判定できるようになった。

能率技師たちが労働者の身体とそのパフォーマンスの測定のために用いたストップウオッチが、アスリートの身体のパフォーマンスの計測と記録のために使用される。そして計測技術は発達し、「ほとんど意味のない百分

図4　マレー、棒高飛び
（出典：松浦寿輝『表象と倒錯――エティエンヌ＝ジュール・マレー』筑摩書房、2001年、61ページ）

の一秒の差異を争う」[21]。計測の技術が身体を情報化していく。

運動、映像、フォーム

だが、スポーツと情報化の交錯はそれだけにとどまらない。一九六〇年代の陸上競技雑誌をひもとくと、記録とともに、ほぼ毎号のようにアスリートのフォームを捉えた連続写真が現れる。このような連続写真は、戦前の陸上競技についての書物にも見いだすことができる。例えば、三一年に出版された中沢米太郎『陸上競技者に贈る』（日本体育学会）のなかには、さまざまな陸上競技の連続写真を掲載している（図3）。

運動を連続して撮影することは、エドワード・マイブリッジや計時時間銃を発明したエティエンヌ＝ジュール・マレーといった映画の草創期の歴史を想起させるものである（図4・5）。ジークフリード・ギーディオンが見事に論じるように、運動を視覚的に撮影することの関心は、能率技師フランク・ギルブレスらの科学的管理法に直結している[22]。運動への関心は、熱力学を中心とした十九世紀後半の知の一部であり、産業技術の発達と結び付いている[23]。

すなわち、視覚化された「フォーム」は、身体の最適な運動——「能率」的な運動——のかたちだった。戦前の陸上競技についての書籍は、「現今、アスリート間のいうフォームは、心身の活動に消費するエネルギーを最少に用い、最高の結果を得る最も経済的の方法をいうのである[24]」と述べる。また中井正一は「スポーツ美の構造」という文章のなかで、フォームについて「極小の疲労により、極大の効果をあげる」ものと論じ、近代スポーツについて「フォームならびに組織 system のもつものは「衝動を胎む秩序」である[25]」と論じていた。

図5　マレー、実験用のシューズを履き記録機器を手に走る男
（出典：前掲『表象と倒錯』11ページ）

ランニングをはじめとするスポーツは、フォームに示されるように、視覚化と結び付いてきた。それは映画というメディア技術の誕生の歴史が示すように、運動そのものの記録の歴史でもある。同時にこの歴史が、産業社会での「能率」の問題と結び付いていることはあらためて強調しておきたい。フォームの写真が、最小の疲労で最大の効果を上げるための型の提示を目指すように、視覚性への欲望は、能率への欲望、情報への欲望、そして制御 control への欲望と結び付いている。ランニングの歴史的考察を通じて見えてくるのは、能率を通じて制御に至る、ある大きな力の変容の過程である。

5　スポーツと情報の交錯——現代都市での生

二〇〇〇年代のランナーたちは、スマートフォンやGPS付き腕時計をつけて、自らの身体のパフォーマンスを測定し、そのデータをインターネットで管理する。そのような通信技術の利用は、一九六〇年代に東京オリンピックを一つの舞台としたリアルタイム・オンライン・システムという電子計算機と通信技術の融合の一つの到達点にある。

しかし、それは一九六四年を始点とする情報化の到達点ではない。そもそもランニングという実践自体が、ストップウオッチという計測技術によって可能になる陸上競技であり、それは労働者の身体のパフォーマンスの最適値を探求した能率技師たちの科学的管理法につながる。身体の計数化というデジタルな情報の処理だけが問題なのではない。光学技術を用いて運動そのものを記録することで、最適な身体の動き――フォーム――を探求するという可視的な情報の処理がなされる。

このようなランニングをめぐる歴史は、現代都市の文化についての考察に差し戻すことができる。見る／見られるといった可視性の関係の背後に、自ら計数化し、数値化し、そのデータと戯れる実践がある。そこでは一望監視装置という規律―訓練による従属化＝主体化が進行しているだけではない。むしろ「能率」の技術としての一望監視装置がより高度化し、計数管理の技術を高度化させたすえに、人々が自らの身体を情報へと分解しているのだ。

多木浩二はすでに一九九五年の著作で、スポーツが記録や勝敗といったデジタルな次元をもち、そのことが資本という巨大な力と親和的であることを論じていた。[26] スポーツは情報を本質とする。その歴史は、徹底した身体のパフォーマンスの効率化の歴史である。[27] 同時にそれは、そのパフォーマンスを記録する技術の歴史を伴っている。[28] このような情報化の衝迫は、多木が論じるもう一つのスポーツを取り巻く力である国民国家のエージェンシーを、ある程度まで推進しながら、ある程度からそれを逸脱して独自のゲームを展開しはじめる。六四年の東京オリンピックとは、それが占領からの復興を兆すように、国民国家の出来事である。だが、同時に見落とすべきでない重要なことは、そのスポーツの祭典が、国民国家の枠組みを逸脱していく諸力をはらんでいることである。

そしてその諸力は人々の身体を貫き、その生の実践もまた変容させつつある。ここに、都市、身体、「まなざし」の現在を考える端緒がある。

注

(1)見田宗介『まなざしの地獄――尽きなく生きることの社会学』河出書房新社、二〇〇八年、五七―五八ページ
(2)遠藤雅彦『東京マラソン』(ベースボール・マガジン社新書)、ベースボール・マガジン社、二〇〇八年
(3)新倉貴仁「都市とスポーツ――皇居ランの生―政治」、「季刊 iichiko」編集室編「季刊 iichiko」第百二十六号、三和酒類、二〇一五年、八三―九六ページ
(4)「MLB Advanced Media の導入事例」(https://aws.amazon.com/jp/solutions/case-studies/major-league-baseball-mlbam/)[二〇一八年十二月一日アクセス]。二〇一五年のシーズン開始日から三十のすべての野球場で本番環境で作動しているプレイヤートラッキングシステムである。
(5)吉見俊哉『都市のドラマトゥルギー――東京・盛り場の社会史』(河出文庫)、河出書房新社、二〇〇八年、同『視覚都市の地政学――まなざしとしての近代』岩波書店、二〇一六年、北田暁大『広告都市・東京――その誕生と死 増補』(ちくま学芸文庫)、筑摩書房、二〇一一年、若林幹夫『都市への/からの視線』(青弓社ライブラリー)、青弓社、二〇〇三年
(6)前掲『まなざしの地獄』四〇―四一ページ
(7)Daniel Bell, *The End of Ideology: On the Exhaustion of Political Ideas in the Fifties, with "The Resumption of History in the New Century"*, Harvard University Press, [1960] 2000.
(8)片木篤『オリンピック・シティ東京――1940・1964』(河出ブックス)、河出書房新社、二〇一〇年、石坂友司「国家戦略としての二つの東京オリンピック――国家のまなざしとスポーツの組織」、清水諭編『オリンピック・スタディーズ――複数の経験・複数の政治』所収、せりか書房、二〇〇四年、同「東京オリンピックと高度成長の時代」、

「年報日本現代史」編集委員会編『年報・日本現代史』第十四号、現代史料出版、二〇〇九年

（9）田﨑雅彦「オリンピックのＩＴの歴史——ラジオ放送からインターネットまで」、情報処理学会編『情報処理』第五十五巻第十一号、情報処理学会、二〇一四年、同『オリンピックＩＴの挑戦——システムが支える大会の舞台裏』インプレスＲ＆Ｄ、二〇一六年、竹下亨「リアルタイムデータ処理」、電子情報通信学会編『電子情報通信学会誌』第九十七巻第十二号、電子情報通信学会、二〇一四年、野地秩嘉『ＴＯＫＹＯオリンピック物語』（小学館文庫）、小学館、二〇一三年

（10）前掲『ＴＯＫＹＯオリンピック物語』一〇〇ページ

（11）ＩＢＭシステム／360については、ポール・Ｅ・セルージ『モダン・コンピューティングの歴史』（宇田理／高橋清美監訳、未來社、二〇〇八年）、武田晴人編『日本の情報通信産業史——２つの世界から１つの世界へ』（有斐閣、二〇一一年）を参照。

（12）瀬谷正敏『伝えかたの科学——コミュニケーションに強くなる法』（「Think シリーズ」第一巻）、日本アイ・ビー・エム、一九六四年、大矢巌『ビジネスマン栄養学——食事をみれば仕事ぶりがわかる』（「Think シリーズ」第二巻）、日本アイ・ビー・エム、一九六四年、多湖輝『人の使いかた使われかた——人間関係に強くなる法』（「Think シリーズ」第三巻）、日本アイ・ビー・エム、一九六四年、安倍北夫『〈考える〉テクニック——アイディアを生む術』（「Think シリーズ」第四巻）、日本アイ・ビー・エム、一九六四年、日本アイ・ビー・エム企画・編集『ＩＢＭ物語』日本アイ・ビー・エム、一九六四年

（13）日本電信電話公社・東京電気通信局『天連関理府からテレトピアへ——目で見るでんでん１００年史』東京電気通信局、一九七〇年、一一六ページ

（14）東京電気通信局編『東京の電信電話』上、電気通信協会、一九七二年、三八一ページ

（15）前掲『天連関理府からテレトピアへ』一二〇ページ

（16）ジェームズ・マーチン『電子計算機リアルタイム・プログラミング』北原安定訳、日本経営出版会、一九六七年、ロバート・Ｖ・ヘッド『電子計算機リアルタイム導入計画』岸本英八郎訳、日本経営出版会、一九六七年、ジェームズ・マーチン『電子計算機 リアルタイム——システムの設計・管理・運用』北原安定訳、日本経営出版会、一九六

八年、藤田献『リアルタイム予約システム』（コンピュータ・サイエンス・シリーズ）、産業図書、一九七〇年、大野豊編著『オンライン・リアルタイム・システムの設計』（コンピュータ・サイエンス・シリーズ）、産業図書、一九七〇年

（17）前掲『電子計算機リアルタイム』四ページ

（18）以下の事例は、前掲『リアルタイム予約システム』による。

（19）マイケル・オマリー『時計と人間――アメリカの時間の歴史』高島平吾訳、晶文社、一九九四年、一七六―一七七ページ

（20）小川勝『10秒の壁――「人類最速」をめぐる百年の物語』（集英社新書）、集英社、二〇〇八年、五八ページ

（21）多木浩二『スポーツを考える――身体・資本・ナショナリズム』（ちくま新書）、筑摩書房、一九九五年、二〇ページ

（22）S・ギーディオン『機械化の文化史――ものいわぬものの歴史 新装版』榮久庵祥二訳、鹿島出版会、二〇〇八年、二四ページ。松浦寿輝はマレーの実践と産業技術との関わりを重視する読みに対して、「イメージ」の産出を強調している（松浦寿輝『表象と倒錯――ティエンヌ＝ジュール・マレー』筑摩書房、二〇〇一年）。

（23）Anson Rabinbach, *The Human Motor: Energy, Fatigue, and the Origins of Modernity*, Basic Books, 1990.

（24）中沢米太郎『陸上競技者に贈る』日本体育学会、一九三一年、二五ページ

（25）中井正一、久野収編『哲学と美学の接点』（「中井正一全集」第一巻）、美術出版社、一九八一年、四四四―四四七ページ。中井には、「スポーツの美的要素」（一九三〇年）、「スポーツ気分の構造」（一九三三年）、「スポーツ美の構造」（執筆年不明）という論文がある。

（26）前掲『スポーツを考える』一一八ページ

（27）同書四八ページ

（28）同書一三八ページ

第３章　女性スポーツの大衆化
――東洋の魔女からママさんバレーへ

高岡治子

はじめに

大松博文監督が率いる日紡貝塚チームが一九六一年にプラハで開かれた三大陸選手権で世界一の強豪ソ連を破って全戦全勝で優勝したときに、地元の新聞は「東洋からきた台風」「東洋の魔女たち」[1]と書いた。またこのチームを主とした全日本チームは、六二年の世界選手権でも優勝、その後、六四年オリンピック決勝ではまたソ連に勝って金メダルを獲得した。日紡貝塚は五九年から六四年大会まで海外遠征も含めて連勝を続けていて、吉見俊哉は、「東京オリンピックでの「東洋の魔女」への国民的熱狂は、オリンピック開催の二年前、日紡貝塚が世界選手権で優勝した時点で予測可能なものになっていた」[2]と述べている。

六四年大会後には日本中にバレーボール熱が高まった。それは漫画作品や映画、テレビドラマが大人気を博したことにも表れている。『サインはＶ』（神保史郎／望月あきら）は一九六八年から「週刊少女フレンド」（講談社）に連載され、その後七〇年に映画化された。テレビドラマ化された六九年版（全四十五回）は、ＴＢＳ系で日曜夜のゴールデンタイムに放送され、三九・三％の視聴率を記録した（ビデオリサーチ調べ）。結婚後にはスポーツに親しむ機会や慣習があまりなかった主婦たちまでもがグループ活動としてのバレーボールを楽しむようになり、それは「ママさんバレー」と呼ばれて全国的に拡大していったとされる。しかしながら実際は、六四年大会以前にすでに社会体育としてのスポーツ教室開催などによって、主婦たちがバレーボール活動に関わっている模様が報告されている。本章では、「東洋の魔女」[3]をきっかけとして広まったといわれているママさんバレーについて、六四年大会以前からの主婦のスポーツ欲求の高まりなどにも着目しながら、実際にはどのような経緯や意味をもってママさんバレーが展開されていったのかを述べていく。

1　ママさんバレー誕生の時代背景

戦後の主婦誕生と主婦の画一化

日本では、第一次世界大戦後から始まった工業化によって、主な労働形態がそれまでの家内工業によるものから賃金雇用へと変化したことで、夫は外で働く労働者に、妻は家で家事や育児を担当する「主婦」になるという公私分離が起こった。さらに第二次世界大戦後に起こった朝鮮戦争による特需景気によって夫の外労働だけで一家が養われるようになると、妻の専業主婦化が進行して、男女の役割分業が社会で一般化されていき、[4]一九七〇年代には「主婦にあらざれば女にあらず」[5]といわれるほど、戦後は主婦であることが強い規範性をもった時代になった。そのような主婦の生き方は戦後の教育によって強化されていったと考えられ、小山静子は、戦後に制定された教育基本法などによって男女平等な教育制度が実現したが、その実情は「形式的に平等な教育」であり、「女子の特性教育」が追求されていったという。[6]

このような、社会的に主婦であること＝主婦化は、当時の社会体制によっても助長されていた。民間企業では女子の初任給は男子よりも低く設定されたり、結婚時には退職を促す例が見られたりした。女教員には定年切り下げや共稼ぎ女教員への退職勧告が見られた。[7]また、税制面でも配偶者控除の創設のほか所得税や社会保険料、夫の配偶者特別控除に関する制限額が設定され、働き方の調整が主婦化を促していた。[8]

一九六〇年代から七〇年代にかけての家族や主婦の姿はどのようなイメージだったのだろうか。戦前とは異なった民主的な生き方が普遍化していくなかでその頃の家族観は、ホームドラマ『七人の孫』[9]や『ただいま11人』[10]などに表されているように、頼りがいがある主婦が中心となった家庭の温かさ、良妻賢母をモチーフとする人情味があふれる一家団欒の姿[11]などに象徴され、それらによって主婦像が社会で醸成されていったと考えられる。では、実際に主婦たちはどのような日常を送っていたのだろうか。七〇年の調査[12]では、家庭婦人の家事時間は、平日は七時間五十七分、土曜は七時間三十八分、日曜は六時間二十六分となっている。一方、成人男子では、平日は二十八分、土曜は二十八分、日曜は五十二分であり、この数字から家事は主婦がそのほとんどを担っていたことがわかる。固定的性別役割分担意識「夫が外で働き妻は家を守るべき」という考え方をどう思うかという世論調査への回答によると、七二年では〝賛成〟と〝どちらかというと賛成〟を合わせると男性で八三・八％、女性で八三・二％の人々がこの役割分業的考え方を支持している。[13]この世論調査に見られるように、既婚女性は専業主婦であるという考え方が一般化していたことがわかる。

しかしながら、画一化されていた主婦の生き方がやがて当事者たちから疑問視されるようになる。一九五〇年代に登場した電気洗濯機、電気冷蔵庫、白黒テレビなど家庭電化製品に加えインスタント食品、既製服などの購入増大や幼児の保育施設の普及などで、主婦の家事労働時間が短縮されるようになり、主婦が余暇時間をもてるようになっていったのである。一方で、六〇年代から続く高度経済成長を支える夫の長時間労働の陰で主婦の孤独感や閉塞感が増し、女性たちは画一化された主婦のあり方に疑問をもち始めていった。アメリカのベティ・フリーダンは自らの内面に巣くうどうしようもなさを「得体のしれない悩み」[14]と表現して、「妻として、母として」という役割で主婦を規制する社会規範に疑問を投げかけた。この指摘は同じ状況にあったアメリカの中産階級の主婦たちの共感を呼び、ウーマンリブへと波及することになった。日本でも主婦の行き詰まり感は社会問題化しはじめ、「一見平穏無事な平凡な家庭の日常に潜む家庭崩壊の危機」[15]を描いたテレビのホームドラマ『岸辺のアルバム』（山田太一作、一九七七年放送）などで警告が発せられるようになっていった。このような状況の到来を予測して行政は、「主婦が家事・育児や、家庭管理を行なっているために、夫は心おきなく働くことができるという点については、多くの人の異論のないところのようである」[16]としながらも、「主婦の余暇時間の増加にともなって、その過ごし方は一家庭内の問題だけでなく、次第に社会的な問題にまで発展することも考えられる」[17]と六〇年代にすでに懸念を示していた。

社会体育からコミュニティスポーツへ

一九六〇年代に地方自治体の教育委員会を中心として展開された社会体育[18]は、日本社会の民主化と生活の近代化を政治目標とし、暮らしのレベルでは民主主義的生活秩序の形成と合理的な生活の確立による落ち着いた生活再建・創造が生活目標とされた。[19]またスポーツ振興法（一九六一年）のもとに地方公共団体のスポーツ行事の実施が促され、そのための施設整備や指導者育成が図られていった。[20]

一九七〇年代にはスポーツの楽しみを通じた地域住民の交流を目指す「コミュニティスポーツ」振興が図られ、長期的なスポーツ教室の開催を通じたスポーツグループと団体の育成が図られた。[21]このようなスポーツ政策による後押しを受けて、ママさんバレーは展開していくことになる。

2　東洋の魔女からママさんバレーへ

ママさんバレーの始まり

大松博文は「朝日新聞」が特集した座談会で、「ママさんバレーが流行しはじめたのはいつごろから？」という質問に対して、「東京オリンピック前にも、宮崎県などでは六人制で三千チームぐらいあった。そこへ東京オリンピックをきっかけに各地に普及した」[22]と答えている。後藤俊は国体一般男子の部で優勝経験がある嚶鳴クラブ（広島県安佐郡）の選手たちが指導者となって各地で婦人バレーボール大会を開き、一九六一年頃には県大会にまで発展したと述べている。[23]また、六一年に国体のバレーボール会場となった秋田県鷹巣町では、バレーボールを知らなくてはという思いから地元の人が「たんぼに縄を張り、ネット代わりにし、モンペ姿でボールを追った」[24]という。東京都新宿区ではPTA活動の一環として第一回新宿区PTA母親親善バレーボール大会が六二年に開かれ、十九チームが参加したと報道されている。[25]このように主婦たちによるバレーボール活動はスポーツ欲求の高まりとともに六四年大会以前からすでに始まっていたことが推察できるが、その基盤として女子バレーボールが全国の高校のほとんどでおこなわれていたことが挙げられるだろう。内海和雄は、「戦後の学校体育（体育科教育と部活動）におけるバレーボールの学習経験の増大があり、六〇年代以降の国民の、そして女性のスポーツ参加要求の増大があった」[26]と述べている。

主婦のスポーツ欲求の高まりは、社会体育振興の施策によるスポーツ教室の参加などにも現れていた。例えば、三鷹市が開催したスポーツ教室から育ったママさんバレーの自主クラブの数は、一九六六年一、六七年二、六八年一、六九年一、七〇年一、七一年一と報告されている。[27]長野市篠ノ井庄ノ宮団地のママさんバレークラブでは、七〇年前後に九チームが誕生していた。[28]

六四年大会後にはさらに全国各地で雨後のたけのこのようにママさんバレーチームが誕生していったのだが、この変化について朝日新聞社ママさんバレー担当記者の須藤東二は後年、「東京オリンピックを境に世の中が競技スポーツから社会体育に目を向け、ものすごく盛り上がってきてたんですね。そういう時代の流れの中で、バレーが一番やりやすかったんではないでしょうか」[29]と述べている。主婦のスポーツ活動に対して、夫からは次のような発言があったと岡田英雄（元日本バレーボール協会理事長）は語っている。「ママさんバレーをやっておられる人のご主人に聞いたが、（略）練習の時間をつくるために家事に計画的になってきた。いままでルーズなワイフだったが、その点助かる」[30]と。主婦たちがスポーツ活動をするために、主婦という自らに課せられた役割に留意し、拘束を受容しながらも外活動ができるようにライフスタイルを変化させながらスポーツに取り組んでいった様子がうかがえる。

各地で取り組まれていたママさんバレーは、やがて県単位での組織化が進み、一九六八年には全国に先駆けて東京都家庭婦人バレーボール連盟が設立された。[31]その後、全国規模での大会開催に至るが、全国大会がどのような理念で事業化されたのか、社会体育として始まった主婦のスポーツは競技スポーツとどこが違うのか、またママさんバレーの活動が主婦をどう変えたのか、あるいは変えなかったのかなどの視点から、ママさんバレーの展開を見ていこう。

ママさんバレーの全国展開

社会体育振興施策に後押しされたママさんバレーは、日本バレーボール協会（以下、日本協会と略記）によって全国統一が図られ、一九七〇年に第一回の全国家庭婦人バレーボール大会（以下、全国大会と略記）が開催された。全国大会予選会への出場チーム数は表1のとおりだが、全国大会予選に登録しなかったチームを含めたチーム数はデータがないので、全国のママさんバレー活動者数は定かではない。しかし、例えば内海和雄が「埼玉県上尾市の場合、登録は八だが、未登録チームは四二あり、（略）場所によっては未登録チーム数は登録数の一〇倍くらいあると推測される」[32]と述べているように、全国各地で展開したママさんバレーの活動者は相当数にのぼると思われる。ママさんバレーの具体的な活動状況は七〇年におこなわれた「全国家庭婦人バレーボール大会の調査」[33]から読み取れる。一チームの人数は三十人以下がほとんど、年齢構成は三十歳から三十四歳、三十五歳から三十九歳、二十五歳から二十九歳の順、練習日は週一回前後で一回一時間から三時間程度と報告している。

主婦たちがママさんバレーを楽しんでいる様子は、以下の「子どもに負けられないわ　盛んなママさんスポーツ」のような新聞記事などに示され、各地で地域を中心におこなわれているママさんバレーの活動を記している。

栃木県では宇都宮市豊郷地区にも農家の主婦ばかりのチームが二十二ある。バレーを楽しむママさん人口は四、五百人ぐらいで（略）。真岡市には大字単位に七十チーム。（略）市教委の指導で市全域から選んだ婦人チーム「排友会」は昨年の県大会に見事優勝した。

茨城県新治郡出島村（略）集落ごとに三十チーム。小さな部落では人が足りず、若い奥さんは全員が選手だ。（略）小学校の校庭が練習に使われるが、学校に遠い地区では、空き地にサオを立て、霞ケ浦の漁師からもらった古い漁網をネットがわり（略）[34]。

このように主婦たちが家庭を離れて自由にスポーツ活動を楽しむことができるようになった現象を捉えて、当時でもママさんバレーは女性の解放につながるとする見解があった。元日本協会会長の松平康隆は、ママさんバレーは「当時の世相と、あるいは社会的な環境、つまり女性の開放運動とか、そういうものと丁度マッチして、そんな中で澎湃（ほうはい）と生まれてきた[35]」と述べ、また大橋美勝らは、「核家族化の傾向の中で、旧来の夫と妻の関係がタテ構造であったものがヨコ構造に移行しつつあるという現象は（略）スポーツにおいても男女同権の時代に入っていることを示している[36]」と述べている。しかし一九六八年におこなわれたスポーツ活動調査[37]によると、スポーツ活動をしない割合を就業状況別に比較した結果、学生・生徒（八・九％）、公務員（三二・二％）、サービス業（三九・八％）、卸小売業（四九・七％）、製造業（三六・八％）、農林漁業（五八・六％）、家庭婦人（六九・二％）となっていて、家庭婦人

表1　ママさんバレー全国大会予選参加チーム数の推移

大会回数	開催年	チーム数
第1回	1970年	855
第2回	1971年	1,523
第3回	1972年	2,598
第4回	1973年	3,229
第5回	1974年	3,371
第6回	1975年	3,975
第7回	1976年	4,481
第8回	1977年	4,958
第9回	1978年	5,144
第10回	1979年	5,230
第11回	1980年	5,152
第12回	1981年	5,190
第13回	1982年	5,327
第14回	1983年	5,179
第15回	1984年	5,007
第16回	1985年	4,953

（出典：全国家庭婦人バレーボール連盟提供資料から筆者作成）

の場合、年に一回から四回しか活動をしない一三・四％を含めると、八二・六％の主婦たちが日常的なスポーツ活動をおこなっていなかったことになる。先に述べたように主婦のスポーツ欲求が高まっていたなかでのママさんバレーの誕生は、主婦にとってのスポーツ享受の機会を提供し、女性の解放という評価が可能な出来事と解釈されたものと推察できる。では、実際にママさんバレーを日常のこととして取り入れていった活動者たちの受け止め方はどうだったのだろうか。七〇年の第一回全国大会に出場し、のちに全国家庭婦人バレーボール連盟会長を務めた田治米いくは筆者のインタビューに答えて、「自分たちがママさんバレーに参加したときの気持ちは、女性解放というよりも家庭解放であった」[38]と述べ、さらに「家庭解放ではあったけどまったくの解放ではなくて、やっぱり家庭のことをやらなきゃできないのよね。それでいいの」[39]と語っている。「女性の解放とは何か」や「何をもって男女平等とするのか」などから問い直せば、主婦がスポーツ活動に参加できるようになったという現象を積極的に女性の解放と結び付けて解釈できるのかどうかを検討する必要があるだろう。

3　ママさんバレーの構造

ママさんバレーのスポーツ制度的特性による主婦性の再生産[40]

第一回全国大会開催のための日本協会を中心にした準備委員会では、ママさんバレーのイメージ作りがおこなわれていったが、どのような構想を検討したのかについて、全国大会開催のエージェント役だった前田実[41]へのインタビューから以下にいくつかを抜粋した。

①ママさんバレーを社会体育・生涯スポーツ・地域コミュニティ活動として位置づける。
②ママさんバレーに、よりたくさんの方に参加してもらうため、一度出場した選手に再出場の制限を設ける。
③ママさんバレーのチームメンバーは、同一小学校区の居住者とし、大会参加だけのために一時的に広範囲から

メンバーを集めて結成したチームは規制する。

ママさんバレーのあり方として特に注力されたのは、競技スポーツではなく社会体育として位置づけるということだった。「あまりにもバレーの活動に熱中しすぎて、家庭を破壊するようなところへ行っては困る[42]」と前田豊（元日本協会副会長）が語っているように、ママさんバレーでは主婦であることから逸脱しないよう過度な競争を避ける仕組みがそのスポーツ制度のなかに組み込まれていった。実際、活動者側からも競技志向への反発が見られた。後藤俊は、「試合が盛んに行われるようになると、出場選手が固定され、それに伴い「選手はあの人たち」私たちは万年補欠で面白くないわ[43]」と数年で大会が中止になったと述べている。このような状況に対して、どのような特徴をもつスポーツ制度が作られていったのか確認してみよう。

まず、ママさんバレーの大会は「選手権大会」ではなく、「交歓大会」であることが特徴であり、大会名称も「家庭婦人バレーボール交歓大会」とされている。この名称から、ママさんバレーはナンバーワンを競うのではなく、広く交流することが目的だと人々に理解されやすかった。全国大会では各出場チームは最低でも三試合をおこない、表彰は出場四十八チーム中、敢闘賞（文部大臣賞を授与）を含めて合計二十チームを表彰し、勝敗だけにこだわらない姿勢を示していた。

大会の正式名称に使用された「家庭婦人」という言葉や同時に使われた愛称「ママさん」は、シンボル的な作用を伴って広く新聞紙上で報道されていった。大会の主催者だった朝日新聞社はママさんバレーの特集を組むなどして、当時の人々がこれらの用語に抱いていた「温かい頼りがいのあるお母さん」というイメージを社会に伝播していった。このシンボルによってママさんバレーは主婦たちのスポーツ活動であることが社会で認知され、そして家族にも歓迎され応援されたものと考えられる。

前述の②で示された「全国大会に出場した選手は以後出場権がない」という制限[44]は、なるべく多くの人に全国大会を経験してもらうための制度だった。ママさんバレーには、学校の部活動や実業団の活動と違って卒業や引退がない。力があるチームが勝ち続けて同一のチームが何年も全国大会を占有するのではなく、多くの選手に県の代表として全国で交流してもらいたいという趣旨だった。また第一回全国大会の参加資格は「満二十五歳以上で既婚の家庭婦人」[45]だが、全国レベルの大会に出場した経験をもつ者は満三十歳以上（第二回大会からは三十五歳以上）となっていることも、強者だけに参加機会をとどめない工夫だったといえるだろう。また、ママさんバレーは六人制ではなく、あえて九人制を採用していた。その理由として山下兆子[46]（元全国家庭婦人バレーボール連盟理事長）は、人数面で参加機会を増やすためだけでなく、六人制のようなポジションのローテーションをなくして、身長の高低にかかわりなくより多くの人がゲームに参加できるように、と述べている。

③で示した、チームメンバーは同一小学校区の居住者とするという構想はルールとして盛り込まれ[47]、その後も継続して適用されている。この制度は大会に出場するためだけに一時的に結成されるチーム（主にかつての学校や実業団などのOGによる）を敬遠し、地域に根ざした活動を奨励するための工夫だった。これによって、行政が目指していた地域コミュニティの活性化に寄与することにもなった。また、この地域限定はバレーボール活動をするお母さんたちが、活動中にも子どもが通う学校や施設の近くに常に存在することによって、学校からの緊急の呼び出しやトラブルにすぐに対応できることを保障するものであり、母親業との共存を促す制度だったといえるだろう。

以上のように、制度化されたママさんバレーのスポーツ特性を見ると、ママさんバレーは主婦の活動であること、交流を目的とした活動で競争に加熱しすぎないこと、活動は生活圏内でおこなうことなどをうたい、先に田治米がインタビューで述べていたように、活動者たちはママさんバレーで日常の家庭から解放されて仲間と交流し、気分転換の機会を獲得し、楽しみを得たものの、それは常に主婦としての役割に回帰させる仕組みのなかでの限定的な活動だったことが理解できるだろう。主婦という役割はその当時の社会の規範として人々から期待されていた役割であり、また当事者である主婦たちもそれをよしとして受け入れていたのである。そのような主婦の、社会から期待される役割をここでは「主婦性」と表現し、ママさんバレーの活動によって家庭からの解放と主婦役割への回帰が繰り返される循環構造を、筆者は「主婦性の再生産」構造とみている[48]。

全国大会主宰者機構の関わり

ママさんバレーの全国大会は、日本協会を中心とする主宰者機構によって企画・運営されていた。主宰者機構の構成は次のとおりである。

主催者：日本協会、朝日新聞社

後　援：文部省、日本体育協会、都道府県教育長協議会、全国体育指導委員協議会

協　賛：ブラザー工業（株）

（株）ヤクルト本社

さらにエージェントとしては電通が参加していた。

主宰者機構は全国大会だけではなく予選会の開催支援、各地での普及活動、機関紙の発行などをおこなっていたので、ママさんバレーは主宰者機構によって供給され、参加者はそれを需要するという構造だったといえるだろう。[49]したがって、この主宰者機構が「主婦性の再生産」構造をコントロールしていたと考えられる。

全国大会の創設はそれまで不統一だった各地のママさんバレー活動に一定の方向を示し、活動や組織に関わる人々の考え方や価値付与の総体（イデオロギー）をはじめとして、具体的な活動形態についても一つの指針を全国的に伝播していくための機能を果たしていたといえるだろう。ママさんバレーの大規模な大会が参加者が自らの意思や願いから企画したものではなく、主宰者機構から促されてのスタートだったことから、ママさんバレーの展開は主宰者各機構の思惑が影響していたと考えられる。それぞれの関与については、以下のように考えることができる。[50]

主催者である日本協会の今鷹昇（当時副会長）は、「社会体育に取組む足がかり」として婦人バレーを位置づけようとし、「大衆と結びつけることに観点をおいて」[51]いたと主催者としての思いを語っている。また岡田英雄（当時日本協会理事長）は日本協会評議委員会に「企業団体との共催は体協発足以来初の試みであり、社会体育が

注目されている今日、見本の一つとして是非成功させたい」[52]と報告している。日本協会は競技スポーツの統括団体として、社会体育の先駆者的実践者となることが一つの目的だったと考えられる。当時の国際オリンピック委員会（IOC）会長のアベリー・ブランデージは、「スポーツ団体は、小グループのエリート選手のためにその努力を向けがちで、一般大衆が参加できる競技会を組織することを忘れています（略）この大会を組織された日本バレーボール協会（略）に、敬意を表する」[53]と賛辞を贈っている。

同じく主催者の朝日新聞社は、それまでスポーツ面で扱ってきた話題は競技スポーツが中心であり、ママさんバレーを取材する記者たちは社会体育に関する知識や経験がなかったために、当初の紙面作りや支援体制はあまりよくなかった。しかし須藤によれば、記者たちも大会回数を重ねるにしたがってお母さんたちの姿に感動を覚えるようになり、もっと記事にしなければいけないんじゃないかと感じるようになったという[54]。さらに前田実によると、「朝日新聞」には第四回大会から協賛会社による広告特集記事が四面にわたって掲載されるようになり、その広告料は毎年四千万円だったという。また須藤は、「どの新聞を購読するかは主婦の判断によることが多いとの予想から、朝日新聞社としても販売拡張の希望はあっただろうと思われる」[55]と述べていて、そのような利害がママさんバレーに関わる推進力になっていったものと思われる。

後援の文部省の方針によれば、社会体育振興は「集団をとおさなければ効果的なはたらきかけはできない」として、「各種婦人団体、PTA、体育関係の団体」[56]などを具体的な団体として挙げている。前田実によれば、ママさんバレーの展開についての検討会議は三カ月に一度という頻度で開かれていたが、その会議には必ず文部省の職員が加わっていたという。文部省の後援は「名義の使用の許可」申請に対して、書類上でだけ処理されるものが多いなか、ママさんバレーの事業に対しては積極的な取り組みを見せていたのである。ママさんバレーは、それに参与する集団がPTAや婦人会だったこと、また日本協会というスポーツ団体が主導している事業だったことなどから、文部省が考える社会体育の理念の具現化に沿うものだったといえるだろう。文部省はこの事業に対し、文部大臣の賞状と総理大臣杯を授与している[57]。

前田実によるとヤクルト本社とブラザー工業は協賛会社として全国大会に三千万円ずつ合計六千万円を提供していたという。この協賛金は大会運営費としてはもとより、全国大会参加者全員の宿泊費や交通費全額に充当され、参加者にはほとんど経済的負担はなかった。また、この協賛金のなかから地方の予選会にも十万円ずつが支給されていた。さらに「朝日新聞」に毎年掲載した広告特集記事には二社で四千万円を支出しているので、合計一億円がママさんバレーの事業に投入されたことになる。これを近年の物価指数で換算すると、約三億円という額になる。このような支援は、主な協賛会社にとってどのような便益があったのだろうか。

ヤクルト本社は一九六三年に婦人販売店システムを全国的に導入し、多くの主婦がヤクルトレディという名称のもと、ヤクルト飲料の販売を目的として全国各地に配備されることになった。ヤクルトレディになるための候補者は、近隣関係や所属している団体などが調査された[58]。もしママさんバレーなどの集団に所属している主婦であれば、そのネットワークの活用が期待されただろう。七一年には化粧品事業にも参入し、これもヤクルトビューティと呼ばれる販売員を通して口コミや友人関係を伝わって広げていく販売方法だったことから、それらの消費者である女性たちが参集しているママさんバレーは、ヤクルト本社にとって非常に魅力的な存在だったと考えられる。

次にブラザー工業だが、一九六〇年代から七〇年代にブラザー工業とママさんバレーをつなぐアイテムはミシン、電化製品、編み機だった。内閣府が発表した「消費動向調査[59]」による耐久消費財の普及率は、六五年のミシンが七七・四%で、その後二十年以上にわたって八〇%台の安定した普及率になっている。また、電気洗濯機の普及率は六〇年代末から消費財のなかで一位を続け、そして八〇年代には冷蔵庫、掃除機などとも並んでほとんど一〇〇%の普及率になる。さらに、内職的家内労働者の観点から見ると、ミシンや編み機を利用しただろうと思われる繊維製品を扱った家内労働者数は、七〇年が約五十一万人、七三年がピークで約五十六万人である[60]。ブラザーの七〇年の総売上高は約五百六億円だが、そのうちの七六%がミシン、家庭電器、編み機の売り上げ[61]なので、ブラザーの利益は主婦によって支えられていたともいえるだろう。ブラザーがママさんバレーを協賛したのは七〇年から十八年間だが、七〇年代は団塊世代が結婚、子育てをこぞっておこなっていた時代だったので、その時期の主婦へのはたらきかけは効果的だったと考えられる。

以上をまとめると、日本協会は主婦たちを束ねて社会体育推進の旗頭となることを望んでいて、朝日新聞社にも社会体育への関心と購読者や広告料の確保という魅力があった。国は主婦たちが地域で活性化することを望んでいて、また政策課題となっていた経済成長維持のために労働力（夫）を支える主婦の存在を必要としていた。同様に協賛会社も経済活動を支える主婦層を必要としていて、また主婦は販売のターゲットでもあった。このように主婦が主婦として存在することを望む同じ方角を向いたベクトルを束ねたのはエージェントである電通[62]だった。そして、ママさんバレーの事業は主に「朝日新聞」を通して大々的に世の中に報じられていった。これら諸機関の力が結集してママさんバレーは展開していったのであり、その意味で「主婦性の再生産」構造をもつママさんバレーは、主宰者である各機構の便益にかなった事業だったといえるだろう。

おわりに

家父長的な家制度は第二次世界大戦後には廃止されたものの、「現実の生活の場ではあいかわらず女は差別され、妻は家庭から一歩も出ることができない状況が続いていた[63]」といわれた一九五〇年代、戦後に制定された教育基本法などでは男女平等の制度が実現したものの、教育制度そのものがジェンダー化していたとされる六〇年代、その後の高度経済成長という政治的要請のもとで、夫を優良な労働力として社会に提供するため役割分担を固定したまま、女性の社会的行動を家庭優先で導いた七〇年代、社会は常に主婦たちに主婦であることを求めてきた。「東洋の魔女」の登場は、このようなジェンダーによる男女区分に揺さぶりをかけたと考えられる。谷口雅子は東洋の魔女に対する大松監督のスパルタ指導についてふれ、その指導はときに批判の対象となったが、世界レベルの大会で確実な好成績を達成するにつれて批判も聞かれなくなっていった、しかし、勝利という事実だけでスパルタ指導が正当化されたとみるべきではなく、これはスポーツ場面での女子の身体が「勝利への固執と新しい技術習得への飽くなき探求などによって、言説化されていた枠づけを容易に超え」[64]て男女区分の固定的なスポーツ観を打ち破る結果になっていったと述べている。東洋の魔女から発したこのエネルギーこそが主婦というカテゴリーをスポーツから遠ざけていたジェンダーの壁を打ち破る力となったのではないだろうか。

一方、谷口は、女性がおこなう競技スポーツでの主従関係がスポーツ以外での役割分担の主従関係に継続される様相を次のように説明している。オリンピック後の選手たちの引退と結婚願望は、当時の結婚適齢期といわれた女性たちの固定的な生き方を象徴的に表していた。大松監督は大会後、選手たちの結婚に親心をもってあたったという。キャプテンだった河西昌枝は、佐藤栄作首相の口添えでの見合い結婚を決意したときに、「バレーボールでは監督についてきたが、これからは夫についていく」と述べている。これについて谷口は、大意、大会前のスポーツ場面での監督と選手という明快な上下関係や、引退後の家庭生活での男女の能動―受動の関係が示す役割分担は、一定の秩序形成にはたらいた[65]、と述べている。

このように見てくると、「東洋の魔女」の存在自体に両面性があったこと、すなわちスポーツシーンでのジェンダーを打破する局面と、そして一方では固定的な女性の生き方を踏襲する局面とが混在していたことを理解できる。この両面性はママさんバレーにも投影されていたとみることができ、一方ではスポーツ活動によって主婦役割からの一時的な解放を果たし、また一方では主婦性を発揮して主婦としての社会的機能を果たしていくという「主婦性の再生産」が繰り返されていったのである。

このように主婦たちの規定された枠組みのなかでの一時的な解放からは、男女平等での女性としての人権を問うような運動へはかえって向かいにくかったと考えられる。この再生産構造のなかで男性主導によって供与された部分的な解放は、女性の生き方の問題への凝視を遠ざけ、またそのような衝動的エネルギーの蓄積を回避させるものだったからである。前述したように、すでに一九六三年には労働省婦人少年局が、主婦の余暇時間の増加に伴ってその過ごし方は一家庭内の問題だけでなく、次第に社会的な問題にまで発展することも考えられる、と報告していた。このような危い状況を捉えて、行政や企業は一体化して主婦層に閉塞感からの解放の場を提供し、一方、主婦層は、日常性の繰り返される生活の一部にスポーツ活動を取り込むことによって生活に充実感を獲得し、こうして相互作用的な協働関係を成立させながら、ママさんバレーは社会に組み込まれていったものと思われる。

注

(1) 前田豊「欧州遠征バレー24戦全勝の女子チーム〝日本式〟が大成功」「朝日新聞」一九六一年十月十七日付
(2) 吉見俊哉「ポスト戦争としてのオリンピック――1964年東京大会を再考する」、日本マス・コミュニケーション学会編「マス・コミュニケーション研究」第八十六号、日本マス・コミュニケーション学会、二〇一五年、三〇ページ
(3) 東洋の魔女については、新雅史『「東洋の魔女」論』(〔イースト新書〕、イースト・プレス、二〇一三年)で詳しく論じている。
(4) 千本暁子「日本における性別役割分業の形成――家計調査をとおして」、荻野美穂/田邊玲子/姫岡とし子/千本暁子/長谷川博子/落合恵美子『制度としての〈女〉――性・産・家族の比較社会史』所収、平凡社、一九九〇年、一八八―二二八ページ
(5) 落合恵美子『21世紀家族へ――家族の戦後体制の見かた・超えかた 第3版』(有斐閣選書)、有斐閣、二〇〇四年、四八ページ
(6) 小山静子『戦後教育のジェンダー秩序』勁草書房、二〇〇九年、八三ページ
(7) 労働省婦人少年局編『婦人の現状 昭和38年版』大蔵省印刷局、一九六三年、二八―三九ページ
(8) 前掲『21世紀家族へ』二八一ページ
(9) 明治生まれの祖父を中心に、大正生まれの父母と昭和育ちの孫たちがおりなすホームドラマ(TBS系、一九六四

―六六年）。

（10）夫婦と子どもで十一人という昭和の大家族の日常を描くホームドラマ（ＴＢＳ系、一九六四―六七年）。

（11）松村尚子「生活の現代的特徴と主婦役割」、女性史総合研究会編『現代』（「日本女性生活史」第五巻）所収、東京大学出版会、一九九〇年、二四〇ページ

（12）三矢惠子／吉田理恵「生活時間の時系列変化――1970年～1995年の国民生活時間調査の時系列分析」、日本放送協会放送文化研究所編「ＮＨＫ放送文化調査研究年報」第四十二巻、日本放送協会放送文化研究所、一九九七年、一六八―一六九ページ

（13）橘木俊詔編著『現代女性の労働・結婚・子育て――少子化時代の女性活用政策』（経済政策分析シリーズ）、ミネルヴァ書房、二〇〇五年、二五ページ

（14）ベティ・フリーダン『新しい女性の創造 改訂版』三浦冨美子訳、大和書房、二〇〇四年、一四ページ

（15）前掲「生活の現代的特徴と主婦役割」二四〇ページ

（16）前掲『婦人の現状 昭和38年版』三二ページ

（17）同書一四七ページ

（18）社会体育・コミュニティスポーツについては、第6章「背中合わせのオリンピックと地域スポーツ」（尾崎正峰）を参照のこと。

（19）佐伯年詩雄「スポーツ政策の歴史と現在――戦後スポーツ政策の「これまで、今、これから」を考える」、清水諭責任編集、友添秀則編「現代スポーツ評論」第十五号、創文企画、二〇〇六年、三九ページ

（20）文部省編『日本スポーツの現状』教育図書、一九六四年、三九ページ

（21）前掲「スポーツ政策の歴史と現在」四〇ページ

（22）「ママさんバレー座談会（上）」「朝日新聞」一九七〇年三月十九日付

（23）後藤俊「家庭婦人バレーボールについての一考察――全道ママさんバレーボール大会より」、北海道女子短期大学編「北海道女子短期大学研究紀要」第五号、北海道女子短期大学、一九七三年、六三ページ

（24）同論文六三ページ

(25)「歓声高く 新宿で母親バレーボール」「朝日新聞」一九六二年十一月十三日付
(26)内海和雄「「ママさんバレー」の実態と意義」、一橋大学一橋学会一橋論叢編集所編「一橋論叢」第百二十五巻第二号、日本評論社、二〇〇一年、一一六ページ
(27)江橋慎四郎／粂野豊編著『社会体育の実践』第一法規出版、一九八一年、七四ページ
(28)吉沢文雄「自主的スポーツクラブの形成――ママさんバレークラブの成立するまで」、日本体育学会編「体育の科学」一九七二年七月号、杏林書院、四五八ページ
(29)全国家庭婦人バレーボール大会事務局編『ママさんバレー10年の歩み』全国家庭婦人バレーボール大会事務局、一九七九年、七ページ
(30)「ママさんバレー座談会（下）」「朝日新聞」一九七〇年三月二十日付
(31)全国家庭婦人バレーボール大会事務局編『ママさんバレー・20年の歩み――熱く、そして、優しく 全国家庭婦人バレーボール大会20周年記念誌』全国家庭婦人バレーボール大会事務局、一九八九年、一七ページ
(32)前掲「「ママさんバレー」の実態と意義」一二四ページ
(33)全国家庭婦人バレーボール組織委員会編『全国家庭婦人バレーボール大会の調査』全国家庭婦人バレーボール組織委員会、一九七〇年、一八ページ
(34)「朝日新聞」一九七〇年十月十六日付
(35)前掲『ママさんバレー・20年の歩み』八ページ
(36)大橋美勝／島崎仁「家庭婦人のスポーツに関する社会学的研究」、東京教育大学体育学部編「東京教育大学体育学部紀要」第十号、東京教育大学体育学部、一九七一年、三七ページ
(37)スポーツ施設相談所編『スポーツ基本調査報告書 1966―1970』日本体育協会、一九七一年、二五六ページ
(38)二〇〇八年八月二日に実施。
(39)二〇〇八年九月三十日に実施。
(40)ママさんバレーのスポーツ制度については、高岡治子「家庭婦人スポーツ活動における「主婦性」の再生産――ママさんバレーボールの発展過程と制度特性を中心に」（日本体育学会編「体育学研究」第五十三巻第二号、日本体育

学会、二〇〇八年）に詳しく論じている。
(41) 前田実氏はエージェント（電通）として全国大会の準備委員会並びに運営委員会に関わっていた。実氏は後出の前田豊氏の実子である。インタビューは二〇〇六年十二月十三日に実施。
(42) 前掲『ママさんバレー10年の歩み』一一ページ
(43) 前掲「家庭婦人バレーボールについての一考察」六三ページ
(44) 前掲『ママさんバレー10年の歩み』五ページ
(45)「第1回全国家庭婦人バレーボール大会 社告」「朝日新聞」一九七〇年一月三十一日付
(46) インタビューは二〇〇六年十二月十八日に実施。
(47) 前掲『ママさんバレー・20年の歩み』二三ページ
(48)「主婦性の再生産」構造については、前掲「家庭婦人スポーツ活動における「主婦性」の再生産」に詳しく論じている。
(49) 前掲『ママさんバレー・20年の歩み』一七―二四ページ
(50) 高岡治子「主宰者機構からみた家庭婦人スポーツ活動における「主婦性」の再生産――ママさんバレーボールを事例として」、日本体育学会編「体育学研究」第五十五巻第二号、日本体育学会、二〇一〇年、五二五―五三八ページ
(51) 前掲「ママさんバレー座談会（上）」
(52) 日本協会「定例評議員会議事録」一九七〇年二月十一日、一〇ページ
(53) 前掲『ママさんバレー10年の歩み』一三ページ
(54) 同書七―九ページ
(55) 二〇〇八年四月二十七日に実施したインタビューから。
(56) 文部省編『社会体育――考え方・進め方 第二版』教育出版、一九六〇年、五ページ
(57) 前掲『ママさんバレー10年の歩み』五ページ
(58) 国頭義正『これがヤクルト』ダイヤモンド社、一九七二年、一〇二ページ
(59) 内閣府経済社会総合研究所景気統計部「消費動向調査平成16年1月30日公表」から。

(60)労働省婦人少年局編『婦人の現状 昭和38年版』労働省婦人少年局、一九六三年、三九ページ
(61)ブラザー工業株式会社編『ブラザーの歩み――世界に挑む』ブラザー工業、一九七一年、二一二ページ
(62)電通には朝日新聞社から広告料の一〇%が支払われていた(元朝日新聞企画部所属・荒井利尚氏へ実施した二〇一一年四月二十一日のインタビューから)。
(63)永原和子/米田佐代子『おんなの昭和史――平和な明日を求めて』(有斐閣選書)、有斐閣、一九八六年、二〇〇ページ
(64)谷口雅子『スポーツする身体とジェンダー』(青弓社ライブラリー)、青弓社、二〇〇七年、一二九ページ
(65)同書一三二―一三五ページ

第4章　根性論の系譜学
――六四年東京オリンピックはスポーツ根性論を生んだのか？

下竹亮志

はじめに

六四年大会は従来、スポーツ根性論が誕生した契機として捉えられてきた。とりわけ、「東洋の魔女」と呼ばれた日紡貝塚チームを率いて金メダルへと導いた大松博文の指導論が、「根性」の価値を増幅させたという。[1] ベストセラーとなった大松の著書『おれについてこい！』では、睡眠時間を縮めて「真夜中の猛練習」をおこない、けがを押して血みどろになりながら回転レシーブを習得する選手の姿を描いている。[2] また、当時の日本アマチュア・レスリング協会会長で金メダル五つの獲得に貢献した八田一郎の、選手に対する全身の毛を剃るという罰や上野動物園のライオンとにらみ合うといったトレーニング法も注目を浴びた。[3] このようなエピソードを携え、当時の日本社会で一世を風靡したスポーツ根性論をめぐっては、これまで主に二つの立場から研究されている。

第一に、日本的スポーツ文化継承説の立場。[4] これらは、戦前に見られた精神主義的なスポーツ文化が、大松らの実践を契機に根性論として回帰したと捉える研究である。そこで批判されているのは、「「黙って俺についてこい」という言葉に代表される、選手の主体性を無視したクラブの運営方法や、「しごき」をともなった非人間的な猛特訓[5]」と形容されるような、「個人の抑圧、従順の強制、不合理性、非科学性」といった特徴を有する、まさに現在の私たちが知る根性論そのものである。第二に、六四年大会起源説の立場[6]。これは、六四年大会を重要な契機として、「根性」の使用方法が「奴隷根性」のような「生まれついた人間の根本的な性質」という否定的なものから、「困難にくじけない強い性質」「事を成し遂げようとする強い気力」といった後天的に形成可能なものへと変容したことを明らかにした研究である。すなわち、この立場は日本的スポーツ文化継承説のように戦前のスポーツ文化の回帰を主張するのではなく、六四年大会を契機に根性の使用方法に転換が生じたことを示している。

しかし、六四年大会を契機に根性が継承されたにせよ、使用方法に転換が生じたにせよ、いずれの研究も当時の日本社会で隆盛し、今日まで連綿と続く（とされる）根性論へのスポーツ界の影響をおそらく過大評価している。というのも、当時のスポーツ界で語られていた「根性」は、現在の私たちが知る「根性」とは異なる様相を呈しているからである。当時の「根性」が現在の「根性」になるまでの間には、単線的に結ぶことができない複雑な過程があるように思えるのだ。では、現在の私たちが知る「根性」の意味はどのような経路をたどって定着したのだろうか。本章では、スポーツ界、学術界、経済界の三つの領域で語られた根性の系譜をたどり、この諸相の一端を明らかにしていきたい。

1　スポーツ界の根性論

昭和三十七年、十年もの間世界の王座についていたソ連を破った。その後間もなく〝おれについてこい〟の著者になったのであるが、それによって世間の受けとられ方は「ぐずぐず言わず黙っておれのいうとおりにやればいいのだ」……と。練習はまともにみていられないような猛練習で鍛えぬき、それによって得た栄冠であると解釈されたようであり、指導的立場にある人には、うむを云わせず引っぱることが最高のコーチであるが如くとられたようであった。このような単純な解釈のされ方は大変迷惑なことであり非常に残念なことである。(7)

ここで大松は、自身の指導論が歪曲されて世間に広がってしまった状況を回顧的に嘆いている。(8) それはなぜなのか。この問いから議論を始めよう。実は、六四年大会に際して設立された東京オリンピック選手強化対策本部のスポーツ科学研究委員会心理部会で科学的対象として議論されていたのが根性である。そこでは、根性を「目標を明確に意識し、その目標達成のために精神を集中し、しかもそれを持続する強い勝利への意志」と定義し、「コーチが必要な知識や技術を身につけ、計画や練習について、適切な助言を与えることができるだけでなく、選手の個性を理解し、選手から信頼感をもたれていること」(9) が根性の養成に必要な条件だと示している。

また、心理部会の委員だった太田哲男は、大島鎌吉選手強化対策本部長（当時）から根性養成法のテキスト作成の要請を受けた際の内部資料を開示しながら、当時の状況を回想している。(10) そこでは、根性の内容として、①計画性、科学性（研究心）、創造性（創意）、②自主性、規律性、責任感、③意志の強さ、敵愾心、勝利に対する意欲（執着、闘志、士気、決断力、勇気、持続性）が示され、根性づくりは「人間づくり」であり、根性とは練習をさせる力であると述べられている。そして、その基礎にあるべきは選手の「自主性」であり、「現在のトレーニングが〝与える〟ような方法でなされ、選手は受動的に〝受けとる〟ような傾向」にあるため、「自主性をもたせる工夫」が必要であるともいう。

このように、当時のスポーツ界での根性論は、単に指導者への服従や、従順であることを強制するような発想を持ち合わせていなかった。むしろ、選手の自主性、能動性、創造性、科学性の尊重、指導者の選手に対する個別性への配慮など、先行研究が想定してきた根性とは真逆の特徴を見いだすことができるのである。同じ考え方は、根性を科学的対象とする研究者の言説だけにとどまらず、現場の指導者にも見て取ることができる。

例えば、大松は年頃の青年をスポーツによって精神的にも強固な人間に作り上げていくことを肯定しながら、それをあくまで医学に立脚して合理的におこなう必要性を指摘している。[11] また、大松は自身のハード・トレーニングが「しごき」とは似て非なるものだと述べ、その例として選手にボールを投げるとき、それぞれの選手に必要でふさわしいボールを投げていたことを説明している。[12] 同様に、八田は「考える事自体が選手自身の血となり肉となるのだ。それがいちばん尊い」といい、「体力や技術を抜きにして、勝敗の結果をすぐ気力や根性に簡単に結びつけるのはちょっと軽率とはいえないだろうか[13]」と指摘している。

当時のスポーツ界の根性論を概観してみると、「個人の抑圧、従順の強制、不合理性、非科学性」といった私たちが想像するそれとの間にはズレが生じていることがわかる。教育社会学者の牧野智和は、この時期の大松を端緒としたスポーツ指導者や選手の自伝的著作が、一般的な成功哲学を語る文脈とは切り離されて存在していることを示唆している。しかし同時に、そうした成功哲学や一般的ハウツーが語られずとも、読者は彼らの生きざまから教訓を引き出し、自分の人生に重ね合わせ、日々の生活の糧としているのではないかとも指摘する。[14] この牧野の指摘をふまえて本章で考えたいのは、スポーツ界の言説から直接教訓を引き出す経路に加え、その言説をより身近な文脈へと翻訳する経路があったのではないかということである。大松を端緒とするスポーツ界の根性論を超えて、根性に「個人の抑圧、従順の強制、不合理性、非科学性」といった意味を付与していく別の領域があったのではないか。それはどこで、どのような人々によってなされたのか。これが、以後の課題である。

2　学術界の根性論

六四年大会に際して、スポーツ科学研究委員会の「心理部会」で根性が議論されていたように、当時の学術界でも心理学を中心にそれが主題化されていた。科学的根性論とでも呼べるこの一群の言説の例として、雑誌「児童心理」一九六五年五月号の特集「根性の育て方」を取り上げてみよう。

そこに掲載された諸論考のタイトルを挙げてみると、「根性の心理学」「根性論と現代社会——根性を必要とする社会的背景」「根性を育てる教育」「根性を育てる家庭のしつけ」「根性の診断法」「根性を育てる叱り方・ほめ方」「知性ある根性」「訓練と根性」「しつけと根性——根性の育て方と「期待される人間像」について（座談会）」「勉強に強くなる根性の育て方」「わが校の根性教育——実践記録」といった具合である。心理学的な知を通じて、特に「しつけ」や「教育」といった文脈に根性が結び付けられている様子がよくわかる。

これは、スポーツ界の外部で根性に異なる意味が付与されていく一つの接点を示していないだろうか。なぜなら、根性が心理学的な知を通じて「しつけ」や「教育」に結び付けられることで、その適用対象もスポーツ選手だけでなく「子ども」や「若者」にまで拡大するからである。しかし、それは時代の要請でもあった。当時、戦後教育の弊害、資本主義社会の進展に伴う技術革新、機械化、労働組織の巨大化、官僚化といった社会状況のなかで、人々は人生の目的や価値観を喪失していた。そのとき、自分のものにしたい、子どもたちに身に付けさせたいと、人々が待望していたのが「根性」だった。要するに、「根性」を通した人間性の回復が求められていたのである。[15] こうした、当時の社会状況に向けられるまなざしは、根性がスポーツの外部で語られるための必要条件であるように思える。この「社会へのまなざし」によって、もはや根性はスポーツだけの問題ではなくなるからだ。では、そこで何が、どのように論じられたのか。基本的な姿勢は次の一文に示されている。

最近「根性」というコトバがよくきかれる。とりわけ、オリンピック以来このコトバがもてはやされている。そして、本屋の店頭では、大松博文氏の「おれについてこい」「なせば成る」（講談社）がならべられ、ベストセラーとなっているし、八田一郎氏の「剃るぞ」（講談社）もよく読まれている。これらは、スポーツにおける勝負の世界での「根性」を書いたものなのだが、それが拡大解釈されてきているきらいがある。勝負の世界でのきびしいトレーニングが人間性をきたえ上げ、新しい人間を創造することができるような錯覚にとらわれている傾向がなしとしない[16]。

まさに、大松らの気持ちを代弁するかのような文章である。この特集に寄稿した著者らに共通して見られるのは、大松らの実践への称賛、熱狂に対して距離を取り、根性の内容を学術的に規定しようという姿勢である。そして、そこで論じられる根性の内容も、実は先述したスポーツ界のものとそれほど大差はない。例えば、根性は単なるハード・トレーニングやスパルタ式訓練によって育つものではなく、科学的・合理的な訓練が必要であり、そのためには知性や自主性、自発性、創造性が不可欠だという指摘である[17]。

また、この特集の筆頭論文の著者で、根性について新聞などでも積極的に発言していた当時早稲田大学文学部教授だった心理学者・本明寛は、著書のなかで「日本の根性論は耐えることを教えて、進むことを教えない傾向がありすぎた[18]」と述べている。本明は後者を根性の本質として捉え、「根性は生産なのだ」という。そして、物質文化に浸り、あれがほしいこれがほしいと欲求過剰な当時の若者たちを否定するのではなく、むしろその欲こそが積極的で活動的な根性の基本条件であり、「若者らしい根性づくり」が必要と指摘している[19]。

このように、心理学を中心とした学術界の根性論は、大松らが嘆いていた根性の受容のあり方を批判的に捉え、その内容を綿密に規定しようとしていたことが理解できる。すなわち、学術界ではスポーツ界の根性論を科学的に補強するような言説が形成されていたのである。しかし一方で、人間性の回復という課題を背景にした「社会へのまなざし」は、「しつけ」や「教育」によって、根性の適用対象を「子ども」や「若者」にまで押し広げた。ここに、スポーツ界の外部で根性論に異なる意味が付与されていく一つの接点を見ることもできるだろう。けれども、そこにはいまだ私たちが知る根性の意味を見いだすことはできない。いったい、それはどこで生まれたのだろうか。それは、おそらく経済界においてである。

3　経済界の根性論

経済界の根性論には二つの経路があるように思われる。まず第一に、科学的根性論からの流れである。先述した本明は、根性に関する第二の著作『根性人《マン》』で自身の根性論を経済界に適用しようと試みている。そこでは、セールスマンやビジネスマンへの調査・面接をもとにスポーツで世界一になるような人間だけではなく、誰にも適用できる根性論を模索している。(20) しかし、適用対象がセールスマンらに変化しても、本明が規定する根性の意味は基本的に変化していない。

むしろ、今日私たちがイメージする根性に近い意味を見いだせるのは、実践的根性論とでも呼べる一群の言説においてである。例えば、経営・経理の実務家として実業界で経営教育に携わり、原価計算の第一人者と称されていた中山隆祐の『根性の経営学』という著書がある。そこでは、科学的な企業経営の裏で忘れ去られてしまった経営者の主観と心のもち方を根性として論じている。(21)「企業経営を成功させるものは、経営者が心のうちに持っている意欲と情熱である」(22) という中山は、大松の実践を絶賛し、経営の参考になるとして『おれについてこい!』のさまざまな文章を約四ページにわたって引用したあと、次のように述べている。

〔大松の：引用者注〕たくましい精神は、完全に経営の精神として取り入れられる。経営においても、自分が死地におもむくときには、自分自身が闘魂で燃えている。私心なくして自分が燃えておれば、部下も燃える。かくて部下に対してどんなに無理強いしても、大声で叱責しても反感を持たれない。(23)

ここにきて、ようやく私たちが知る根性に近い意味での記述が現れる。中山のほかにも例を挙げれば、『イザという時役立つ根性』は、「強い神経・図太い根性を培うには」「自ら進んで苦難をきり進む根性」「仕事に対する積極的な気迫と根性」といった各章の冒頭に、必ず戦陣訓からの引用を付す構成になっている。戦陣訓とは一九四一年、当時陸軍大臣だった東条英機の名で全陸軍に下された、戦時下の将兵の心得である。そこから最初に引用されているのは「軍隊は統率の本義に則り、隊長を核心とし、鞏固にして、しかも和気あいあいたる団結を固成すべし。上下各々その分を厳守し、つねに隊長の意図にしたがい、誠心を他の腹中に置き、生死利害を超越して、全体のため、己を没するの覚悟なかるべからず」という部分である。この引用のあと、「軍隊を会社に、隊長を社長に置きかえれば、そっくりそのまま、今日でも立派に通用する教訓であります[24]」という言葉から、この本は始まっている。戦時下の軍隊の秩序のありようを示した文書が常に念頭に置かれているこの本。そこでは、「凡そ戦闘は勇猛果敢、つねに攻撃精神をもって一貫すべし」という戦陣訓の言葉に対応して、「通勤電車に乗るにも、攻撃精神をみなぎらせていないかぎり、何台も満員電車から閉め出されて、会社に着いたときは遅刻となり、人生の電車からも閉め出しを食ってしまうおそれが多分にあります[25]」と警鐘を鳴らしていたりもする。

図1　「合宿で社員に根性——指導は自衛隊の教官」
（出典：「朝日新聞」1966年8月5日付夕刊）

このように、経営者やサラリーマン、ビジネスマン、セールスマンといった企業人を対象とした実践的根性論は、言説のレベルにとどまらず具体的な現場で実践されていった。例えば、「ある経営者ばかりを集めた勉強会の時に、その地方の有力会社の社長さんが立って「根性には理屈はいらない。あなたの説明は理屈である」と怒られたことがある。（略）彼は「大松監督や八田さんをみなさい。彼らはただ自分を目標としろというだけだ」といった[26]」などの体験談もある。また、新聞記事を見ると「花ざかりの〝根性〟教育――自衛隊で心身鍛錬」「合宿で社員に根性――指導は自衛隊の教官[28]」といった見出しが目につく。後者の記事では、会社員たちが二人一組で体操をおこなう様子を自衛隊員が見守っている写真の下に、次の文章を添えている（図1）。

昨今流行のサラリーマン根性づくり。東京のあるベッド会社が、自衛隊から教官を招き神奈川県相模湖町の寮に〝将来有望〟の社員二十人をカンヅメにして、さる一日から三ヶ月間の合宿訓練に入った。朝七時、起床ラッパでたたき起され、体操、マラソン、講義、座禅、そして軍隊式訓練もおりまぜて、みっちりしぼりあげる、というスケジュール。激しい企業闘争の背景で、丈夫な「歯車の歯」が育てられる。

この情景こそ、私たちが知っている根性そのものではないだろうか。実は、このような企業人のありようは、当時の経済界と政治の結び付きの結果でもあった。求められていたのは、政治参加に熱心で自由や権利を求める市民ではなく、黙々と勤勉に働いて義務を履行するまさに「愛国的な企業戦士」だったのである[29]。

本節では、経済界の実践的根性論を通して、根性に私たちが知る「個人の抑圧、従順の強制、不合理性、非科学性」といった意味が付与されていく様子をたどってきた。そこでは、学術界の根性論に見られた「社会へのまなざし」は、ただただ「経済へのまなざし」に矮小化されてしまっているようにも見える。政治と経済界が結託して「愛国的な企業戦士」を求めるなか、その人材育成に合致した思想が今日に連なる根性論だったのではないだろうか。

おわりに

本章の考察は、根性論の生みの親とされてきた大松が、自身の指導論の誤った広がりに対して違和を表明していたという事実から出発した。なぜ、大松はそう語らなければならなかったのか。この問いを明らかにするために、スポーツ界、学術界、経済界の根性をめぐる言説をたどってきた。たしかに、六四年大会前後のスポーツ界が根性という言葉を冠したさまざまな語り、実践を生み出す契機となったとはいえそうである。しかし、大松を端緒としたスポーツ界の根性論が、そのまま単純にほかの領域に広がっていったわけではない。本章から明らかになったのは、とりわけ経済界で、今日的な根性の意味を見いだせるということである。では、経済界を中心とした根性論は、スポーツ界からその意味ではなく何を引き継いだのか。当時、評論家の重松敬一は次のように述べている。

> 根性というものを、集団教育によって大量生産できるかのような〝迷信〟がはびこりはじめた。ハード・トレーニング。それに耐えぬかせることが根性づくりの定型であるかのような……。（略）ただひたすら売りまくる馬車馬のような闘志。それを企業では「根性」といっているらしい。（略）いま流行の根性は、いわれたことは歯をくいしばってもやる人間がほしい、という「やらせる」側の都合のいい道徳に化けかかっている。(30)

大松が選手たちに課したハードトレーニング。しかし、経済界は大松がその実践に込めた科学性、合理性、選手の個別性への配慮といった意味を顧みることなく、ハードトレーニングを通して「不条理なことにも歯を食いしばってひたすら耐え抜く」ことを社員らに求めた。すなわち、スポーツ界の根性論はその意味ではなく方法だけが引き継がれたのである。おそらく、経済界がハードトレーニングという方法だけを引き継ぐことができたのは、その方法に別の何かとのつながりを見いだし、そこに新たな意味を充填できたからだろう。ここでいう別の何かとは、「軍隊」である。[31] 戦陣訓に基づく実践的根性論の展開、社員教育に取り入れられる軍隊式訓練、「おれについてこい」というスローガンと上意下達的な軍隊的秩序の見事な一致。そこに見いだされたのが、今日の私たちが知る「個人の抑圧、従順の強制、不合理性、非科学性」を有した根性論であった。そして、当時の経済界が求めたのはまさにそのような姿の「企業戦士」だったのである。

本章では、スポーツ界だけではなく他領域の言説にまで視野を広げて分析を試みてきた。そのとき見えてくるのは、私たちがスポーツ根性論と呼ぶものがいったい何であるのかという根本的な問いである。現在のスポーツ根性論に含意される「個人の抑圧、従順の強制、不合理性、非科学性」といった意味は、実際には競技者を育成する論理から生み出されたわけではなかった。私たちが「スポーツ根性論」と呼ぶものそれ自体が、実は「スポーツ」固有のものではなく、別の領域との関係のなかで形成された可能性があるのだ。すなわち、スポーツ界を契機としながらも、他領域を含めた重層的な言説の折り重なりを経たものが「スポーツ根性論」と名指され、今日に至っているのではないだろうか。[32]

注

（1）中村敏雄／高橋健夫／寒川恒夫／友添秀則編集主幹『21世紀スポーツ大事典』大修館書店、二〇一五年、三六三ページ

（2）大松博文『おれについてこい！――わたしの勝負根性』（ハウ・ツウ・ブックス）、講談社、一九六三年、五二―六〇ページ

（3）八田一朗『剃るぞ！――勝ってかぶとの緒をしめよ』講談社、一九六五年、三四―四九、七九―八二ページ

（4）森川貞夫「「根性」論の歴史的・社会的背景」、日本女子体育連盟編「女子体育」第十六巻第五号、日本女子体育連盟、一九七四年、三二―三六ページ、牧野共明「スポーツにおける根性主義」、伊藤高弘／草深直臣／金井淳二編『スポーツの自由と現代』上（青木教養選書）所収、青木書店、一九八六年、五五―六八ページ、玉木正之『スポーツとは何か』（講談社現代新書）、講談社、一九九九年、一〇四―一一一ページ

（5）前掲「スポーツにおける根性主義」六四ページ

（6）岡部祐介／友添秀則／春日芳美「1960年代における「根性」の変容に関する一考察――東京オリンピックが果たした役割に着目して」、日本体育学会編「体育学研究」第五十七巻第一号、日本体育学会、二〇一二年、一二九―一四二ページ

（7）大松博文「コーチ概論」、東海大学体育学部編「東海大学紀要体育学部」第四号、東海大学体育学部、一九七四年、一四七ページ

（8）社会に広がる根性論への違和感はほかの指導者も言及している。例えば、前掲『剃るぞ！』一〇七ページ。

（9）日本体育協会『東京オリンピックスポーツ科学研究報告』日本体育協会、一九六五年、四九五―四九六ページ

（10）太田哲男「スポーツと根性――東京オリンピックを回想して」、「体育科教育」編集部編「体育科教育」第十六巻第六号、大修館書店、一九六八年、四四―四五ページ。なお、太田も六四年大会以後、根性の意味が歪曲されていることを指摘し、「精神力」という言葉を使うべきだと主張している。

（11）大松博文『わたしの信念――成功への条件』（ハウ・ツウ・ブックス）、講談社、一九六六年、四三ページ

（12）同書六〇―六一ページ

（13）前掲『剃るぞ！』一〇四、一〇七ページ

（14）牧野智和「身体をめぐる大衆的想像力の現在――「パーツ」への注目、スポーツとビジネスの節合」、日本スポーツ社会学会編「スポーツ社会学研究」第二十五巻第二号、日本スポーツ社会学会、二〇一七年、二八―三〇ページ

（15）春田正治「根性を育てる教育」、児童研究会編「児童心理」一九六五年五月号、金子書房、二四―二五ページ

（16）杉山明男「根性論と現代社会――根性を必要とする社会的背景」、同誌一五ページ

(17) 大野連太郎「知性ある根性」、同誌五九―六四ページ、周郷博「訓練と根性」、同誌六五―七〇ページ、三井為友／近藤修博／重松敬一／波多野勤子／長島貞夫「しつけと根性――根性の育て方と「期待される人間像」について（座談会）」、同誌八四―一〇四ページ。また、ここで挙げた特集記事以外にも、例えば稲井広吉編『根性づくりの家庭教育』（協同出版、一九六四年）一五―一八ページ。

(18) 本明寛『根性――日本人のバイタリティー』(Executive books)、ダイヤモンド社、一九六四年、一四ページ

(19) 同書一三二―一四八ページ

(20) 本明寛「まえがき」『根性人《マン》――やる気を起こす根性の育て方』(Executive books)、ダイヤモンド社、一九六五年、二―六ページ

(21) 中山隆祐『根性の経営学』経林書房、一九六五年、一―二ページ

(22) 同書一五ページ

(23) 同書二八ページ

(24) 能率的生き方研究会編『イザという時役立つ根性――若い人の信念と肚《ハラ》を鍛えあげる本』日本文芸社、一九六五年、一五ページ

(25) 同書二六―二七ページ

(26) 前掲『根性人』九ページ

(27) 「朝日新聞」一九六五年四月十九日付

(28) 「朝日新聞」一九六六年八月五日付夕刊

(29) 辻田真佐憲『文部省の研究――「理想の日本人像」を求めた百五十年』（文春新書）、文藝春秋、二〇一七年、一七八、一九一―一九六ページ

(30) 重松敬一「「根性」論への逆襲」「朝日新聞」一九六五年三月二十七日付夕刊

(31) このような読み替えが可能だったのは、大松が折にふれて戦争体験を語っていることも一因であるかもしれない。大松は次のように語っている。「わたしがもつ、信じたことに邁進して動じない図太さ、いかなる肉体的困難も、精神力によって克服できるという信念、それは戦争体験なくしては考えられません」（前掲『おれについてこい！』二

三二ページ)。ただし、戦争体験によって得た肉体的困難の精神力による克服という信念が、軍隊的秩序に基づく根性論に結び付く必然性はない。大松自身の指導もそういうものではなかった。

(32) おそらく、スポーツ界も自ら築いた根性の意味を引き継げたわけではない。では、六四年大会以後、根性論はスポーツ界でどのような展開をたどったのか。次はこの問いに向き合う必要があるだろう。その際に格好の材料となるのが運動部活動である。なぜなら、運動部活動はスポーツ、学術(教育)、経済の言説が重なり合う場だからだ。六四年大会以後、根性論は運動部活動ではどのように語られたのか。これらの課題については別稿を期したい。

[付記] 本章はJSPS科研費(研究活動スタート支援)「運動部活動における「指導者言説」に関する歴史社会学的研究(課題番号:17H06539)」の成果の一部である。

第5章　パラリンピックの開催
――東京パラリンピックが生んだもの

渡 正

はじめに

二〇二〇年のパラリンピック東京大会によって東京都は、パラリンピック史上初めて、パラリンピックを二度開催する都市となる。前回のパラリンピックは、オリンピック閉幕後の一九六四年十一月八日から十二日まで開催された。この大会は当時、国際ストーク・マンデビル競技大会としておこなわれたが、国際パラリンピック委員会（ＩＰＣ）発足後に、第二回のパラリンピックと位置づけられている（表1を参照）。

のちにパラリンピックとして結実する障害者によるスポーツ大会の源流は、イギリス・ロンドン郊外のアイレスベリーにあるストーク・マンデビル病院から始まる。ナチス・ドイツからの亡命ユダヤ人である医師ルートヴィッヒ・グットマンが一九四四年にこの病院の脊髄損傷ユニットへと着任する。ここでグットマンは脊髄損傷者（その多くは第二次世界大戦の傷兵だった）に、リハビリテーションとしてスポーツを積極的に導入することで、導入前と比べて多くの脊髄損傷者を社会復帰させていったという。四八年七月、ロンドンオリンピックの開会式の日に、グットマンはストーク・マンデビル病院の敷地内で十六人を集めてアーチェリー大会をおこなった。これ

表1　夏季パラリンピック開催年・開催都市と参加国・人数

回数	開催年	開催都市	開催国	参加国数	参加人数（男：女）	備考
第1回	1960年	ローマ	イタリア	21カ国	328人（　275：　53）	
第2回	1964年	東京	日本	21カ国	378人（　303：　75）	
第3回	1968年	テルアビブ	イスラエル	28カ国	730人（　544：　176）	
第4回	1972年	ハイデルベルク	西ドイツ	43カ国	984人（　697：　287）	
第5回	1976年	トロント	カナダ	40カ国	1,369人（1,105：　264）	
第6回	1980年	アーネム	オランダ	42カ国	1,973人（1,503：　470）	
第7回	1984年	ニューヨーク	アメリカ	45カ国	1,750人（1,278：　472）	脊髄損傷者のみイギリスで開催
		アイレスベリー	イギリス	41カ国	1,097人（　829：　268）	
第8回	1988年	ソウル	韓国	60カ国	3,059人（2,380：　679）	
第9回	1992年	バルセロナ	スペイン	82カ国	3,001人（2,301：　700）	
		マドリード	スペイン	75カ国	約1,600人	知的障害者のみ
第10回	1996年	アトランタ	アメリカ	103カ国	3,259人（2,469：7,900）	
第11回	2000年	シドニー	オーストラリア	121カ国	3,882人（2,891：　991）	
第12回	2004年	アテネ	ギリシャ	135カ国	3,808人（2,643：1,165）	
第13回	2008年	北京	中国	146カ国	4,011人（2,628：1,383）	
第14回	2012年	ロンドン	イギリス	164カ国	4,237人（2,736：1,501）	
第15回	2016年	リオデジャネイロ	ブラジル	159カ国	4,328人（2,657：1,671）	

（出典：Ian Brittain, *The Paralympic Games Exolained 2nd ed.*, 2016, pp.16-17 を中心に国際パラリンピック委員会ウェブサイトから作成）

が、ストーク・マンデビル・ゲームスであり、のちにパラリンピックとなるスポーツ大会の第一歩だった。

グットマンは、かなり早い時期からこの大会をオリンピックに比肩するイベントにしたいという希望をもっていたといわれる。そのため、一九五〇年代を通して国際的な大会になっていたストーク・マンデビル・ゲームスを六〇年のローマオリンピックに合わせて、オリンピックの施設を使用して開催することを企図した。[1] このローマ大会はある程度の成功を収めたとされ、グットマンは次のオリンピックでも、ストーク・マンデビル・ゲームスをオリンピック開催都市で開くことを希望したという。つまり、東京での開催である。

東京でのパラリンピックが生み出した障害者スポーツへの「レガシー」は次のようなものだった。パラリンピックの開催以降、日本では、障害者がスポーツをする体制を整備していくことになる。すなわち、大会開催の翌一九六五年には、運営委員会の財源を引き継ぎ、日本身体障害者スポーツ協会（現・日本障がい者スポーツ協会）が厚生省の認可を得て設立され、日本の障害者スポーツの振興を担っていくことになる。また、パラリンピックの第二部として開催された国内大会は六五年以降、国体の開催地で毎年開催される全国身体障害者スポーツ大会（現・全国障害者スポーツ大会）へと引き継がれた。これは国体と同様に、障害者スポーツという取り組みを全国各地に展開していくことにつながった点で、地方の障害者スポーツの振興につながった。また、六八年には指導者の資格制度がスタートし、指導者講習会が開催されるようになったのである。

日本人で当のローマパラリンピックを見たのは、批評家の渡辺華子だけだったという。[2] 日本に障害者のリハビリテーションとしてのスポーツを普及させた立役者である別府病院の中村裕がストーク・マンデビル病院のグットマンのもとに留学していたのは一九六〇年五月のことであり、八月十三日に帰国しているため、ローマ大会は見ていないはずである。[3] ローマ大会を観戦していた渡辺が、グットマンの希望を日本の関係者に伝えたことは確かだろう。また六一年には、中村の指導のもと、大分県身体障害者スポーツ大会を開催したり、世界歴戦者連盟日本理事の沖野亦男と国立身体障害者更生指導所所長の稗田正虎が障害者スポーツを紹介した冊子「身体障害者スポーツ」を配布するなどして、障害者のスポーツに注目が集まっていた時期でもあった。[4] とはいえ、当時の日本で、障害者がスポーツをする物的・制度的環境はまったく存在しなかったといっていい。関係者たちは、「国内のスポーツ振興をはかり、その結果をみて、国際大会を引きうけるという線は、実際問題として困難であり、むしろ、国際大会を引き受けるという線を強く打ち出して国内体制をつくりあげる」[5] と考えたという。極端にいえば、このようにして「外圧」として導入され、その結果開催されたのが六四年のパラリンピック東京大会だった。

本章では、このパラリンピック東京大会について、異なる三つのレベルから描いてみたい。三つのレベルとは、第一に、実際にパラリンピックに関わった個人の活動のレベル。第二に、パラリンピックの開催主体となった組織委員会という公的なレベルである。そして第三に、障害当事者も含むパラリンピックの外部に存在したメディアのレベルから考える。

第一のレベルについては、パラリンピックに関係するものの第二のレベルには属さない個人を当事者へのインタビューから見ていく。第二のレベルについては、行政や組織委員会などの団体やそれを表象する個人――特に組織委員会の会長だった葛西嘉資に焦点を当てる。第三のレベルについては、当時の新聞・週刊誌・文芸作品などから読み取っていく。この三つの視点から、一九六四年のパラリンピックとこの大会がその後に残したものを考えていくことにしよう。

1 個人のレベルから見たパラリンピック

当時の日本社会の障害者を取り巻く状況や、パラリンピック開催までの状況はどのようなものだったのだろうか。以下では、大会に参加した選手やボランティア、役員へのインタビューの結果からそれを捉えてみたい。今回、話を聞いたのは、当時選手として第一部に参加したKさん（二〇一七年九月五日に聞き取り）と第二部に参加したAさん（二〇一五年二月十日に聞き取り）、語学奉仕団（通訳ボランティア）として参加したYさん（二〇一七年五月十八日に聞き取り）とGさん（二〇一七年五月十八日に聞き取り）、語学奉仕団事務局で活動していたWさん（二〇一七年七月二十日に聞き取り）の語りをもとに見ていく。

先に簡単に述べたように、第一回のパラリンピックはローマでおこなわれ、それを見た唯一の日本人だった渡辺華子がグットマンと日本の関係者をつないだのだが、父親の仕事の関係で当時ローマに滞在していたＹさんはローマの様子について次のように述べている。

ローマに住んでた日本人て二百人くらいしかいなくてね、それでうちの両親が、共同通信の特派員の奥さまだった、華子さん自身もとても偉い方だったみたいですけど、それで存じ上げていて、私は直接聞いたわけよ、華子さんから。こういう障害者のオリンピックがあるっていうことは。だけど私そんなのって、見に連れていってって言えばよかったけど、全然そんな気もなく、聞き流してしまったんですけど、だからあったっていうことは知っていました。

しかも、そのローマでも報道や盛り上がりはほとんどなかったようだ。もちろん、当時Ｙさん自身に関心がなかったからの感想かもしれない。だが、Ｙさんはここでパラリンピックの存在を知ったことが、一九六四年のパラリンピックに参加するきっかけだったという。日本の状況については、

だってほんと障害者を外で見ることはなかったですから。だから誰も知らない。パラリンピックのことなんか知らなかったんじゃないのかな。

大学一年生くらいから、脳性まひの男の子のボランティアしてたんです。だから一週間に一回くらい車を押して外へ連れ出したりなんかするようなボランティアしてて。それでもほぼいなかったですよ、障害のある人たちがいるとかいうところもなかったし。六四年時代は病院にいるか施設にいるか、家の中に閉じこもってるかしかなかったでしょうから、そこはもういまとはすごい違いがありましたよね。

と述べている。

パラリンピックに選手として参加したKさんは、その状況を次のように説明してくれた。Kさんがパラリンピックの開催を知ったのは開催の二年前、当時国立別府重度障害センターに入所していたときに中村裕から直接聞いたという。中村はKさんたちに、「実は今度オリンピックの後にパラリンピックという障害者のスポーツ大会をやろうとしている、やっと何とか持ってこられるようになった。しかしそこまでは俺はできるけれどもスポーツをするのはお前たちなんだから。お前たちが頑張ってくれないと俺たちがなんぼ頑張ってもできないんだからな」と述べたという。Kさんは、開催が決まったあたりのことを次のように述べている。

（中村が）来ても本当に何を言っているのかわからないわけ。ただパラリンピック持ってくると言ってもそれでも（何を言っているのか）わからないわけ。（略）「普通は一チームしか出せないのを俺〔中村のこと：引用者注〕は特別二チーム日本から出すんで成功しているから、一チームは地元から」と言うんで僕たちね。出すぞと。もう一チームは国立療養所から風祭にある神奈川県のそこから〔国立箱根療養所のこと：引用者注〕。

ただ僕たちに施設では集会場はあったけれども体育施設はないのね。だから集会所のようなところで卓球はできたけれどもバスケットはコートの半分を取ったらいっぱいになりおる。みんなバスケットはやったことがないからバスケットのことを読んでもわからないの、日本語で書いてあっても。ただ先生は何をするんだということを言わずにバスケットの玉を二個置いていってこれで球遊びしておいたら何とかなるというような感じなのよ。（略）人間がそろわないから一チーム分がそろわないんですよ。だからまだいっぺんも試合をしたことがないんだよ、というのがパラリンピックに出ているんだからね。

ちょうど傷痍軍人が和弓、弓と矢を稽古する、施設の裏手の狭っ苦しいところで、わらを束ねたやつに弓をうつのをやっていたんですね。僕もあるときそれを見にいって「これなら車椅子に乗っていてもできるな」と思って。見ていたけれども「やってもいいよ」と言われるから見よう見まねでやっていたんです。それを知っていた中村先生が「お前、和弓をやるなら弓だからアーチェリーやれ」って言われたんですよ。アーチェリーという言葉を先生から初めて聞いたんです。そのとき「先生アーチェリーってなんですか？」って聞いたら「日本でいう弓だよ。お前は弓やってるんだからアーチェリーに出ろ」と言われて。

障害者がスポーツをするという環境がいかに整っていなかったか、また選手たちにとっていかに突然の出来事だったかを示しているエピソードだろう。このように、外からやってきたイベントによって障害者がスポーツをする環境が整えられていったのだった。また、第二部に選手として出場したAさんは、その大会に出場することになった経緯を次のように述べている。

もともと、私は小学校三年のときに交通事故で左手をなくしたんですね。でもまあ、周りの環境もよかったし、スポーツすることについては、人に負けたくないという思いが、子どものときからずっとあったわけです。特に走ることとか、野球をやったりとかっていうのは、健常者と一緒にやりよった。それは、昭和三十七年に福祉のほうから山口国体の予選があるからということで、地域の中の障害者スポーツ大会というのが、ここの〔地元の小学校：引用者注〕グラウンドでありよったんです。それに、まず、私に出てくれということで、私が出ました。そのときに成績がよかったから、今度は県の予選に出てくれと。で、予選で成績がよかったから、今度は国体に出てくれと。大会に出て、やっぱり成績がよかった。それで選ばれて、「三十九年の東京オリンピックの後のパラリンピックにぜひ出てくれ」ということで。

脊髄損傷者以外の肢体不自由者が地方から東京の大会へと集約されていく仕組みが構築されていく様子がわかる。先に述べた一九六五年以降の全国身体障害者スポーツ大会の開催がこうした仕組みを制度化していくことになったことが理解できるだろう。

パラリンピックはオリンピックとは異なり、当初は深刻な資金不足に悩まされていた。そのため、種々の業務をボランティアに頼る必要があった。そのうちの一つが語学ボランティアである。この語学ボランティアは日本赤十字社が語学奉仕団を設立して対応することになるのだが、それこそ、組織委員会の会長だった葛西のネットワークによって可能になったものだった。当時、ボランティアの事務局長を務めたWさんは、その状況を次のように語る。

葛西さんっていう、元副社長だった方が、運営委員会の会長だったでしょ？ そのときに、「もう語学ってくれれば橋本さんだな！」ってことで、そういう関係でした。はっきりと日赤は、そうした医療の関係も出すけれど、通訳団だって……金ないしな。みたいなところがあってね。それで、なんとかやってよって言われたのが橋本先生[6]だったたんですね。

また、橋本自身も飛行機のなかで葛西に出会ったことが契機だったと述べていて[7]、まさに語学ボランティアの組織化は葛西のネットワークによるものだったことがわかる。当時の活動についてボランティア参加者は次のように述べる。

オリンピックのときはね、お金でしょ？ だから、おできになる方が当時からおられたんだと思いますが、とにかく一円も出せない。交通費もないし、お弁当代も。生きてればどこかで食べるんだからって（笑）。もう、本当にただ働きを完璧にするには、何か魅力がなくちゃねっていう話し合いをしたんですよ。（略）それから、国立療養所に見学にうかがったりいたしましたね。要するに、全員が、参加者は全員が施設からですからね。（Wさん）

オリンピックのほうはやっぱり公募でしたね。とにかく私がすごく覚えてるのは、やけにアルバイト料がよかったんですよ。オリンピックは。それで応募したんです。（パラリンピックにアルバイト料は）ないない。教育期間があったから、どれくらい、一年くらいあったかよくわかんないんですけど。（Ｙさん）

赤十字に集まってやるのではなく地域で行きやすい場所を選んで行くということで私は杉並に住んでいたので西荻窪の近くの青山学院の学生さんのお宅に集まることにして西荻窪でみんなで落ち合ってゾロゾロと行っていたんです。一カ所に十数人行っていたと思います。もちろん毎回行けるというわけではなくて行けないときもありました。土曜日の夜に開催していました。（Ｇさん）

（橋本祐子氏が）日本女子大の卒業生だったから。日本女子大以外のどんな大学の（掲示板に募集）出していたのかは知りません。ただ青山学院と日本女子大の人が多かったのは確かですね。それから英語が話せる人が見つかったら宣伝してよということ。（Ｇさん）

このように、語学ボランティアの活動はまさに無償ボランティアであり、参加者の手弁当での広がりだった。オリンピックの通訳ボランティアにも参加したＹさんは、与えられたユニフォームもオリンピックに比べて粗末なもので、両イベントの違いを感じたという。語学ボランティアには通門証や腕章、ピンバッジが与えられ、終了後には参加章がプレゼントされたという（写真１・２・３・４を参照）。

このようにして始まったパラリンピックはしかし、参加者にとっては大きなインパクトを与えた。別府から大会に出場するために移動したＫさんは、次のように述べている。

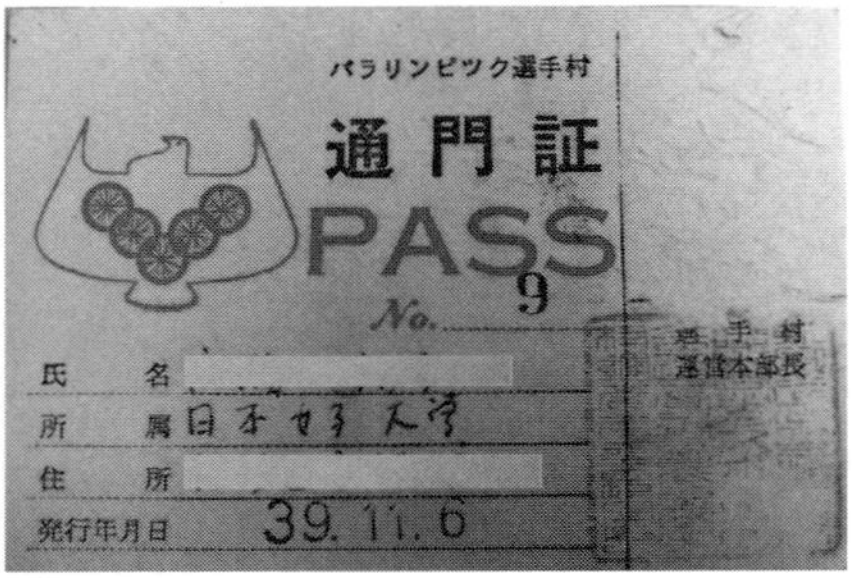

写真1　通門証（Gさん所蔵。筆者撮影）

写真2　語学ボランティア腕章（Gさん所蔵。筆者撮影）

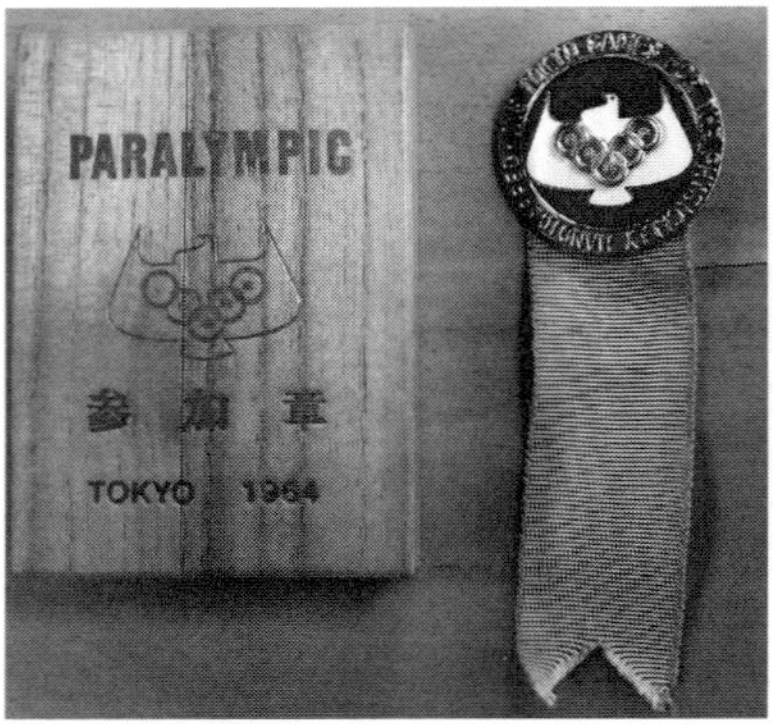

写真3　語学ボランティア参加章（Gさん所蔵。筆者撮影）

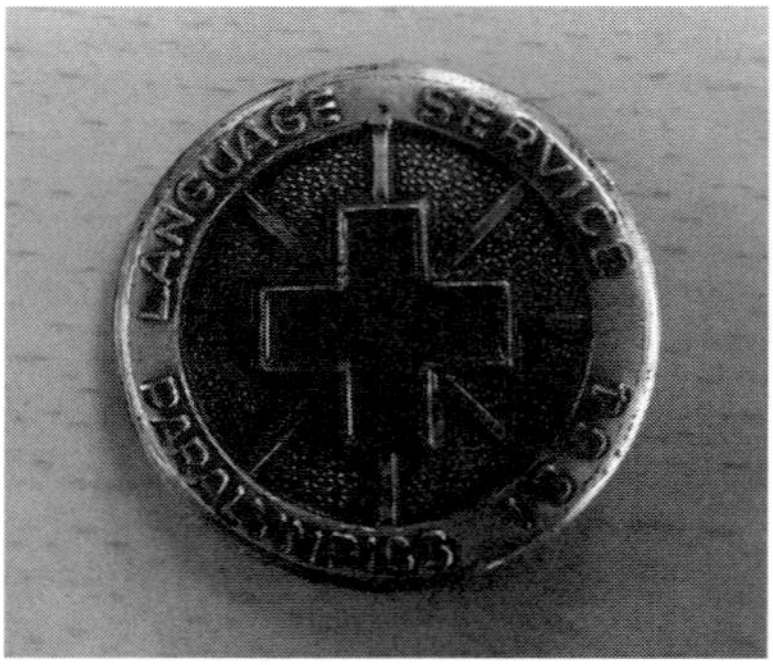

写真4　語学ボランティアピンバッジ（Gさん所蔵。筆者撮影）

初めて尽くしのことばかりだから。だって障害者が飛行機に乗ったのは。私は初めて大分から羽田まで来たんですよ。飛行機乗ったらびっくりしたよ。下に海と山ばっかりでそのきわにかろうじて人間が住んでいるところがある。えーこれ！と思った。あんな経験をしたら人間変わる。あんな狭いところに人間が住んでぐちゃぐちゃ言っているんだとそんな気がいちばんにしたね。だからそういうように初めての体験が連なるわけ。この当時ねおそらく僕だけの問題ではない。こういう人だらけだと思う。

選手村で全選手が集まって開会式をやるじゃない。そこへ各国からの選手が集まるわけだ。そのときにびっくりしたのはいろんな車椅子があったのね。日本は同じ車椅子しかないけど、外国のは本当にいろいろあってそれに見とれた。うわーこんなことがあるのか！と思ってね。日本ではそんなことは教えてくれなかったけれども、パラリンピックはものすごく新しいことを教えてくれて見せてくれたわけよ。

これはおそらくKさんだけの感覚ではなかっただろう。多くの人々にとってパラリンピックの経験は新奇で未知のものだったのだと思われる。そして、ほとんどすべての人が語っていたのが、外国人選手の明るさについてだった。

一般的に外国の選手たちはとっても明るくて。南米系は、すぐに「間に合わない」っていって、参加しないっていって。いつも朝寝してたとかね。

車椅子の選手を連れていくなんていうのも、いわれてはじめてわかるわけですよ。日本人の発想のなかでは、みなさん病人ですから、出てくるはずがないと思うわけでしょ？　だから、そこではほんとに、すべてのことが新しかったですね。私の場合は、イギリス人のご夫婦が障害者の方で、私たちの体がどうなってるか見せてあげるからおいでってって言うのね。もう、それぐらいフランクでした。（Wさん）

そのときにやっぱりびっくりしたのは外国人の人はとっても明るく元気。何の劣等感も抱いていない。（Gさん）

なにしろ通訳っていうよりはお世話係ですから。ここに行きたいあそこに行きたいってとか言えば通訳してとかそういうような接し方でしたからね。（Yさん）

当時の報告書や新聞記事などでも、外国人選手の明るさとそれに対比される日本人選手のおとなしさは繰り返しふれられる大きなトピックだった。つまり、関係した個人のレベルから見ると、パラリンピックは、障害者が主体的で自律的な個人であるということを実感させ、そうした「生き方」を理想とさせた。この点に、個人レベルでは、まさに障害者観を転換させるほどの大きなインパクトがあったようである。実はYさんはこのあと建築士になるのだが、このときに知り合ったKさんの自宅を三度にわたって設計し、個人住居のバリアフリーデザインの第一人者になっていく。ほかにも、参加した多くの人々がその後、パラリンピックの経験の影響を受けていたのも事実である。

2　公的な言説でのパラリンピックの価値

個人のレベルで体感された外国人選手との振る舞いの差は、公的なレベルでは「社会復帰率」としてよりマクロに把握され、日本の後進性を示すものになった。パラリンピックに対する公的な言説で、日本人と外国人の比較の参照点こそ社会復帰率の差であり、それに影響を与えるスポーツ・リハビリテーションの進展の差だった。

そしてこの部分が、その後のパラリンピックそして障害者がスポーツをする体制の性格を水路づけたともいえる。

そこで、以下では、一九六四年大会の公的な言説に焦点を当ててみよう。注目するのは、六四年の大会の組織委員会である国際身体障害者スポーツ大会運営委員会の公式な報告書と、会長を務めた葛西嘉資の言説である。パラリンピックの誕生に与えた中村裕の功績は非常に大きい。田中暢子は、六四年大会開催に至るキーアクターとして中村裕を第一に挙げている[8]。しかし、開催前後を通してパラリンピック開催の目的や価値・意義を積極的に語ったのは、中村ではなく葛西だった。そのため、ここでは葛西の言葉を中心に公的報告書も交えて考えてみたい。

葛西は、一九〇六年に新潟県佐渡に生まれ、一校、東京帝大に進み、二九年に内務省に入省した。戦前の官僚的エリートを体現する人物である。内務省入省後は各県の社会課や衛生局で勤務し、厚生省発足後は生活局を中心に勤務、戦後は社会局長から四六年に厚生次官（事務次官）に就任している。四九年に退官し、五三年には日本赤十字社副社長に就任し、パラリンピックの組織委員会に入るまでは、社会福祉事業振興会会長も務めていた。特に、戦後直後の時期に、生活保護法や児童福祉法、身体障害者福祉法などの創設に力を尽くした人物である。戦前から戦後の厚生行政の礎を作ったといえるだろう。どうして葛西が会長に選ばれたのかを示す直接的な資料は見当たらないが、厚生官僚の元トップであり、日赤副社長も務めた人物の広範なネットワークと指導力が期待されたことは疑いえない[9]。そのため、本章では葛西の発言に注目していく。

葛西はパラリンピックをどのようなものとして捉え、理解し、価値づけていたのだろうか。彼は「週刊現代」のインタビューのなかで次のように述べている。

英国では、こうした下半身麻痺者の九五％までが、社会復帰をしているのに反して、日本ではわずかに四五％くらいしか、社会復帰をしていない。これは社会にとっても、身体障害者にとっても損失ですよ。こうした点をね、勿論社会に対して、復帰できるような条件をつくってもらうと同時に、何よりも身体障害者の人たちに、〝おれたちもやればできるんだ〟という自信を持っていただきたい。それが、唯一の私の願いなのです。[10]

また、同じ一九六四年の「週刊朝日」では、ジャーナリストの荒垣秀雄との対談で、イギリスでの障害者の社会復帰までの流れと、企業の障害者雇用に一定の基準があることが紹介されたのを受け、「日本の現状では、まだスポーツ療法とか職業訓練［を含めた仕組み：引用者注］がそこまでいっとりません。法律だけつくっても実効は期待できないでしょう」[11]と述べたあと、次のようにも述べる。

身体障害者でも、これだけ鍛えればやれる能力があるんだちゅうことを、みなさんに理解してもらうことが、パラリンピックの大きな目的なんです。（略）こんどのパラリンピックで、各国の選手、日本の選手がやることを見たり、お医者さんや職業訓練の人たちがいろいろとやる、これは大きな効果が期待できるんです。いま一〇年の遅れがあるとすれば、おそらく一、二年でその遅れは取り返せるんじゃないか、という気がしますね。また、そうせにゃならんです。せっかく一億に近いカネを使って、効果がなんにもなしでは困るんですよ。[12]

ここで葛西が述べているのは、パラリンピックを身体障害者の社会復帰の手段にする必要があるということだ。こうした、（身体）障害者の更生＝社会復帰への効用としてのスポーツという発想は葛西だけの考えではない。厚生省が社会局長の通知として各都道府県知事・各指定都市市長に宛てた一九六三年の通知である「身体障害者スポーツの振興について」では、「身体障害者のスポーツについては、すでに諸外国では機能回復その他心理的及び健康保持等の面から更生上の効果が極めて著るしい点に着目し、広く実施され、また国際的な競技会の開催等も行われている現状である。（略）今後国としても身体障害者スポーツの振興を身体障害者更生援護の一環として積極的に推進することとなった[13]」とされ、まさにスポーツが身体障害者の更生援護に資するものであるという考えが行政の見解として位置づけられているのである。

スポーツを社会復帰の手段にするためのパラリンピックの成功。これが当時の組織委員会が目指した目標だった。実は、こうした見解は、パラリンピックを契機に進展してきたものではない。むしろ、戦後の社会福祉政策自体がすでに、このような見解を作り出していたのである。杉本章が注意を促しているように、一九五六年の『厚生白書』では、「身体障害は人間をおそう不幸のなかでもきわめて深刻なものの一つである。それは、人の各種の能力の欠損をもたらすものであって特に人間の労働能力を奪うことによって生活を破綻に陥れることが多い。それればかりか、それは本人の心理にも一般世人の心理にも強く影響して、身体障害者は正常な人間関係を建設することが困難になり、社会生活から隔離されるおそれがなしとしない[14]」としたうえで、「単にこれを扶養し生活を保障するのみでは最善の方策たりえないことはいうまでもない。すなわち身体障害者福祉の課題は、身体障害者の職業能力あるいは生活能力を回復させて、すみやかに社会経済活動に参加させること、言いかえれば、身体障害者の自立更生の援助にあるということができよう[15]」と述べているのである。同様に、山田明も身体障害者福祉法は「更生法としての機能のみでなく、生活の保護を含めた保護法（福祉法）として性格づけられる必要があった。（略）生活の保護に関する福祉法的機能は生活保護法に委ねて、身体障害者福祉法はリハビリテーション（更生）援護に限定するという論理で組み立てられた。立法者はこの時期の課題を戦傷病者を中心に狭義に解釈したのである[16]」という。さらに山田は、「戦後出発期における障害者福祉の理念は（略）更生援護であった。すなわち職業的更生の意志と可能性のあるものを援護するというものであった[17]」のだとする。

このように、戦後初期から高度経済成長期に至る日本の福祉政策では、（重度）障害者の生活を保障するような生存権の維持ではなく、職業能力や生活能力の回復による社会・経済活動への復帰＝更生援護が重視されていた。こうした流れのなかに、障害者スポーツ・パラリンピックはまさに位置づいていたと考えることができる。そして山田が述べている立法者とは、パラリンピックを取り仕切った葛西にほかならなかった。

運動・スポーツのリハビリテーションとしての効用の認知とその普及は、国の障害者福祉思想の文脈のなかで促進されたといえる。これは次のような状況を生むことになる。「社会全体が高度成長下の産業のための能力主義に動員されるなかで、障害者もまた能力主義的に序列づけられ、その結果、一定水準以下の企業貢献能力しかない障害者は放置されるか、低水準の福祉しか与えられない基本線が強化されたのである。そこには、障害者の生存権保障の理念は含まれていなかった[18]」

一九六四年のパラリンピックはこのような状況下で、リハビリテーションの手段としてのスポーツの有用性をよく可視化させるものでもあっただろう。六四年大会を契機とする障害者スポーツの進展は、それが戦後初期の福祉思想を源流として、また、葛西のようなそれを主導した人々によって担われていたことによって、障害者福祉の更生援護への限定という文脈に位置づけられた。こうした公的なレベルでの「更正援護」の流れは、先に見た個人レベルの経験と相まって障害者スポーツの基本的なモードとして進展していくことになった。

一方で、一九六〇―七〇年代の「青い芝の会」に代表されるような障害者の運動にとって、重要なのは生存権の保障をめぐる権利獲得運動だった。こうした乖離に対する危機感が、スポーツとは異なる文脈で生起していくことになる。

3　パラリンピック批判――メディアのレベル

個人の経験と公的な価値の相補的な関係によって「更正援護」の流れに位置づけられたパラリンピックは、万人に受け入れられていたわけではない。重度障害当事者やその保護者の立場からは、オリンピックよりもむしろパラリンピックが批判の対象になっていた。例えば、重度障害児（二分脊椎）の娘をもった作家の水上勉は、自身の経験を下敷きに描いた小説『くるま椅子の歌』の作中で、小児まひの子をもつ親の主張として、登場人物に次のように述べさせている。

主張したいことは山ほどございます中で、特に訴えたいことが一つあります。それは、政府が考えておりますパラリンピックに反対したいということでございます。本年、政府はオリンピックのすんだあとで、障害者のスポーツ大会をひらくことを発表しておりますが、パラリンピックは（略）少し早すぎると思います。つまり、国から二千万、都から一千万、競輪益金の配分四千万、これらに民間からの寄金三千万円、計一億という大金をつかって（略）障害者の運動会をします。これは、時期が少し尚早であります。(19)

この部分のほかにも、「オリンピックは健康な人たちの体育の祭典である。そのオリンピックのあとで、障害者の体育大会が催される。世界から障害者のスポーツマンが集まってくるのだと楽しみにして待つ気もちはあるけれど、よく考えてみると、このようなお祭りに莫大なお金をつかうよりは、一カ所もないという国立の重症児の施設へ廻してほしいという五百木の気もちも胸を衝くのだった。設備のととのった国ならともかく、日本は外国に比べて十年以上も立ち遅れているという。そんな国が、スポーツの祭典を催しても対抗してゆけるだろうか」（同書三三五ページ）などと作中でパラリンピックについて批判的に叙述している。葛西は「朝日新聞」のインタビューで、費用が約一億円にのぼったことについて、「ある人はこれで施設を作ったらという。が、それで収容できるのはせいぜい百人だ。それより全国に百万人といわれる身体不自由者が、このスポーツ大会を通して、自分もやれるんだと自信をもち、立上がる気力を持ったとしたら、一億円は決し高い金ではない」（「朝日新聞」一九六四年十月二十六日付）と述べているが、それは水上のような批判に対するものだったといえる。しかし、本章で見るように、生存権の保障か更生援護かという思想の違いが反映されているためのすれ違いだろう。

『くるま椅子の歌』は、主人公の家族がパラリンピックの開会式を見たあとの夫婦の会話で締めくくられる。水上勉は「あとがき」で「心身障害者、特に重傷児対策のなみなみならぬことであるのを感じ」「この問題を、障害者の家庭の中から捉えつつ、日本の立ちおくれた現状を描いておきたい」という動機からこの作品を書いたという。この本で批判の対象となっているのが、オリンピックではなくパラリンピックであることは、スポーツによって「障害者」集団が分断されてしまうという現在にも続く課題だろう。

たしかに一九五〇年代から六〇年代にかけては、重度心身障害児・者に対応する施設の少なさ、行政の対応のなさ、そしてそのうえにおこなわれるパラリンピックへの批判があった。パラリンピックがおこなわれる直前の『週刊大衆』では、「一人の〝奇跡の人〟を生み出す陰で[20]」とした記事で、「東京五輪への寄付なら誰もがする。だが、体の不自由な人たちが、社会復帰の具現を願って血をはく思いで心身を鍛え、車イスに乗ってワザを競うパラリンピックには、至って関心がうすく、日本人の社会福祉に対する〝冷淡さ〟が嘆かれた。（略）とはいっても、パラリンピックは、四年に一度の国際行事。生活は一年三六五日つづくのである。人生は少数者の国際競技ではない」と批判している。そして、より重要な点として、「わが国で、施設に収容された身体障害者の数は、公立、私立合わせて千五百人そこそこ。百万の身体障害者にこれではあまりすくない。施設の数も、公立二十、民間十三。大多数の人はこういう施設があって、そこへ入ればなんとか生活できるということすら知らない」と主張するのである。

一方、パラリンピックの文脈では、先に見たようにこうした「生存権の保障」の論理ではなく「更生援護」の論理が召喚される。例えば、一九六四年十一月四日付「朝日新聞」の社説では、「本大会出場の日本選手はおおむね全国の療養所から選ばれているのに反し、外国選手はすべてすでに社会復帰を果たした人たちだというが、このたいへんな差は、いったい何が原因なのだろうか。いうまでもなく、日本の身障者の社会復帰対策の貧困と、受け入れ体制の不備に由来することは明らかである。イギリスの社会復帰率九五％に対し、日本が五〇％に足らぬ現状が端的に貧困と不備をものがたっている。社会復帰促進のための法律はあるが、実効は上がっていず、雇用先の多くが零細企業であるという現実は、早急に打破されねばなるまい」と主張する。

パラリンピックは、障害者施策に対する二つの論理の乖離を象徴的に示すものであるかもしれない。だからこそ、水上によるあるいは週刊誌レベルの言説での、パラリンピック批判あるいは無関心へとつながったのではないだろうか。その批判が実態的なものだったかどうかは意見が分かれるかもしれない。しかし、個人の経験と公的言説による「更正援護」の流れとは対立する「生存権の保障」の視点を提供したのだった。ただ、両者の流れはスポーツで合流することができなかった。そしてこの乖離は、二〇二〇年を前にした現在のパラリンピックも抱えている問題である。

おわりに

パラリンピックは、たしかに、障害者を社会的に認知させ、更生援護が可能な障害者についての社会復帰を加速させる点で大きな役割を果たした。個人レベルの「善さ」としてのスポーツと公的レベルでの「更正援護」の相補性は、一九六四年に続く世代に対して、スポーツをする可能性を準備したのである。七〇年代には、地方でも障害者がスポーツ活動をおこなうことがある程度の社会的認知を得ることができていたし、そのためのサポート体制も整えられつつあったことがわかっている。(21) しかし、それはあくまでも、すでに生存権が保障された人々だけが実践できるものだったともいえる。この階層性は、現在のパラリンピックの課題でもある。

しかし、個人のレベルと「生存権の保障」の視点は必ずしも対立するものではない。第1節でも見たように、一九六四年のパラリンピックはそれに関わった人々にたしかに大きな影響も与えていた。特に選手として参加したKさんはその後、とある自治体の職員として、障害者が生活しやすい街づくりに関わり続けてきた。こうした点は見逃してはならないように思う。

日本でのパラリンピック／障害者スポーツは「外圧」として誕生したし、六四年のパラリンピックで作られた障害者スポーツの体制は、戦後初期から続く日本の公的な障害者施策の思想である「更生援護」の枠組みのなかで力をもってきた。しかし、その枠組みだけでは捉えられない豊富な実践を生み出してもきた。その複雑さのなかで二〇二〇年のパラリンピックも理解していくことが重要だろう。

注

(1) Ian Brittain, *The Paralympic Games Explained: Second Edition*, Routledge, 2016.

(2) 渡辺華子は著書に『福祉国家——イギリス人とわたくしたち』(〔JIL文庫〕、日本労働協会、一九六二年)などがある批評家であり、夫は共同通信ローマ支局長だった。一九六一年七月八日付の「読売新聞」にローマパラリンピックの観戦記を発表している。

(3) 中村裕伝刊行委員会編『中村裕伝』中村裕伝刊行委員会、一九八八年、四七ページ

(4) 渡正『障害者スポーツの臨界点——車椅子バスケットボールの日常的実践から』新評論、二〇一二年、一二一—一二四ページ、田中暢子「戦後日本における障害者のスポーツの発展——1949年から1970年代に着目して」、中央大学保健体育教科運営委員会編「体育研究」第四十七号、中央大学保健体育教科運営委員会、二〇一三年

(5) 日本身体障害者スポーツ協会編『創立20年史』日本身体障害者スポーツ協会、一九八五年、二三ページ

(6) 橋本祐子氏は一九〇九年生まれ、日本女子大学英文科を経て日本赤十字社青少年課課長。国際赤十字最高の栄誉である「アンリ・デュナン記章」をアジア人女性として初めて受賞する。六四年のパラリンピックの語学奉仕団の創設ととりまとめをおこなった。

(7) 前掲『創立20年史』四一ページ

(8) 前掲「戦後日本における障害者のスポーツの発展」

(9) 実際、前節で見たように、パラリンピックの語学奉仕団(ボランティア)は葛西と日本赤十字社のネットワークのなかで誕生したものだった。

(10) 「週刊現代」一九六四年十月二十九日号、講談社、一一七ページ

(11) 実際には一九六〇年に身体障害者雇用促進法が制定されている。しかし、法定雇用率は示されず、企業による障害者の雇用は努力義務とされた。雇用の義務化は七六年の改正でおこなわれた。
(12) 「週刊朝日」一九六四年十月二十三日号、朝日新聞社、三七ページ
(13) 厚生省「身体障害者スポーツの振興について」一九六三年五月二十日社発第三百七十号
(14) 厚生省『厚生白書 昭和31年版』大蔵省印刷局、一九五六年
(15) 杉本章『障害者はどう生きてきたか――戦前・戦後障害者運動史 増補改訂版』現代書館、二〇〇八年、七三―七四ページ
(16) 山田明『通史日本の障害者――明治・大正・昭和』明石書店、二〇一三年、一八〇ページ
(17) 同書一九〇ページ
(18) 同書一九〇ページ
(19) 水上勉『くるま椅子の歌』(中公文庫)、中央公論社、一九七三年、三三四ページ。実は、水上は、このようにパラリンピックを「生存権保障」の視点から批判しているが、別のところでは、優生思想に基づいた障害者の生存権を無視した発言もしている。このあたりの事情については、立岩真也/杉田俊介『相模原障害者殺傷事件――優生思想とヘイトクライム』(青土社、二〇一六年)五六ページから六〇ページにふれられている。
(20) 双葉社編「週刊大衆」一九六四年十月二十九日号、双葉社。ほかにも一九六〇年十一月十七日の潮出版社編「週刊言論」(潮出版社)には、「身体障害者に生きる権利を――血も涙もない政府の福祉行政」と題した記事を掲載している。ここに「生存権の保障」を目指す論理が見いだせる。
(21) 渡正「一九六四年パラリンピック東京大会の遺産に関する社会学――障害者スポーツ草創期を生きた人びとのライフヒストリーから」、笹川スポーツ財団「笹川スポーツ研究助成研究成果報告書」二〇一四年度、笹川スポーツ財団、二〇一五年

[付記] 本章は、笹川スポーツ財団一般研究助成140A1-020とＪＰＳ科研費16K16527の研究の成果の一部である。

第6章　背中合わせのオリンピックと地域スポーツ

尾崎正峰

はじめに

六四年大会は、スポーツにとどまらず日本の社会の多くの面に深い影響を残した「成功体験」として語られている。本書の各章でそうした言説の実相を検証しているが、ここでは、『経済白書』一九五六年度版が「もはや戦後ではない」と記した頃から一九六〇年代までを中心に、その前後の時期にも目を配りながら、当時の地域のスポーツの姿を描き出すことを通して、日常の暮らしのなかで人々がスポーツを享受するという現実に対して、オリンピックがどの程度の力をもってどんな影響を及ぼしたのか（あるいは、及ぼさなかったのか）について考察したい。

1　人々のスポーツ活動の胎動と終息

「社会体育」振興と人々のスポーツ活動の胎動

敗戦直前の文部省の組織改編によって学徒動員局に吸収されていた体育局が敗戦後間もない一九四五年九月に復活し、体育・勤労・保健の三課が置かれた。四六年一月には厚生省が所管していた体育・スポーツに関する事項が文部省に移管されて体育局に振興課が設けられたことで、国の体育・スポーツに関わる行政機構の一元化がなされた。[1]しかし、四九年六月、連合国軍総司令部（GHQ）幕僚部の部局の一つである民間情報教育局（Civil Information and Educational Section＝CIE）との協議による文部省の機構改革によって体育局は「再び」廃止され、[2]地域でのスポーツに関する事項は社会教育局（主に、新設された運動厚生課）に移管されることになった。同時期に制定された社会教育法の第二条「社会教育の定義」に括弧付きで「主として青少年及び成人に対して行われる組織的な教育活動（体育及びレクリエーションの活動を含む。）」と盛り込まれたことも相まって、このあと地域のスポーツ振興は、社会教育の範疇で「社会体育」として進められることになった。[3]

戦後の社会教育を特徴づける端緒に、敗戦直後、文部省社会教育課長（当時）の寺中作雄による「公民館」の建設提言、いわゆる「寺中構想」[4]がある。寺中は、甚大な惨禍をもたらした戦争を押しとどめることができなかったことへの悔恨をもとに、「民主主義を我がものとし、平和主義を身についた習性とする」営みを自らが追求するために「お互の教養を励み、文化を進め、心のオアシスとなってわれわれを育くむ適当な場所と施設」「郷土の交友和楽を培う文化センター」として公民館を位置づけていた。その後、社会教育法制定までの過程で、戦前の社会教育での国家による教化団体を媒介とした民衆統制に対する反省から、市町村を基本単位として、国や地方公共団体は施設などの教育条件整備など「環境醸成」に努めるとする理念[5]が提示されるなかで、公民館は地域の社会教育の中心的な位置を占めることになった。

「寺中構想」で公民館の組織に「体育部」が盛り込まれていたこともあり、戦後改革期の地域のスポーツ振興に関わる施策を集約している『社会体育指導要項』でも「公民館がその地域のレクリエーションセンター」となり「市町村体育とレクリエーションの実行機関として活動すべきである」[6]としていた。実際に公民館での行事の内容を見ると「体育レクリエーション」関連の割合が高い。[7]当時の社会教育の中心的存在だった地域青年団の活動でも、行事全体のなかで「体育レクリエーション」(二三・八%)が占める割合は「教育文化活動」(三一%)に次いで高く、団員の参加率は最も高く八〇%を超えている。施設利用の面では、一団体当たりの公民館利用回数は十六・四回と最も多く、「青年団体と公民館との結びつきの深いこと」[8]を示している。青年団に所属する若者層を担い手とする公民館でのスポーツ関連の行事については、断片的ながらもその様子を伝える記録がある。[9]

また、村内でテニスが盛んにおこなわれ「野良着のテニス村」と表現された山梨県富士見村(現・笛吹市)[10]、「バレーボール村」といわれるほどバレーボールが普及していた神奈川県金田村(現・平塚市)[11]などはこれまでの研究でも言及されてきたが、そのほかにも各地の実践報告、[12]そして、「社会体育のユートピア」と称された山梨県増穂町(現・富士川町)[13]、石川県、[14]神奈川県小田原市、[15]埼玉県大井町(現・ふじみ野市)[16]などの地域の調査研究の成果から、スポーツ活動が公民館にとどまらない広がりをもち、年間を通して人々が多様な形で関わっていた姿を読み取ることができる。

いったんの終息——高度経済成長と地域社会の変容

前項で見たように、戦後の混乱から復興途上の時期には、生活面ではいまだ不十分な面を多く抱えながらも、また、のちにもふれるような施設などの活動基盤の未整備、活動の継続性の低さといった時代的制約をもちながらも、各地の人々の生活のなかにスポーツが一定程度位置づいていたと捉えられるだろう。[17]しかし、次第にそうした地域のスポーツ活動に変化が訪れる。その大きな要因は高度経済成長の本格的な始動であり、それに伴う地域社会の変容だった。

この時期は地方から都市、特に三大都市圏への移動が顕著で、一九五〇年の国勢調査ではいまだ郡部人口（六二・五％）が市部人口（三七・五％）を上回っていたが、五年後の五五年調査では両者が拮抗するようになり、六〇年調査では郡部人口（三六・五％）と市部人口（六三・五％）が逆転した。また、第一次産業人口が減少の一途をたどり、第二次・第三次産業人口がともに増加していることは、農林水産業に従事していた人々が、若者層を中心に、経済成長を牽引する基幹産業をはじめとして第二次・第三次産業に吸収されたことを示している。[18]

農業、そして農村地域にさらなる変化をもたらしたのが「国土開発」に関する国家政策の展開だった。高度経済成長が本格化するなか、地域間の不均等発展が問題とされ、「地域間の均衡ある発展」を目指す全国総合開発計画が、計画段階から実行に移される時代を迎えていた。一九六二年に第一次全国総合開発計画（旧全総）が策定され、同時に、開発効率の追求の理念として「拠点開発方式」が採られて、六二年制定の新産業都市建設促進法に基づいて全国で十五の地域が「新産業都市」の指定を受けた。[19]全国の自治体が指定に向けて手を挙げたが、「指定競争」を勝ち抜いて新産業都市に指定された地域の実情、すなわち農業と農村の変容（解体）の実態について、「農業をやめていく青年たち、土地を切り売りし切り売りして出かせぎにでてゆく農民、その余剰労働力をあてこんでふくれあがっていく工場」というリアルな現実を前にして、開発とは土地と農民を切り離す「スクラップ・アンドビルドの現実の進行過程にほかならない[20]」と断じている言説もある。

農村の共同体のありようまでを含めた変容は、当時の地域のスポーツ活動にも大きな影響を与えた。「「農村には青年がいなくなった」「スポーツは農村ではやれなくなった」といういいかたは、常識的なことばになってきた。客観的な現象はたしかにその方向にはげしく動いている[21]」といわれたように、若者層が生業としていた農業から離れ、生まれ育った土地から出ていくことが全国の多くの地域で恒常化したために、当時、地域の公民館の行事にせよ、まち・むらの年中行事としておこなわれてきた運動会や各種のスポーツ大会にせよ、参加者であり、準備や運営の中心的な担い手だった人々を失うことになったのだ。

表1　市町村数の変遷

年月	市	町	村	計	備考
1953年10月	286	1,996	7,616	9,868	町村合併促進法施行
1956年4月	495	1,870	2,303	4,668	新市町村建設促進法施行
1956年9月	498	1,903	1,574	3,975	町村合併促進法失効
1961年6月	556	1,935	981	3,472	新市町村建設促進法一部失効
1962年10月	558	1,982	913	3,453	市の合併の特例に関する法律施行
1965年4月	560	2,005	827	3,392	市町村の合併の特例に関する法律施行

（出典：総務省「市町村数の変遷と明治・昭和の大合併の特徴」〔http://www.soumu.go.jp/gapei/gapei2.html〕［2017年10月10日アクセス］をもとに筆者作成）

さらに、一九五三年の町村合併促進法と五六年の新市町村建設促進法の施行による「昭和の大合併」といわれる大規模な自治体合併によって、五三年から六一年までの間に市町村（特に村）の数が激減し、一万弱から三千五百弱へとほぼ三分の一となった（表1を参照）。合併前のそれぞれの地域で社会体育振興を担ってきた組織も統合されることになったが、「行政区域の拡大は、必然的に域内住民の職業や利害関心の異質化をもたらし、組織の運営が難しくなったという矛盾も顕現[22]」したとされる。

高度経済成長に伴う社会の変容という時代状況のなかで、活動に参加する人々、特に、運営などの担い手の喪失、実施組織の基盤の変質という現実に直面し、戦後改革期以来の地域のスポーツ活動の多くは、いったん終息を迎えた。

2　オリンピック東京大会と地域スポーツ振興の隘路

調査データに見る人々のスポーツ参加

一九六〇年前後の十年、そして、オリンピック東京大会開催前後の時期、人々のスポーツ参加の状況は、数値的に見てどのようなものだったのだろうか。この時期に実施された人々のスポーツ活動に関する調査がいくつかある。[23]それぞれの調査の項目や設問の仕方が異なるため厳密な比較は困難だが、政府や文部省の調査データから人々のスポーツへの参加に関わる特徴を読み取ってみたい。

一九五七年の「スポーツ問題に関する世論調査」（表2を参照。以下、五七年調査と略記）では、一年の間にス

表2　スポーツ参加率（1957年）　（単位：%）

	よくやっている	時々やる		たまにやる	しなかった	
	ほとんど毎日	週1回以上	月1回以上	月1回以下	以前はやった	今までやったことがない
全体	3	7	3	1	55	31
男	5	11	6	1	59	18
女	1	4	1.5	0.3	52	42

（出典：「スポーツ問題に関する世論調査」〔1957年〕をもとに筆者作成）

表3　スポーツ参加率（1963年）　（単位：%）

	よくやっている	時々やる	たまにやる	全然やらない
全体	6.8	21.2	14.4	57.6
男	12.1	29.5	14.8	43.6
女	2.7	14.5	14.0	68.8

（出典：「スポーツに関する世論調査」〔1963年〕をもとに筆者作成）

ポーツをおこなったとする割合は全体で一四%となっている。これでも非常に低い数値だが、ここで、ある程度「継続的」にスポーツに参加している指標を「週一回以上」と設定した場合、わずか一〇%となり、女性はその半分の五%でしかない。

六年後の一九六三年に実施された「スポーツに関する世論調査」（表3を参照。以下、六三年調査と略記）ではスポーツの参加率が四二・四%に増加しているとして、その要因の一つに女性の参加の増大を挙げる議論もある。[24] しかし、女性の参加率の増加だけでは全体の増加を説明しきれないとともに、五七年調査の男女別の参加率が男性（二三%）と女性（六・八%）とでは女性が極端に低かったため、六三年調査の男性（五六・四%）と女性（三一・二%）の参加率の増加割合では女性が大きく上回るものの、絶対値としてみた場合には男性よりもかなり低いという状況に変わりはない。また、五七年調査の「たまにやる」が「月一回以下」と定義されていたことを六三年調査にも当てはめてみると（回答者の質問文のニュアンスの受け止め方など、非常に曖昧な部分を残すが）、「よくやっている」と「時々やる」を合わせた「継続的」な参加率は全体で二八%になる。しかも、五七年調査は「週一回以上」と「月一回以上」を別個に集計したものを合わせて「時々やる」としているが、六三年調査では「時々やる」と選択肢を一つにまとめているため「継

表4　スポーツ参加率（1967年）　（単位：%）

	参加	不参加
全体	27.7	72.3
男	34.0	66.0
女	22.2	77.8

（出典：「国民の文化・体育・社会教育活動に関する調査」〔1967年〕をもとに筆者作成）
注1：「参加」＝「週4日以上」「週2〜3日ぐらい」「週1日ぐらい」の計
注2：「不参加」＝「月1〜2日ぐらい」「全然しない」の計

続的」な参加率はさらに下がる可能性もある。

六四年大会後の調査である一九六七年の「国民の文化・体育・社会教育活動に関する調査」（表4を参照。以下、六七年調査と略記）では「参加」した人の割合が全体で二七・七%と六三年調査よりも一〇ポイント以上数値を落としている。この数値の動きについて調査の設問の選択肢にさかのぼって検証してみると、六七年調査では「週一回」以上の実施で「参加」とし、「月一〜二回」以下は「不参加」としていることによるものと捉えることができる。

もう一つ、六七年調査と同時期に実施された「労働時間、余暇等に関する世論調査」（一九六六年実施）の結果を見ると、「ふだん仕事の終わったあとの時間」の過ごし方で「スポーツをする」は四%、「直近の休みの日にスポーツをした」は六%といずれもわずかな数値であり（どちらも「テレビ、ごろ寝」が最も高かった）、当時、スポーツの位置づけは人々の余暇全体のなかで高くなかったことが示されている。

政府による調査とは別に、研究者による独自の地域調査の成果も残されているが、東京都（区部）、岡山県倉敷市、秋田県大館市の三地点の比較をおこなった調査[25]からは、スポーツに参加した「直接参与」の割合に東京都とほかの二つの地域とで一〇ポイント程度の差があり、地域格差という現実が見えてくる。この調査では、地域の産業構造を大きな規定要因としているが、農業など第一次産業に従事する人々は労働形態の特性などから「余暇」の時間が少ないという特徴もあり、スポーツ参加率が目立って低い状況は、これまでに検討してきたいずれの調査にも現れている。女性の場合、「農村のかあちゃん」には「本物のレジャーはまだこない」[26]というさらに厳しい現実への率直な思いが吐露されてもいた。

以上、当時の調査から読み取ることが[27]できる特徴として、一九六〇年前後からオリンピック大会開催後しばらくの間の時期、日常生活で「スポーツ」をある程度「継続的」に実施している人々は多く見積もったとしても全体で三〇％弱にとどまっていたこと、また女性の参加率が相対的（男女格差）、そして絶対的に低かったこと、スポーツ参加の地域的な差が都市と地方の間で大きく、農村部の参加率がとりわけ低かったこと、が挙げられる。[28]

スポーツ政策のオリンピックへの傾斜、置いてけぼりの地域スポーツ振興

戦後間もない時期から公にされた地域スポーツ振興に関わる政策文書では、施設、指導者、組織、予算などの拡充を一貫して掲げていた。[29]戦後の混乱、物資不足、経済復興途上での財政難などの要因も絡んで人々のスポーツ参加をめぐっては多くの課題があったが、それでも「生活体育」などの名称のもと政策理念の具体化を志向していたといえる。そうした政策の姿勢に変化をもたらしたのが、一九五二年五月、当時の東京都知事・安井誠一郎による第十七回オリンピック大会（一九六〇年）の東京招致の表明だった。この時期にあっては「夢物語」そのものでしかなかったが、以来、政治の領域まで巻き込んで大会招致に邁進するさまは「挙国一致」の形容がふさわしく、オリンピックをめぐる動向はスポーツ政策にも大きな影響を与えることになった。[30]

「夢物語」が現実味を帯びてきた一九五八年五月、廃止されていた文部省の体育局が復活を遂げた。保健体育審議会など体育・スポーツの各方面から繰り返し復活の要望が出されていたが、同じ五月にアジア大会、そして国際オリンピック委員会（ＩＯＣ）総会がともに東京で開催され、五九年五月、ミュンヘンで開催されたＩＯＣ総会で第十八回大会の東京招致が決定したことなどから、体育局の復活はオリンピックに向けた行政機構の一元化を企図したものと捉えられる。

こうしてスポーツ政策がオリンピック開催へと傾斜していくなか、一九六一年、初のスポーツ単独法であるスポーツ振興法が制定された。第一条（目的）の「（スポーツの振興を通して）国民の心身の健全な発達と明るく豊かな国民生活の形成に寄与する」という文言に見るように、スポーツ振興の重要性が法律上で規定されたのである。また、文部省は法律制定によって「スポーツ行政の責任主体の明確化」や「予算の獲得」が図られることへの期待を挙げていた。[31]これに対して、スポーツ振興法はオリンピック中心主義に貫かれ、人々のスポーツは「ダ

表5　社会体育施設数の推移

	計	都道府県	市	町	村
1955年度	1,058	111	720	183	44
1960年度	1,204	125	830	228	21
1963年度	2,524	341	1,560	539	89
1968年度	4,659	456	2,466	1,455	280

（出典：『社会教育調査報告書』（文部省）各年度版をもとに筆者作成）

表6　施設種別社会体育施設数の推移

区分	1955年度	1960年度	1963年度	1968年度
野球場	364	402	468	703
庭球場	246	311	321	482
陸上競技場	209	198	224	295
プール	159	254	426	899
運動広場	150	71	116	419
排球場	115	130	128	240
体育館	60	91	163	420
相撲場	84	85	86	108
弓道場	71	93	120	190
柔道場	50	47	70	75
剣道場	30	36	55	50

（出典：『社会教育調査報告書』〔文部省〕各年度版から抜粋して筆者作成）
注：1963年版以降「排球場」は「バレーボール場」に名称変更

シ」にされているという批判もなされた[32]。そして、六四年大会開幕が迫る時期になると、文部省から「第18回オリンピック大会が東京開催に決定してから、日本の体育・スポーツは、直接、間接にオリンピックを中核として展開しているともいえるだろう。ローマのオリンピック大会が終了してからは、日本の体育・スポーツの問題は、東京オリンピックと無関係には考えられなくなった[33]」というストレートな表明さえ現れるに至る。一方、地域スポーツ振興に関わる施策としては、体育指導委員の全国的配置（後述）が新たな動きといえるが、前述のスポーツ振興法批判の表現を借りるならば、オリンピックを「ダシ」にしてでも地域のスポーツの底上げを図るといったしたたかさは見受けられず、全体としてオリンピックの後景に追いやられた感は否めない。

　こうしたスポーツ政策の傾向はこの時期の国のスポーツ関連予算にも現れている。アジア大会開催に合わせた国立競技場整備費が桁違いに高く、また、「国民体育大会等の補助」と「国民体育大会補助」が毎年それぞれ七百万円から九百万円程度。これに対して、「文部本省費」での「社会体育の振興」の予算額は一九五〇年代初頭以降、減額傾向にあり、百万円を割り込むほどだった[34]。その後もオリンピックのための大規模なスポーツ施設の建設が進むとともに、最終的に交通網などの都市インフラ整備に膨大な予算が割り振られたことはこれまでにも指摘されてきた[35]。

この時期の地域スポーツ振興の現実を表すものとして、地域の人々のスポーツを支える基盤のなかでもとりわけ重要な施設、当時は「社会体育施設」といわれていた公共スポーツ施設数の推移を見ると、一九五〇年代後半には、ケタを間違えているのではないかと思うほど数が少ない。その後、オリンピック招致の決定から大会開催の時期を経過しても目立って増加したとはいえない（表5と表6を参照）。「昭和の大合併」後、一九六二年の市（五百五十八）町（千九百八十二）村（九百十三）それぞれの数から考えれば、社会体育施設が一つもない自治体（特に町と村）が多くあったことになる。こうした現実を反映して、文部官僚の立場からでさえも施設整備の必要性が繰り返し訴えられたが[36]、オリンピック直前になっても文部省自らが「現在のわが国のスポーツ振興において最大の障害は施設の不足である」とし、国の予算の「体育施設補助費にしても、全国の体育施設を整備するにはじゅうぶんとはいえない[37]」といわざるをえない状況が続いた。

また、国民体育大会への補助については前にふれたが、国の補助金で国民体育大会の開催に合わせて開催地域の施設整備を進めるパターンが見られるようになったものの、六四年大会後に実施された日本体育協会によるスポーツ施設調査の結果分析では、「公共施設は建設契機が競技スポーツとの結びつきが高く、大衆スポーツ利用には不便なうえ、建設費も大きいので財政負担能力限界から、総体としての建設件数の減少となっている」こと、しかも、「大会むき施設が大会以外はほとんど利用されない」「大衆スポーツの利用にはほとんど意味のない競技用施設・設備を設ける」ような「条件において建設された施設は利用率が低い[38]」など、量的にも質的（一般の人々の使い勝手を含めて）にも問題が多いという厳しい評価が下されている。

3　スポーツ振興施策の地域的展開――「三鷹方式」の創出とその背景

前節までたどってきたように、戦後直後から日本各地でスポーツ活動が独自の展開を見せていたが、高度経済成長に伴って従来までの活動基盤が掘り崩され、活動の多くがいったん終息を余儀なくされた。そして、社会の変容に対応した地域スポーツ振興に関わる政策の動きも緩慢で、オリンピック開催によってもスポーツ参加率の変化（上昇）は見られず、地域で人々が活動をおこなううえで適当なスポーツ施設の整備も進展しなかった。そんな状況のなか、東京都三鷹市で進められたスポーツ振興施策は「三鷹方式」と称されて全国的に注目され、流行語として取り上げられるほどだった。[39]「三鷹方式」についてはこれまでにも多く論じられてきたが、[40]ここではスポーツに関連する要素以外にも視野を広げながら、あらためてその特質を探ってみたい。

三鷹のまちの移り変わり

長く純農村地帯だった三鷹地域の変容は、昭和を迎える前後の時期（一九二〇年前後）に始まった。その先鞭が、関東大震災後、東京の郊外部への人口の分散に伴う下連雀や井の頭地域の住宅地化だった。この流れを促進したのは、一九三〇年の中央線三鷹駅の開設、三三年の帝都線（現・京王井の頭線）開通と井の頭公園駅・三鷹台駅の開設などの交通面の整備だった。また、三三年、正田飛行機と三鷹航空の二つの軍需工場が創業し、三七年には日本無線電信電話が品川区から上連雀に移転したことをはじめ区部からの工場移転が相次ぎ、その下請けの中小の工場も三鷹に移転ないしは創業することになった。こうした工場で働く転入者のために「大会社が社宅や寮をたて、住宅公団も公営の住宅をつくり、その外地元民のなかには借家を建てる者」[41]も相次ぐなど、流入人口の増加によって戦前の段階で住宅地区としての性格をもつに至った。

敗戦後の一時期、地域経済の中核を担っていた軍需産業の廃業に伴う人口流出の動きが見られたが、「平和産業」に転換した工場が徐々に操業を再開し、新たな下請けの中小企業の創業、移転によって再び人口流入が顕著となる。人口が五万人を超え、一九五〇年十一月には市制施行を迎えるが、都心勤務を中心に市外通勤者が多い首都近郊の住宅地という性格をより強めていった。(42) 人口の流動性は高く、転出者の割合が二〇％を超え、また、市内で出生した割合が全国で四番目に低いという特徴があった。(43) 六一年に十万人を超えたあと、六七年に自然増が社会増を上回り、七一年に社会増がマイナスに転じたが、(44) 三鷹の地域は大きな変動を続けていた。

三鷹の社会体育の開始とその特徴

三鷹地域の戦後の社会体育は、教育委員会が主催するスポーツ関連の行事開催を先駆けとして、社会教育の関係団体との共催による各種大会などの行事が多くおこなわれることから始まった。教育委員会以外では、連合青年団が一九四六年に駅伝大会と体育大会を開催し、翌年以降、卓球大会や野球大会にも枠を広げるなど地域のスポーツの担い手としての役割を果たしていた。(45) また、地域内の工場のレクリエーションとしてもスポーツが取り上げられ、種目も野球、卓球、テニス、バレーボールなど多様で、事業所間の対抗試合がおこなわれるようになった。これが種目別の競技団体の設立につながり、(46) 五七年七月に三鷹市体育協会（加盟団体は十三）が結成された。(47)

これらの点から、戦後、スポーツ活動が三鷹の地域でさまざまな形態で展開していたといえるが、大会などの行事が中心だったためにスポーツへの参加といっても単発的・一時的な面が強かったことに加えて、行事への参加者の広がりの面で課題を抱えていた。一つには、三鷹以外の地域からの転入者の参加があまりなかったことだった。この背景には、青年団の構成員のほとんどが「地の者」で組織の「封鎖性」が強く、青年団の資格年齢である十五歳から二十六歳の三鷹の年齢人口の四・一％しか団に加入していなかったことがあった。(48) 流入人口の拡大、頻繁な転入転出という状況も重なり、青年団の加入者が漸減し、活動が徐々に縮小し衰退していった。もう一つの側面として、一九五五年の「体育祭」（教育委員会主催）では二千を超える参加者があったという記録もあるが、「市民スポーツ大会と銘打っても、市営の公共スポーツ施設があるわけでもなし、事業所の工場内にある施設等を借りて実施するより仕方がなかった」ため「当時の社会体育は一般市民層からの参加が殆どなく、事実上、職域の競技大会[49]」でしかなかったともいわれる。

戦後の地域のスポーツ活動の出発からのいったんの終息という前節で見た全国的な流れと傾向を同じくするとともに、三鷹の地域特性からくる課題や限界が存在していたといえる。

「スポーツ教室からクラブへ」──「三鷹方式」の創出

三鷹市の地域スポーツ振興施策の転換のきっかけは、一九六六年四月、新たに任命された体育指導委員（以下、体指と略記）集団の取り組みであった。それ以前は、体指は市体育協会の加盟種目団体から推薦を受けて任命されていたが、教育委員会が市内の小学校区から一人か二人の適任者を選出して任命することに変更された[50]。新任の体指十五人はスポーツの競技経験はあまりなく「素人」を自認する人々だったうえに、行政から明確な活動の指針が提示されるわけでもなく、それまでの活動記録もないなど、まさに「ゼロからの出発」であった。そうしたなかで体指集団は自発的に三鷹市体育指導委員協議会を結成、毎月定例協議会を開催して学習と研究を重ね、地域のスポーツ振興で果たす体指の役割についてコンセンサスを得る営みを続けた。

任命の初年度となる一九六六年度、卓球、バドミントン、水泳などのスポーツ教室のほかに、「婦人レクリエーション教室」と銘打った主婦を対象としたバレーボールの教室を開講し、教室の期間中から担当の体指がコーディネーター役となって、教室終了後に参加者が自主的なクラブとして活動を続ける方向づけの取り組みをおこない、スポーツ教室発の最初の主婦バレーボールクラブ「どんぐり」が結成された[51]。その後もさまざまな種目、対象者のスポーツ教室を開き、クラブづくりへの取り組みを続け、「計画─実践─反省」のサイクルを積み重ねて[52]、スポーツ教室の開設を手だてとして自主グループの組織化と育成をはかる「スポーツ教室からクラブへ」を

テーゼとした「三鷹方式」と呼ばれる地域スポーツ振興施策を定式化していった。(53)

「三鷹方式」は何を示していたのか

「三鷹方式」が成立し成功した要因が、当時の体指集団の熱意と行動力であることは疑いがない。しかし、「三鷹方式」の核である体指の任命やスポーツ教室の開催がだいぶ以前から実施されてきた制度と施策であることからするならば、三鷹市でおこなわれたことがことさら新しいものだったとはいえない。体指の制度を大まかに振り返れば、文部事務次官通達「地方スポーツの振興について」（一九五七年四月二十五日）で市町村への体指の設置の奨励と必要な経費の一部補助が打ち出されて全国で約二万人が委嘱を受け、一九六一年のスポーツ振興法の制定による法的根拠の設定、六二年度からの国の予算化など政策として推進され、各地での活動報告や調査研究も公にされていた。(54)しかし、前節で検討したように地域スポーツ振興に関わる国の予算の不足や公共スポーツ施設整備の遅れなどの問題のため、政策を受け止める全国の地域の体指の活動には多くの制限と困難がつきまとっていた。三鷹の体指が任命後初めて参加した全国体育指導委員研究協議会でも、全国の参加者から、国による具体的な指導指針が明確でない、スポーツ活動に必要な施設が地域にない、補助金などの手だてが講じられていない、などの発言が相次いだことに対して、「政府は、法律だけつくって、あとは地方自治体にまかせっぱなしという現在のあり方はよくない(55)」という思いをもったという。

しかし、ここで三鷹の体指集団は単なる現状批判にとどまることなく、〝ないないづくし〟の状況をいったん受け止め、地域の実情に即しながら、住民の意識をすくい取り、自らの発想をもって多様な活動の展開に尽力した。「三鷹方式」とは、こうした取り組みの積み重ねを通して、従来から提示されていた地域のスポーツ振興施策の理念に現実の形を与えたものとひとまず概括的に捉えておくことにし、以下では、三鷹の社会、政治、行政などに関わる動向も視野に入れながら、さらに詳しく検証してみたい。

まず、婦人レクリエーション教室そのものに注目してみれば、「ベッドタウンであることから昼間市内で生活している主婦を主な対象とする」とターゲットを絞り込んだ方針を立てたことは、高度経済成長期の三鷹の地域変容、そして、女性が就労をやめて専業主婦となる「主婦化」[56]という時代の動きを体指集団が肌で感じていたことが反映されたものであり、時代と地域の実情に合致した卓見だったといえるだろう。さらに、この時期、主婦たちは地域でさまざまな活動に関わっていたが、その交流と活動は身近な生活圏域に限られる傾向があったとされる[57]のに対し、全市域を対象とするスポーツ教室への参加が主婦の活動範囲を拡大させることにつながったともいえる。

そして、主婦をターゲットとしていたために、初の主婦対象の教室の種目にバレーボールが取り上げられたと考えられる。そこに六四年大会の「東洋の魔女」のインパクトがなかったとまではいえないものの、それ以上に、前掲の六七年調査で「男の「卓球・テニス等」、女の「バレー・バスケットボール」は、比較的高年令にいたるまで参加率の落ちない〝息の長い〟スポーツである[58]」とされるように、バレーボールは主婦層がある程度の経験と親しみやすさをもちえた種目だったことをふまえた選択だったのだろう。臆断するに、そのために主婦層の関心を集めたとともに、当時としては珍しい活動だったスポーツ教室参加にあたっての「心理的なハードル」も低くなったのではないか。

教室終了後、自主クラブとしての歩みを始めた「どんぐり」が直面した問題は練習場の確保だった。発足直後の様子を記した述懐は、市社会福祉協議会所管の「勤労青年の家」のバレーコートを「ホームグラウンド」とすることができたものの[59]、屋外コートのため「冬季の使用は不可能[60]」と厳しい環境だったことを伝えている。すでにふれたように、三鷹市では「公の体育施設は全くゼロ[61]」だったためスポーツ関連の行事は長く市内の工場の体育施設や小・中学校の校庭などで開催するしかなく、「三鷹市の社会体育の問題点は一にも施設、二にも施設[62]」とまでいわれていた。こうした状況に対して、一九六〇年前後から市議会の一般質問でも市立の運動場や体育館の整備問題が取り上げられ、市体育協会や加盟団体からの要望も継続的に出されていたが[63]、六〇年代半ばにようやく具体的な動きが現れてきた。その嚆矢は市民センターの建設であった。

市民センターは、市民生活に関わりが深い各種機能を一カ所に集積させるという構想のもとに議論が重ねられ、市制施行十五周年記念として一九六五年十一月に竣工した[64]。当初建設されたのは、市庁舎、議事堂、公会堂だったが、その後、六八年、三鷹市初の本格的な公共スポーツ施設である市民体育館が誕生し[65]、続けてテニスコート、バレーコート、相撲場が新設された。また、本章で主な対象とする時期よりもあとになるが、七三年には屋内プールを含む第二体育館、七四年にはスポーツ活動が可能なスペースと設備が併設されたコミュニティ・センターの第一号が大沢地区にオープンした。その後もスポーツ設備を併設するコミュニティ・センターの建設が続き、現在七館が設置されるまでになっている。市の総合的・複合的施設への運動・スポーツ機能の付設による身近な生活圏域の施設整備の進展は、「三鷹方式」の定式化を促す追い風になり、クラブをはじめとする市民のスポーツ活動を下支えする土台となった。

一連の施設整備の背景についてさらに見ていけば、まず、一九五五年に社会党左派から立候補して市長になった鈴木平三郎（在任期間は五期二十年）が、公衆衛生学の分野で医学博士を取得した学術的なバックグラウンドもあって、市民の生命・健康を第一とし、そのためのインフラなどの環境整備と福祉の充実を志向していた。そこに、市内の工場などの労働組合を基盤に社会党の勢力が強いという三鷹の地域の政治的特徴[66]、六〇年代の首都圏の革新自治体の増加という時代状況[67]などが重なって、革新市政の施策[68]が展開する広義の政治基盤が存在していたことが挙げられる。

具体的な行政計画では、一九六六年度を初年度とする中期財政計画に「市民のより良い生活環境整備のため」の「社会体育施設（体育館・プール等）の建設[69]」が明記された。前述の市民体育館などの建設は同計画の年次計画として進められたものである。コミュニティ・センターに関しては、七一年に公表された「第二次中期計画」であり、三鷹駅前再開発と並んで、「民政施設、保健衛生、教育文化、一般行政を網羅した総合的公共施設」であり「地域住民の連帯を示す象徴的施設」であるコミュニティ・センターの建設が最重点事業とされていた。市内各地区の住民の要望と意見を汲み上げながらコミュニティ・センターにスポーツの機能を併設したことについて、センターのアイデアを発案し主導した鈴木市長は、スポーツが「「都市文化」として位置づけられ市民権を獲得しなければならない時期にきている」[70]とするとともに「立派で大きな体育施設を一つ設置するより、地域住民が優先して、定期的に、継続的に使用できる手頃な規模のものが、一つでも多く設置整備されることが地域スポーツの振興にきわめて重要なこと」[71]という認識を示している。

三鷹市のコミュニティ・センターを特徴づけるもう一つの点は、「金は出すが、口は出さない」[72]という鈴木市長の表明や、建設をめぐる議論が始まった時点の「施設を作れば事足りると思っていない」[73]という市議会での市側の答弁が示しているように、市民自治を根幹とした住民による管理運営を基本方針としていたことだった。[74]ここには、人口流動の激しいなかでの住民のつながりの形成という地域課題を見通して、コミュニティ・センターが「コミュニティなき都市住民に対してコミュニティへの認識を発芽させる」ための「大きな刺激剤、媒体物」[75]となりうるという目算もあった。一九七四年一月制定の三鷹市コミュニティ・センター条例では「市民の、市民による、市民のための施設として、当該地域の市民みずからの自由と責任に基づき」運営されると規定して、第一号となる大沢地区では、条例制定前から町会や自治会、ＰＴＡ、スポーツ団体などに参加を呼びかけて、七三年十一月、四十三団体で住民協議会が発足し、施設の管理運営が協議会の手に委ねられた。[76]協議会を構成する団体とグループは、施設の利用者であると同時に管理運営の責任を担うというこれまでにない位置を占めることになった。

コミュニティ・センターの推進について鈴木市長は「コミュニティ形成への一つの手段として試行している三鷹方式」[77]（傍点は引用者）と表現しているが、コミュニティ形成と地域スポーツ振興という二つの「三鷹方式」が、住民の自治と自主性を重視し、地域の特質を勘案しながら市民の健康的で豊かな生活の実現を目指す活動を促し支えるという点で共鳴したことで生み出された成果は、その後に継承される価値をもっていた。[78]以後、地域のスポーツ振興施策としての「三鷹方式」は、都市化の進行のなかで、既存の地域スポーツ振興に実践的な裏付けをもたらしたものとして全国的な広がりをもつに至り、一九七〇年代、人々がスポーツを「継続的」におこなう手だてとして自主的なクラブという形式を志向する時代経験を生み出す起爆剤にもなった[79]。

おわりに

本章で検討してきた地域のスポーツの振興や実態に関わる研究論文、文献、調査、実践報告などのほぼすべてで六四年大会開催の影響に関する言及はなされていない[80]。その要因を各論者の視野の狭さや分析の不十分さなどに求めるよりも、そもそもオリンピックと地域スポーツとはまったく別物として動いていたと捉えることのほうが自然のように思われる。本章では、国のスポーツ政策がオリンピックに傾斜し、地域スポーツ振興は〝二の次、三の次〟のような状況だったことを示してきたが、六四年大会の当事者として競技面を牽引してきた大島鎌吉もまた「みんなのスポーツ」に関わる政策に目立った進展がないことに批判を続けていた[81]。

繰り返しになるが、「成功」とされる六四年大会は人々のスポーツ参加の増大や公共スポーツ施設整備と直接に結び付かなかった。一方、時代の特質や地域の実情に寄り添いながら生きる人々の手によって、試行錯誤を重ねながらの取り組みが続けられたことで地域のスポーツは勃興し、その後の展開へとつながっていった。この時代経験に倣うならば、オリンピック開催は地域の人々のスポーツ活動の発展を保障するものとはならないことを[82]大前提として、地域のスポーツ振興を地道に進めていくことが賢明だといえる。

しかし、二〇一六年大会、そして二〇年大会を東京に招致するべく作成された文書には「オリンピックの開催を通してスポーツがあふれる街に」といった類いのスローガンが掲げられていた。筆者は、招致活動が動きだした時点から、東京という都市にはスポーツイベントなどエンターテインメントとしてのスポーツがあり余るほどあるのに対して、生活圏でのスポーツの基盤が脆弱であるという対照を「非日常の過剰、日常の貧困」と表現するなど批判的に捉えてきた[83]。皮肉な見方をするならば、オリンピック後に達成される「目標」として掲げざるをえないほど、地域スポーツをめぐるもろもろの基盤や条件がいまだ十分ではないことを端なくも示しているスローガンといえる。

オリンピックのたびに繰り返されてきたメダル獲得をめぐる喧噪が、二〇二〇年に向けてこれまで以上に高進することは想像に難くない。いや、もうすでにその兆候がそこかしこに現れている。そのために、前述のスローガンが、根拠があやふやなまま楽観的に受け止められることとは裏腹に、現実には人々の生活のなかのスポーツ活動の課題が等閑視され隅に追いやられるのではないか、「歴史は繰り返される」のではないかという危惧は拭いきれない。オリンピック憲章の「オリンピズムの原則」で「スポーツをすることは人権の一つである。すべての個人はいかなる種類の差別も受けることなく、オリンピック精神に基づき、スポーツをする機会を与えられなければならない」とし、同憲章の「IOCの使命と役割」の一つに「スポーツ・フォア・オールの発展を奨励し支援する」ことを掲げるオリンピック・ムーブメントの理念もふまえながら、喧噪に振り回されることなく、ポスト二〇二〇の社会のありようをもにらんだ地域のスポーツ振興をどのように構想していくのか。時間はもうそれほど残されていない。

注

(1)「体育局」の存廃と体育・スポーツの国の行政機構の「一元化」をめぐっては、長く複雑な「前史」がある。第一次世界大戦を契機として国家総力戦の段階を迎えた時代、軍事的・思想統制的観点から国民の衛生と体力が国家の関心事として浮かび上がり、国策としてのスポーツの利用が、青年団体の半官的な再編が進むなかでの体育活動の奨励、国の社会教育事業での「公衆体育」(ないしは「民衆体育」)の政策化などとして現れた(高津勝『日本近代スポーツ史の底流』〔創文企画、一九九四年〕第一章を参照)。その後も国民の体力への政策アプローチはさまざまに展開されたが、一九三八年一月に厚生省が設立され、従来文部省の所管だった事項のうち学校関係以外は厚生省に移管されて体力局が設置され「社会体育」に関する事項を担当することになった（厚生省五十年史編集委員会編『厚生省五十年史 記述篇』厚生問題研究会、一九八八年、三四一―三四三ページ）。また、四一年八月の機構改革で体力局が廃止され、人口局体練課に引き継がれた（同書四〇八―四〇九ページ）。文部省サイドでは、四一年一月に国民体位の向上と国防能力の向上を目的とする学徒の保健衛生・体育向上の施策強化のため大臣官房体育課（一九二八年三月設置）を昇格させて体育局を新設するなど、体育行政の文部省への「一元化」を意図する一連の動きもあったが、戦前・戦中時に「一元化」は実現しなかった（高岡裕之「大日本体育会の成立――総力戦体制とスポーツ界」、坂上康博／高岡裕之編著『幻の東京オリンピックとその時代――戦時期のスポーツ・都市・身体』所収、青弓社、二〇〇九年、二二三―二二七ページ）。戦局の動向とも相まって行政機構の改変が繰り返され、四五年七月、体育局は新たに設置された学徒動員局に吸収された（文部省編『学制百年史』帝国地方行政学会、一九七二年、六二一ページ）。

（2）体育局が復活後間もなくして再度廃止された背景には「占領軍当局が軍国主義の復活をおそれたため」ともされている。前掲『学制百年史』七九二ページ

（3）尾崎正峰「地域スポーツを支える条件の戦後史――指導者、とくに職員問題に注目して」、日本スポーツ社会学会編「スポーツ社会学研究」第二十巻第二号、日本スポーツ社会学会、二〇一二年

（4）寺中作雄『公民館の建設――新しい町村の文化施設』（「公民館叢書」第一篇）、公民館協会、一九四六年、同『社会教育法解説・公民館の建設』（「現代教育１０１選」第五十五巻）、国土社、一九九五年

（5）島田修一／藤岡貞彦編『社会教育概論』（青木教育叢書）、青木書店、一九八二年

（6）文部省編『社会体育指導要項』文部省、一九五一年、四ページ

（7）文部省調査局統計課編『社会教育調査報告書 昭和30年度』文部省調査局統計課、一九五六年

（8）文部省調査局編『社会教育関係団体調査報告書――地域青年団体調査、地域婦人団体調査 昭和31年度』文部省調査局統計課、一九五七年

（9）中島俊教「楽しい集いの公民館」（全日本社会教育連合会編「社会教育」一九五八年五月号、全日本社会教育連合会）、早川芳太郎「地域の特殊性を活したレク――レクリエーション優良団体はどうして生れたか」（全日本社会教育連合会編「社会教育」一九五八年十月号、全日本社会教育連合会）、中村智利「体育活動と公民館活動の一体化――

佐賀県太良町の記録」（全日本社会教育連合会編「社会教育」一九五九年三月号、全日本社会教育連合会）など。

(10) 稲村半四郎「野良着のテニス盛衰記」、「月刊社会教育」編集委員会編「月刊社会教育」一九七一年七月号、国土社、稲村半四郎編『富士見村70年の歴史』農山漁村文化協会、一九七八年

(11) 山口一夫「バレーボール村今昔ものがたり――社会体育の進め方についての一つの意見」、全日本社会教育連合会編「社会教育」一九六二年九月号、全日本社会教育連合会

(12) 早川芳太郎「社会体育指定市町村の管理・運営（2）」、全日本社会教育連合会編「社会教育」一九五九年十二月号、全日本社会教育連合会

(13) 増穂町体育連盟編『地域社会に於けるレクリエーションの構造――増穂町社会体育誌』山梨県南巨摩郡増穂町役場、一九五五年

(14) 桜井栄七郎「石川県の社会体育――その沿革、事情など」、金沢大学社会教育研究室編「社会教育研究」第八号、金沢大学社会教育研究室、一九六八年

(15) 高岡裕之「スポーツ振興と地域」、森武麿編著『1950年代と地域社会――神奈川県小田原地域を対象として』所収、現代史料出版、二〇〇九年

(16) 内海和雄「大井町における社会体育行政の推移」、大井町史編纂委員会編『大都市周辺における社会体育行政の変遷と地域住民の体育・スポーツ活動の現状 本文編』（「大井町史料」第三十四集）所収、大井町教育委員会、一九八五年、尾崎正峰「大井町における社会体育関係団体の推移」、同書所収

(17) 地域の日常生活でのスポーツとは別の次元では、一九六〇年前後のスキー、海水浴、登山などに人々が殺到するレジャーブーム（石川弘義編著『余暇の戦後史』〔東書選書〕、東京書籍、一九七九年）、六〇年代の旅行などの娯楽の拡大（森下晶美「世論調査に見る1960~70年代の家族旅行とその後の変化」、東洋大学国際地域学部編「観光学研究」第十四号、東洋大学国際地域学部、二〇一五年）、産業としてのレジャーの提言（日本生産性本部生産性研究所編『消費革命とレジア産業』東洋経済新報社、一九六一年）、アメリカでのレジャーに関する議論の紹介と日本のレジャーの現状と背景（佐藤毅「最近の大衆娯楽・余暇の研究」、岩波書店編「思想」一九六〇年五月号、岩波書店）など、人々のスポーツとレジャーへの関心は高まりを見せていたといえる。

(18) 大内力「高度成長経済下の農村人口移動」第一―四回、東京大学経済学会編「経済学論集」第三十巻第一号・第三十巻第三号・第三十一巻第三号・第三十二巻第一号、東京大学経済学会、一九六四―六六年

(19) 宮本憲一『社会資本論 改訂版』有斐閣、一九九七年（初版：一九七六年）

(20) 筒井磯雄／手塚英男「ある新産都市のばあい」、「月刊社会教育」編集委員会編「月刊社会教育」一九六四年七月号、国土社

(21) 団琢磨「農村における社会体育の現状と今後の課題」、島根大学編「島根大学論集（教育科学）」第十六号、島根大学、一九六六年、一四五ページ

(22) 同論文一五一ページ。なお、こうした問題指摘は純農村地域に対してだけではなく都市的地域についてもされていた。竹之下休蔵「地域社会と体育・スポーツの組織」（東京教育大学体育学部編「東京教育大学体育学部紀要」第二号、東京教育大学体育学部、一九六二年）を参照。また、この竹之下の指摘に関して実証的に再検討を示唆するものとして、前掲「スポーツ振興と地域」を参照。

(23) 「総務省統計局」（〔http://www.stat.go.jp/〕［二〇一七年十月十日アクセス］）、日本体育協会／スポーツ施設相談所編『スポーツ基本調査報告書 1966―1970』（日本体育協会、一九七一年）などから以下の調査が確認できる。
・「娯楽に関する世論調査」（総理大臣官房審議室、一九五六年七月実施）
・「スポーツ問題に関する世論調査」（総理大臣官房審議室、一九五七年四月実施）
・「スポーツ人口調査」（日本体育協会、一九五九年一月実施）
・「スポーツ実態調査」（日本体育協会、一九六〇年三月実施）
・「スポーツに関する世論調査」（総理大臣官房広報室、一九六三年実施）
・「国民の文化・体育・社会教育活動に関する調査」（文部省、一九六七年十月―十一月実施）

(24) 影山健「わが国におけるスポーツ人口について――スポーツに関する世論調査の分析」、日本体育学会編「体育の科学」一九六四年十月号、杏林書院、五七五ページ

(25) スポーツ人口調査研究委員会編『わが国におけるスポーツ人口の構造とその変動についての研究――文部科学省（総合）研究費による調査』第二集（資料篇）、東京教育大学体育学部体育社会学研究室、一九六二年、竹之下休蔵／

菅原禮「スポーツ人口に見られる地域格差」、東京教育大学体育学部編「東京教育大学体育学部紀要」第三号、東京教育大学体育学部、一九六三年

(26) 藤井正弘「近ごろの農村かあちゃん——世はレジャーブームというけれど」、「月刊社会教育」編集委員会編「月刊社会教育」一九六一年十月号、国土社

(27) 実施の「内容（種目）」にまで目をやると、野球、卓球、バレーボールなど球技系の「スポーツ」種目とともに「キャッチボール」「軽い体操」などの「運動」の実施率が高い傾向があることも見えてくる。また、各調査で、「円陣パス」が「バレーボール」の後ろに括弧書きで書き添えられていたり、バレーボールとは別個に一つの選択肢として挙げられていることや、実際に比較的高い参加率を示していることは当時の特徴を示すものといえる。

(28) この時期の人々のスポーツ参加とその格差の問題を考えるとき、職場でのスポーツの実態の検討が重要だが、紙幅の関係もあり本章では取り上げなかった。このテーマについては、笹生心太「高度経済成長期における労働者間のスポーツ参加格差に関する一考察——職場スポーツ施設整備とスポーツ参加率に着目して」（日本スポーツ社会学会編「スポーツ社会学研究」第二十一巻第二号、日本スポーツ社会学会、二〇一三年）を参照。

(29) 文部省の政策の理念や施策がまとめられたものとして、前掲『社会体育指導要項』、文部省編『社会体育——考え方・進め方 第二版』（教育出版、一九六〇年）がある。

(30) オリンピックの招致過程や各方面の動向については、尾崎正峰「スポーツ政策の形成過程に関する一研究——オリンピック東京大会選手村の選定過程を対象に」（学術刊行専門委員会編「人文科学研究」第三十九号〔一橋大学研究年報〕、一橋大学、二〇〇二年）。

(31) 西田剛「スポーツ振興法のねらいとすべり出し」、全日本社会教育連合会編「社会教育」一九六二年九月号、全日本社会教育連合会、二五—二六ページ

(32) 飯野節夫「スポーツ振興法の問題点」、「月刊社会教育」編集委員会編「月刊社会教育」一九六一年十月号、国土社。なお、スポーツ振興法制定の複合的な意味について論じたものとしては、内海和雄『戦後スポーツ体制の確立』（不昧堂出版、一九九三年）、特に第三章を参照。

(33) 文部省編『日本スポーツの現状』教育図書、一九六四年、九ページ

(34) 前掲『社会体育』四四―四五ページ
(35) 前掲『戦後スポーツ体制の確立』、石坂友司「東京オリンピックと高度成長の時代」(「年報日本現代史」編集委員会編「年報・日本現代史」第十四号、現代史料出版、二〇〇九年)を参照。
(36) 例えば、西田泰介「これだけは是非ほしい――体育施設の基準と管理」(全日本社会教育連合会編「社会教育」一九五八年九月号、全日本社会教育連合会)、竹之下休蔵「生活とスポーツ――大衆化と施設の問題点をつく」(全日本社会教育連合会編「社会教育」一九六二年九月号、全日本社会教育連合会)、西田泰介「社会体育の課題と今後の方向」(同誌)など。
(37) 前掲『日本スポーツの現状』二一ページ
(38) 前掲『スポーツ基本調査報告書』二九一―二九二ページ
(39)『現代用語の基礎知識 1975年版』自由国民社、一九七五年
(40) 例えば、関春南『戦後日本のスポーツ政策――その構造と展開』(大修館書店、一九九七年)。
(41) 森岡清美「歴史的概観」、国際基督教大学農村厚生研究所編『三鷹市――社会生活の諸相』(「農村厚生研究所紀要」第一号)所収、国際基督教大学農村厚生研究所、一九五七年、二七ページ
(42) 中村八朗「三鷹市の住民組織――近郊都市化に伴うその変質」、国際基督教大学社会科学研究所編『近郊都市の変貌過程――三鷹市綜合調査報告』所収、国際基督教大学社会科学研究所、一九六四年、一一一―一一二ページ
(43) 安田三郎「三鷹の人口移動」、前掲『三鷹市』所収、八七―八八ページ
(44) 三鷹市史編纂委員会編『三鷹市史』三鷹市、一九七〇年、七一六―七三一ページ、三鷹市議会事務局編『三鷹市議会史――市制施行30周年記念』(「三鷹市議会史」記述編)、三鷹市議会、一九八二年、九七―一〇五ページ
(45) 米村昭二「三鷹の教育」、前掲『三鷹市』所収、二五八―二六〇ページ、前掲『三鷹市史』五八七―五九四ページ
(46) 沢登貞行/村上克己『コミュニティ・スポーツへの挑戦』不昧堂出版、一九八〇年、四九ページ
(47) 前掲『三鷹市史』一二九四ページ
(48) 前掲「三鷹の教育」二六九―二七〇ページ
(49) 前掲『コミュニティ・スポーツへの挑戦』四九ページ

(50)三鷹市体育指導委員協議会『三鷹市体育指導委員活動実践集録 昭和41・42年度』三鷹市教育委員会、一九六八年、五ページ

(51)同書一七―一八ページ。「どんぐり」クラブのその後の活動については、田中鎮雄「地域婦人スポーツクラブの形成過程――5ケ年の練習日誌の分析から」(日本大学人文科学研究所編「日本大学人文科学研究所研究紀要」第二十号、日本大学人文科学研究所、一九七八年)を参照。

(52)前掲『コミュニティ・スポーツへの挑戦』四一ページ

(53)同書一〇二―一一三ページ

(54)最初期のものとして、斎藤定雄/東俊郎/野口源三郎/久内武/日高明/浪越信夫/前川峯雄/笠井恵雄「社会体育振興の方向性に関する研究――体育指導委員の調査から」(順天堂大学体育学部紀要編集委員会編「順天堂大学体育学部紀要」第一巻第一号、順天堂大学体育学部紀要編集委員会、一九五八年)、「〈座談会〉地方スポーツ振興と体育指導員の役割」(全日本社会教育連合会編「社会教育」一九五八年二月号・四月号、全日本社会教育連合会)、池田斌/中村秀男「体育指導委員に関する調査研究」(山口大学教育学部編「山口大学教育学部研究論叢 第三部」第九号、山口大学教育学部、一九五九年)。

(55)前掲『コミュニティ・スポーツへの挑戦』四四―四八ページ

(56)落合恵美子『21世紀家族へ――家族の戦後体制の見かた・超えかた』(有斐閣選書)、有斐閣、一九九四年。なお、「主婦化」は一方的なトレンドではなく女性の「雇用労働者化」というもう一つのトレンドとのせめぎ合いが一九六〇年代に見られたとする木本喜美子「現代日本の女性」(後藤道夫編『岐路に立つ日本』〔「日本の時代史」第二十八巻〕所収、吉川弘文館、二〇〇四年)も参照。

(57)森岡清美/本間淳/山口田鶴子/高尾敦子「東京近郊団地家族の生活史と社会参加」、国際基督教大学社会科学研究所編「国際基督教大学学報」第七号、国際基督教大学、一九六八年

(58)文部省大臣官房統計課編『国民の文化・体育・社会教育活動に関する調査報告書』文部省大臣官房統計課、一九七〇年、五二ページ

(59)前掲『三鷹市体育指導委員活動実践集録 昭和41・42年度』一七ページ

(60) 同書一八ページ
(61) 前掲『三鷹市史』一二九三ページ
(62) 同書一二八二ページ
(63) 前掲『三鷹市議会史』七二二―七二三ページ
(64) 同書七四〇―七四九ページ、前掲『三鷹市史』一三二八―一三三八ページ
(65) 「どんぐり」のメンバーや体指たちも、市長をはじめ行政に対して活動場所の窮状を訴え施設整備の進展を要望し、こうした市民の自主的なクラブからの申し出を市長が受け止めたことによって市民体育館の建設が促進されたとする当時の体指の回想（伝聞ないしは憶測含みの書き方ではあるものの）もある。前掲『三鷹市体育指導委員活動実践集録 昭和41・42年度』一八ページ
(66) 前掲「歴史的概観」三一―三四ページ
(67) 功刀俊洋「革新市政発展前史――1950～60年代の社会党市長（3）」、福島大学行政社会学会編「行政社会論集」第二十一巻第一号、福島大学行政社会学会、二〇〇八年。また、功刀の同タイトルの一連の労作も参照。
(68) ただし、全国的な視野で見た場合、革新自治体が地域スポーツ振興の進展に関わる施策をどの程度展開していたのか（あるいは、していなかったのか）については、今後、実証的に検討していく必要がある。
(69) 前掲『三鷹市史』一二二二―一二二七ページ
(70) 鈴木平三郎「三鷹市におけるコミュニティ・スポーツ――自主活動グループの育成とコミュニティ・センター」、日本体育学会編「体育の科学」一九七四年十月号、杏林書院、六三四ページ
(71) 同論文六三三ページ
(72) 鈴木平三郎「コミュニティ施設の管理運営のあり方――三鷹市コミュニティセンターの実践」、都市問題研究会編「都市問題研究」一九七五年二月号、都市問題研究会、九三ページ。ほかに、鈴木平三郎「都市繁栄の目標――市長の立場から」（東京市政調査会編「都市問題」一九六八年一月号、東京市政調査会）も参照。
(73) 前掲『三鷹市議会史』九一八ページ
(74) 同書九二三ページ

(75) 前掲「コミュニティ施設の管理運営のあり方」九六ページ
(76) 自治省からのコミュニティ推進のモデル都市指定と補助金の申し出に対して、市議会で市長と当時の総務部長がともに否定的な答弁をおこない、申し出を断った経緯がある(前掲『三鷹市議会史』九二一ページ)。国はコミュニティを「統治組織」として捉えていたが、三鷹はその反対の立場で住民の自治を重視するという理由からだった(大本圭野編著『わが町はいかにして先進自治体となったか——交響する地域自治と生活保障』日本経済評論社、二〇一二年、七〇ページ)。同じ論理で、一九七〇年代に国の政策として提唱された「コミュニティ・スポーツ」と三鷹の地域スポーツ振興とは異なる位相のものといえる。森川貞夫「『コミュニティ・スポーツ』論の問題点」、体育社会学研究会編『コミュニティ・スポーツの課題』(体育社会学研究)所収、道和書院、一九七五年
(77) 前掲「コミュニティ施設の管理運営のあり方」九四ページ
(78) 「三鷹方式」の成立と推進にあたって市の行政職員が果たした役割も大きかったが、本章ではふれられなかった。筆者のインタビューによる「地域スポーツの歩みとともに——地域スポーツの「専門職」の方に聞く」(「月刊社会教育」編集委員会編「月刊社会教育」二〇〇四年十月号、国土社)と前掲「地域スポーツを支える条件の戦後史」を参照。
(79) 当時の地域でのスポーツの展開を示す実践をまとめたものとして、森川貞夫編著『社会体育のすすめ方——コミュニティスポーツの育成と指導』(総合労働研究所、一九八〇年)。
(80) 三鷹市の関連文書でも「聖火リレー」の市内通過が取り上げられている程度である。
(81) 伴義孝『大島鎌吉というスポーツ思想——脱近代化の身体文化論』関西大学出版部、二〇一三年、岡邦行『大島鎌吉の東京オリンピック』東海教育研究所、二〇一三年。また、大島はオリンピック・ムーブメントの理念の根幹ともいえる「スポーツと平和」に関しても情熱を傾けていた。
(82) 最近のオリンピック大会の「成功」事例とされる二〇一二年ロンドン大会だが、スポーツ・イングランドの調査によれば、〇五/〇六年以降、一二/一三年までの期間、人々のスポーツ参加率の伸びはほとんどなく、若年層(十六歳から二十五歳)では逆に低下していることに示されているように、オリンピック開催という状況のなかで地域のスポーツ振興(スポーツ参加の促進など)に関する施策が十分な「成果」を出すことができるかどうかについては、現

代でも（あるいは、現代だからこそ）難しさがつきまとっているといえる。金子史弥「二〇一二年ロンドン・オリンピックが創った新たなレガシー――スポーツ・マネジメント論／スポーツ社会学の視点から」（吉田秀雄記念事業財団編「AD STUDIES」Vol.50 Winter 2014、吉田秀雄記念事業財団）を参照。

（83）尾崎正峰「オリンピック、スポーツイベントと都市」、柴田徳衛編著『東京問題』所収、クリエイツかもがわ、二〇〇七年、尾崎正峰「オリンピックと地域スポーツ振興の架橋」、岩波書店編「世界」二〇〇九年十二月号、岩波書店

第2部　都市の改編とインパクト

第7章　オリンピックで見上げた空はなぜ青かったのか
――メガイベントの隠れた効用とその両義性

町村敬志

1　六四年大会の都市的意味

東京という都市にとって六四年大会とは、どのようなイベントだったのか。この問いへのアプローチの仕方はさまざまだろう。しかし、共通して一つ指摘できることがある。それは、戦後東京の都市形成史という観点から見たとき、六四年大会が占める位置がきわめて大きいとみなされてきたという点である。東京を語るどの書物でも、オリンピックには多くのスペースが割かれてきた。

だが、はたしてオリンピックの影響はどのように「大きい」のか。この基本的な問いに答えるのは意外と難しい。一方で、六四年大会は、道路や新幹線、地下鉄など、その後の都市発展を可能にするさまざまなインフラ整備を実現した大いなるきっかけとして肯定的に語られることが多い。都市形成との関係から見ると、いわばこれが支配的なナラティブとしてあった。

しかし他方で、オリンピックに対しては、すでに開催直後から、当事者である東京都によるものを含め厳しい評価が下されてもきた。「「世紀の祭典」のためと称して、東京中をほじくり返す一大建設工事は確かに行なわれた。しかし戦後の恒久化した住宅難はじめ都民の都市生活に必要欠くことのできない都市施設の整備や消費物資の流通機構などについては何ら改善の実績はなかった。「世紀の祭典」のイメージは十二分に鮮鋭なものとして定着された。そしてすべては「世紀の祭典」を成功させることを〝錦の御旗〟に、この国家的行事は国家的規模で強力に推進された(1)」

この文章を所収した『東京百年史』は、東京オリンピックへの反省も含めて成立した美濃部亮吉革新都政のもとで、東京都が編纂した通史だ。この点を差し引いたとしても、オリンピックが開催直後から決して礼賛されるだけの存在ではなかったことは紛れもない事実だった。

二つの見方は対極的な立場に見える。しかし六四年大会への評価視点がインフラ整備を軸に構築されてきたことを指摘する点では、両者は同じ地点に立っていた。このことを確認したうえで、筆者はもう一段大きな視点からこのメガイベントの都市史的意味について考えてみたい。なぜなら、その後の東京の都市発展を振り返れば、仮にオリンピックが開催されなかったとしても、これらインフラ自体は遅かれ早かれ実現されたと想像されるからである。

ポイントは、単に六四年大会が都市インフラ整備を可能にしたかどうかにあるのではない。そうではなく、敗戦と焼け野原からまだ十年しかたっていない一九五〇年代半ば、なぜ東京はオリンピックをがむしゃらに開催しようとしたのか。インフラも未整備の戦災都市で、なぜ結果的にオリンピックを開催できてしまったのか。そしてそのことが東京の都市としてのあり方に何をもたらしたのか。見落とされがちなこれらの問いをあらためて考察すること、この点が本章の課題である。

2 「急がされた」オリンピック――一九八八年ソウル大会との比較から

東京の都市形成史では、六四年大会はどのような固有の意味をもっていたのか。筆者がこの点についてあらためて疑問をもつようになったきっかけは、東京での二度目のオリンピック開催の話が具体化する前の一九九〇年代末にさかのぼる。当時、筆者は本書の共著者の尾崎正峰とともに、六四年大会を振り返る作業をおこなっていた。(2) このプロジェクトはオリンピックの都市的インパクトを考えることを課題としていた。その際、オリンピック開催からちょうど十年を経たソウルと比較しながら、東京を考察するという方針を立てた。両大会は、時期こそ違え、東アジアの開発主義国家が高度経済成長とスポーツメガイベントを結び付けた事例として共通性をもつと考えたからである。これに基づき、九九年六月にソウルを訪れ、現地でオリンピック施設を見学するほか、オリンピックに関わる都市計画・政策に実際に携わった担当者や研究者からヒアリングをおこなった。

このうちの一人は、当時、ソウル市の政策シンクタンク・ソウル開発研究院(現在のソウル研究院)の院長だった康泓彬氏だった。ソウル大学校の都市計画教授だった康氏は、オリンピック準備の際、市と協力してオリンピック公園の設計にもディレクターとして関わった。ソウル大会のメイン会場となったオリンピック公園は、市内を東西に流れる漢江のすぐ南(江南)に位置する。一九六〇年代まで農村地域だったこの場所では、漢江の河川改修事業と連動して、急拡大するソウルの新市街としての住宅建設が先行的に構想されていた。あとから開催が決まったオリンピックがこれに接続させられて、競技施設や選手村が集中的に建設されていく。大会終了後、イメージが大きくアップした江南地域は思いがけず人気のモダンなエリアとみなされるようになり、高級化した高層住宅街として上昇移動を目指す中間層にとってあこがれの場所へと変貌する。

こう説明する康氏は、いわばオリンピックの推進側の立場にあった。しかし、ヒアリングの際に印象的だったのは、ソウルで進められてきた再開発に対する康氏の厳しい批判の言葉だった。朝鮮戦争後に急激な人口増加を記録したソウルでは、都心の公有地などに低所得層が無許可のまま定住する密集住宅地が大規模に存在していた。一九六〇年代、パクチョンヒ軍事政権は都市美化を理由とする都市再開発に乗り出す。当初は、強制立ち退きを伴うスラムクリアランス型の権威主義的手法が使われた。やがて、修復型へと再開発の力点を移していくものの、多くの住民が立ち退きを迫られる一方、それらに対する住宅運動が根強く展開するという構図が、オリンピック以後に至るまで続いた(3)。

同じ調査では、一九七〇年代前半にソウル市の都市計画局長を務めた孫禎睦氏からも聞き取りをおこなった。再開発の当事者でもあった孫氏は対照的に、再開発の意義を歴史的な面から説明した。孫氏は植民地（日帝〔日本帝国主義〕）期朝鮮の都市史研究に関するエキスパートでもあった。日本の都市計画にも精通した孫氏は、オリンピックに関してソウルと東京を対比して語った。その孫氏が強調したのは、東京の場合、高度経済成長が本格化して十年足らず、主なインフラも未整備の段階でオリンピック開催を迎えたのに対して、ソウルの場合には、オリンピック開催は高度経済成長開始から約二十年の歳月がたっていたという点だった。そのため、ソウルでは先行する計画にオリンピックを組み込みながら対応する選択をとっていたのに対し、東京では既存市街地にオリンピックがいきなり埋め込まれることになった。そのため東京とソウルを同列で論じることはむずかしい、と孫氏は力説したのだ。

この指摘は、筆者にとって当初やや意外なものに感じられた。なぜなら、圧縮近代とたびたび指摘され急激な都市化を経験したソウルと比較しても、オリンピックについては東京がさらに「急がされた」と主張しているからだった。どこまでそれを一般化できるのか。植民地都市とその宗主国首都としての対比も含め、実際には慎重な議論が必要だろう。しかし、六四年大会が「急がされた」ものだったという指摘、それはたしかに一つの核心をついていた。

ここであらためて、東京の戦後史を簡単に振り返っておこう。図1に示したように、戦時中、東京都区部は空

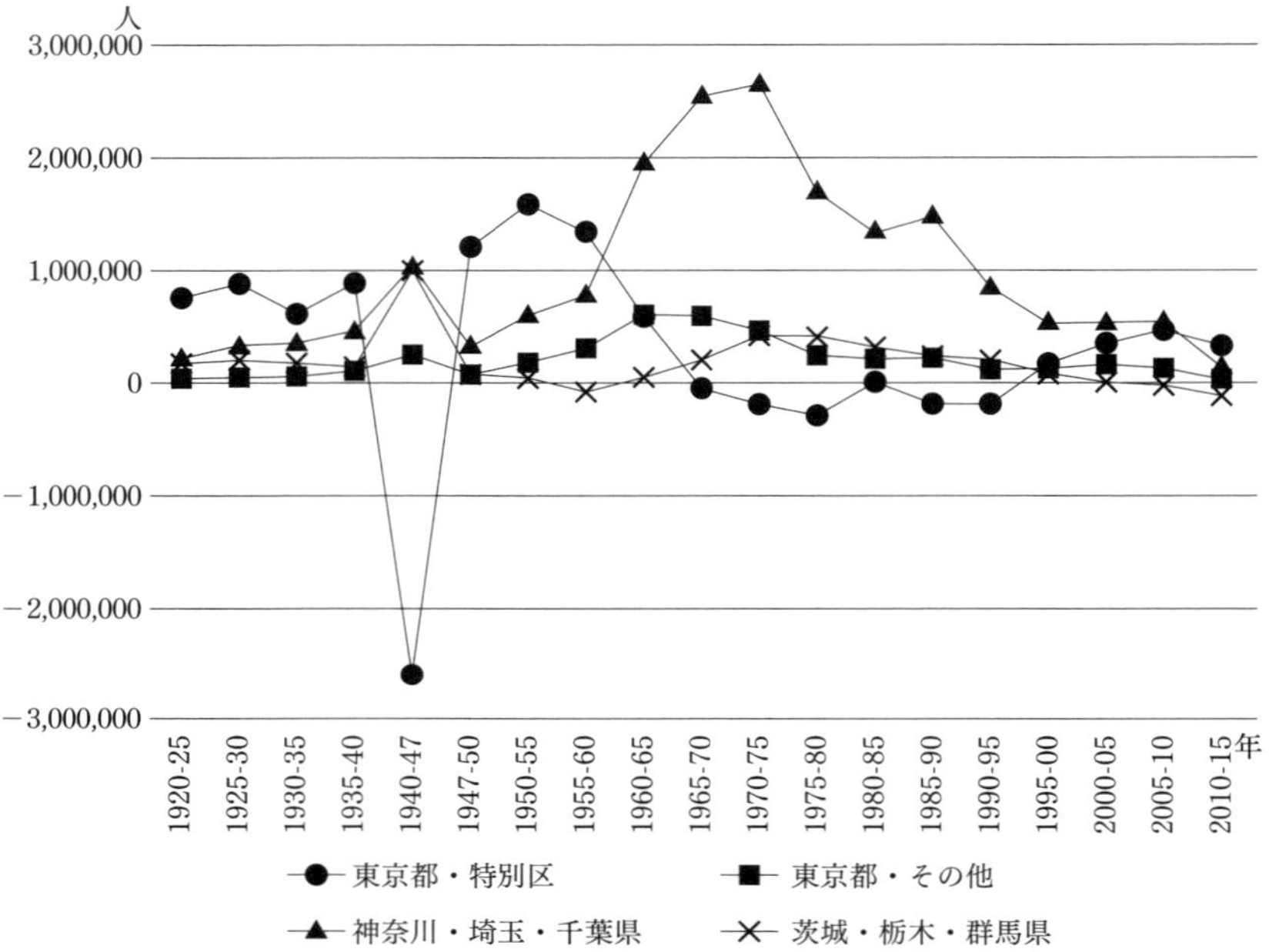

図1　東京圏の地域別人口増減の推移：1920―2015年
(出典：『国勢調査』各年。ただし1945年は中止され47年に臨時調査が実施された)

襲や建物疎開によって壊滅的な被害を受け、激しい人口減少を記録した。一転して戦後、破壊しつくされた都市へと急激に人口が再流入する。一九四七年から六〇年にかけて、わずか十三年間に四百万人を超える人口が東京区部では増加した。

そして敗戦から十九年後、オリンピックが開催される。この期間が長いのか短いのか、単純な評価はむずかしい。しかし確実にいえるのは、東京都知事がオリンピック招致を表明したのは日本の独立回復と同じ一九五二年五月というきわめて早い時点だったこと、そして六四年大会とは、現実には先が見えない社会の激変のさなかに準備されたイベントだったということである。六四年大会は、もともと高度経済成長の成果を示すための晴れがましいイベントではない。それは、高度経済成長が多面的な姿を具体的に現す過程と連動しながら仕組まれていったイベントだった。

なぜ、東京はオリンピックにこだわったのか、また、なぜその開催を急いだのか。独立回復後の国家的威信の誇示といった周知の要因は別としても、そこには東京という都市の事情に即したいくつかの答えがすでに用意されてきている。

第一に、東京では、返上によって中止にはなったものの、一九四〇年大会の開催がすでに決定され、それに向けた会場準備も進められていた。東京でのオリンピック開催は失われた機会を取り戻すための悲願として位置づけられていた。

第二に、前述の『東京百年史』も指摘するように、絶え間なく巨大化・過密化し、都市問題が次々に発生して深刻化するなかで、財源や権限の面では都政レベルで十分に対応できない状況を前にして、オリンピックは「状況改善の、いわば起死回生のチャンス」(4)として、都政担当者によって位置づけられていた。この意味で、オリンピックとは都政にとって目的ではなく、手段であった。

これらはすでに通説だといっていい。しかし、課題はなお残る。では、そもそもなぜこのような早いタイミングで、戦災都市で巨大イベントを開催することが可能になったのか。

3　どこに「空地」を見つけるか——「脱軍都」「脱皇都」から「再ナショナル化」へ

ソウル大会と比べたとき、六四年大会の大きな特色とは、主要な関連施設が都心に隣接した地域、しかもすでに市街地化が進んだ地域に立地していたことだった。だが密集した市街地であればあるほど、ソウルの再開発がそうであったように、立ち退き問題やそれに対する激しい反対運動に直面することは避けられない。

オリンピックのようなメガイベント開催の都市的意味は、突き詰めると次の一点にたどり着く。すなわち、限られたわずかな期間の出来事だけに使用する空間を、密集した都市のなかでどう見つけ出すか。地形や交通の便などをふまえたとき、候補地はどこでもいいわけではない。適当な場所であればあるほど、そこはすでに別の用途で使用されている可能性が大きい。既存用途をわざわざ廃止して一時的イベントにどのようにして転用するか。とりわけそこに多くの居住者や利用者がいる場合、強権的な手段をとるか、よほど高額の補償でも用意しないかぎり、転換はきわめて困難だ。しかも一時的イベントのために用意した土地・施設は、使用後も残り続ける。莫大な維持費用が必要になるだけでなく、結果的に無用の長物となってしまう危険性と向き合わなければならない。戦争直後の東京に、そんな一時的イベントに転用できる「空地」ははたして存在したのか。また、それはどのようなものだったのか。

このことを検討するため、オリンピックに先立つ時点で構想された別のイベントを事例としてまず取り上げてみよう。例えば、一九五一年、独立回復を実現する講和条約の発効を控え、東京都庁内では日本平和博覧会と仮称されたイベントの開催が検討されたことがあった。当時の庁内文書[5]には、開催の候補地が次のように列挙されている。月島四号埋め立て地、宮城外苑周辺、新宿御苑、明治神宮外苑、砧大緑地、小金井大緑地、世田谷公園、井の頭恩賜公園、多摩川風致地区、駒沢緑地、芝離宮、浜離宮、萩中公園・羽田空港、隅田公園、目黒自然教育園、大宮御所、赤坂離宮。ここで特徴的なのは、埋め立て地や公園といったいわゆる空地と並び、「(大)緑地」と呼ばれる地点、そして皇室関係の施設がそれぞれ複数含まれていることである。

このうち緑地とは、一九三〇年代末から環状緑地帯(グリーンベルト)として構想され、四〇年の紀元二千六百年記念事業や四一年の防空法に基づく防空緑地として公的に整備されていた空地をさす。砧と小金井は、東京府内で整備された六カ所の「大緑地」のうちの二つだった。駒沢緑地は、東京ゴルフ倶楽部が一三年に開設した駒沢ゴルフ場が四二年に防空法による防空緑地に指定され、その後、都が買収して誕生した緑地だった[6]。

皇室関係の施設としては、宮城外苑周辺、大宮御所(一九五一年に死去した貞明皇太后の旧御所)、赤坂離宮(現在の迎賓館)のほか、旧白金御料地(宮内省帝室林野局が所管する用地)だった目黒自然教育園、そして天皇制と縁が深い明治神宮外苑、新宿御苑が含まれている。

このほか公園のなかにも皇室と縁が深いものが含まれる。芝離宮と浜離宮は元「離宮」だったものが東京市に

「下賜」されてできた公園、井の頭恩賜公園は宮内省の御用林が同じく東京市に「下賜」されてできた公園であり、世田谷公園は戦前の陸軍駒沢練兵場の跡地に戦後開設された公園だった。

各候補地について、現実の利用可能性に相当の差があることが意識されていただろうことは想像に難くない。しかし、それはここではあまり問題ではない。重要なのは、急激な人口増加を経験していた一九五〇年代に、都政担当者が、一時のイベントに転用する可能性が少しでもある空間として都内のどの場所を考えていたかにある。いわば、敗戦直後から独立回復に至る時点での東京都内の「認識上のオープンスペース」のマッピングとして、私たちはこのリストを読むことができる。

一言付け加えておくと、この時点で、東京都区内にはもっと多くの「空地」が実際には存在していた。なかでも、旧軍用地だった広大な土地が敗戦後、ＧＨＱ（連合国軍総司令部）に接収されていて、そのなかには、陸軍の代々木練兵場など文字どおりの元空地も多く含まれていた。占領期日本でそうした空間は、現に存在はしていても「認識上のオープンスペース」としては受け止められていなかったことが、この一覧からはうかがえる。

では、独立回復から十二年後に開催されたオリンピックのために、最終的にどのような場所が選び出されたのか。表１は、六四年大会に関連した東京二十三区内の諸施設が、実際にどのような用途の土地を転用して立地したかをまとめたものである。[7]ここでは、『第18回オリンピック競技大会公式報告書』[8]などによりながら、オリンピック関連施設に、主要な競技施設だけでなく、練習場、警備施設、各種後方支援施設、ホテルなども含めている。それぞれについて戦前と大会終了後の土地利用を示しておいた。

一つひとつを詳細に述べることはしないが、全体として見た場合、日本平和博覧会候補地と同様に、オリンピック関連施設の多くが、もともと軍用地・皇室用地だった場所、防空計画によって確保された緑地などに集中していたことが浮かび上がる。

オリンピックに直結する諸施設は、軍事や天皇制にまつわる戦前からの遺産を活用することで何とか用地を確保することができた。しかし、より大きな問題となったのは、これら施設間をつなぐ移動や輸送のための手段確

	1964年オリンピック時	その後の利用形態 （★は、2020年大会時に競技施設として使用予定）
	［柔道］日本武道館（国庫補助で建設）、駐車場	日本武道館★、北の丸公園
	［宿泊］フェアモントホテル（1951年開業）	フェアモントホテル（解体、マンションへ）
	［宿泊］赤坂プリンスホテル（アジア大会時に選手村）	赤坂プリンスホテル
	［宿泊］大谷ホテル（新設）	ホテルニューオータニ
	［IOC 総会］日生劇場（新設）	日生劇場
	［宿泊］パレスホテル（新築）	パレスホテルほか
		赤坂東急ホテル・衆参両院議長邸
	［サッカー］秩父宮ラグビー場（1949年完成、62年にラグビー協会から国へ寄贈）	秩父宮ラグビー場★（解体して駐車場として利用予定）
	［後方支援］防衛庁	防衛庁（その後、東京ミッドタウン）
	［宿泊］東京プリンスホテル（1964年開業）	東京プリンスホテル
	［宿泊］高輪プリンスホテル（1953年開業）	高輪プリンスホテル
	［宿泊］東京ヒルトンホテル（1963年開業）	キャピトル東急ホテル
	［ボクシング］後楽園アイスパレス	東京ドーム
	［柔道・練習場］警視庁武道館	中大理工学部・警視庁武道館
	［芸術展示］東京文化会館	東京文化会館
	［芸術展示］東京都美術館	東京都美術館
	［練習場］学習院大・高体育館	学習院大学
	［後方支援］自衛隊十条駐屯地	陸上自衛隊十条駐屯地ほか
	［練習場］学習院大女子部体育館	学習院女子、戸山高校
	［警備］警視庁	警視庁機動隊、総務庁
	［後方支援］自衛隊市ヶ谷駐屯地	自衛隊駐屯地、警視庁機動隊
	［フェンシング］早大記念講堂（早稲田大学75周年で1957年完成、アジア大会時に利用）	早稲田大学（2019年、多機能型スポーツアリーナとして改築）
	［陸上・水泳ほか］国立競技場、神宮プール、絵画館前グラウンド	国立競技場★、明治公園ほか
	［プレスセンター］日本青年館（改修に国庫補助）	日本青年館（解体）、新国立競技場の敷地の一部
	［プレスハウス］住宅公団	公団住宅
	［練習場］新宿区体育館・保善高校体育館	早大理工学部、戸山公園ほか
	［体操・水球］東京体育館（1954年世界レスリング選手権時に完成）	東京体育館★
	［選手村］代々木選手村、女子村、インターナショナルクラブ、オリンピック劇場、大会組織委員会、［水泳］国立屋内総合競技場	代々木公園、ＮＨＫ
	［重量挙げ］渋谷区公会堂	公会堂、区役所
	［後方支援］日本赤十字	聖心女子大、日赤

表1　六四年大会での関連施設の土地利用変遷：東京都内

	用途分類	1933年（昭和8年）の利用形態	ＧＨＱの接収	
千代田区	軍用	近衛師団司令部	接収	
千代田区	政府	農相官邸		
千代田区	華族関連	李王邸		
千代田区	皇室	伏見宮邸		
千代田区		オフィス	接収	
千代田区	軍用皇室	憲兵隊 / 帝室林野局	接収（ホテル帝都）	
千代田区	皇室	閑院宮邸・帝室編集局	接収（ジェファソンハイツ）	
港区	華族関連	女子学習院		
港区	軍用	第１連隊司令部	部分接収	
港区	華族関連	徳川家墓所・増上寺		
港区	皇室	竹田宮邸	接収	
港区		星ヶ岡茶寮		
文京区	軍用	陸軍造兵廠技術審査部		
文京区	軍用	陸軍工科学校		
台東区		上野恩賜公園		
台東区		上野恩賜公園		
豊島区	華族関連	学習院		
北区	軍用	陸軍十条兵器製造所	接収（Army Security Agency）	
新宿区	軍用	近衛騎兵連隊		
新宿区	軍用	砲工学校		
新宿区	軍用	陸軍省・陸軍士官学校	接収	
新宿区	元軍用	早稲田大学高等学院（元陸軍戸山学校運動場）		
新宿区	皇室関連	神宮外苑 / 競技場	施設を接収	
新宿区		日本青年館	接収（明治ホテル）	
新宿区	軍用	陸軍兵営	満州引き揚げ住宅	
新宿区	軍用	陸軍射撃場	接収（ライフルレンジ）	
渋谷区	華族関連	徳川邸	接収（Mudge Hall）	
渋谷区	軍用	代々木練兵場	接収（ワシントンハイツ）	
渋谷区	軍用	陸軍衛戍刑務所	米軍サービス施設	
渋谷区	皇室	久邇宮邸	接収	

	1964年オリンピック時	その後の利用形態 （★は、2020年大会時に競技施設として使用予定）
	［練習場］都立駒場高校体育館	都立駒場高校
	［後方支援］警視庁	警視庁第３機動隊
	［後方支援］防衛庁研修所	防衛庁技術研究本部、東京共済病院ほか
	［練習場］教育大駒場高校体育館	筑駒中高、駒場東邦中高
	［練習場］昭和女子大学体育館	昭和女子大学
	［後方支援］自衛隊三宿駐屯地	公務員住宅、世田谷公園、防衛庁技術研究本部
	［練習場］東京農大体育館	東京農業大学
	［馬術］馬事公苑　（中央競馬会）新設	馬事公苑★
	［後方支援］用賀駐屯地、馬事公苑隣接地	国立衛生試験場、用賀駐屯地
	［バレーボール、サッカー、レスリング、ホッケー］駒沢スポーツセンター	駒沢公園
	［陸上・使用中止］　砧ゴルフ場	砧公園
	［自転車］八王子選手村（高尾 YH 借り上げ）	高尾ユースホステル

注：主な利用形態を示す。またＧＨＱの接収については、表記のほか短期の接収の可能性がある
（資料：福島鋳郎『G.H.Q. 東京占領地図』〔雄松堂出版、1987年〕、オリンピック東京大会組織委員会編『第18回オリンピック競技大会公式報告書』〔オリンピック東京大会組織委員会、1966年〕、東京都編『第18回オリンピック競技大会東京都報告書』〔東京都、1965年〕、文部省編『オリンピック東京大会と政府機関等の協力』〔文部省、1965年〕、警視庁『オリンピック東京大会の警察記録』〔警視庁、1964年〕、東京空襲を記録する会復刻『コンサイス東京都35区区分地図帖――戦災焼失区域表示』〔日地出版、1985年〕、東京都千代田区『新編千代田区史 通史編』〔東京都千代田区、1998年〕ほか）

保だった。ここから、交通インフラに関わる開発問題が浮上していく（交通インフラと六四年大会の関連の詳細については、第8章「オリンピックに向けた道路整備――六四年大会が残したもの」〔松林秀樹〕を参照）。

メガイベント開催準備に伴う住宅立ち退きは、世界各地で常に問題として指摘されてきた。[9] 六四年大会の競技施設関連でも、例えば、国立競技場周辺の明治公園整備のため、まとまった規模の民家や都営住宅が移転取り壊しの対象になった。[10] この取り壊しの結果生まれた明治公園は、二〇年大会の施設整備に伴い、皮肉にもそれ自体が再開発の対象になって、閉鎖を含む大規模な改変を余儀なくされた。さらに、周辺の公営住宅の取り壊しと新たな住民立ち退きを招くことにもなった。[11]

六四年大会によって生じた立ち退きのなかでも圧倒的に規模が大きかったのは、道路建設と関連したものだった。準備当初の段階で、「高速関連街路を含めたオリンピック関連道路」の用地取得面積は約百十五・五万平方メ

	用途分類	1933年（昭和8年）の利用形態	ＧＨＱの接収	
目黒区	軍用	近衛輜重兵大隊		
目黒区	軍用	輜重兵第１大隊		
目黒区	軍用	海軍技術研究所	接収（エビスキャンプ）	
世田谷区	軍用	騎兵第１連隊		
世田谷区	軍用	近衛砲兵連隊	一部接収	
世田谷・目黒区	軍用	駒沢練兵場	接収（Parade Grounds）	
世田谷区	軍用	陸軍自動車学校		
世田谷区		1934年帝国競馬会が買収、1940年開場		
世田谷区	軍用	陸軍衛生材料廠		
世田谷区		東京ゴルフ倶楽部（1943年、防空緑地・都買収）	国体・総合運動場、駒沢球場を東急寄付	
世田谷区		砧緑地（紀元2600年記念事業）		
八王子市				

ートル、移転棟数約七千四百棟、関連住民は五万人を超えると想定された[12]。なかなか進まない土地買収を強制収用という手段も含めて推進するため、一九六一年には、公共施設整備に関連する市街地の改造に関する法律（法律百九号）、公共用地取得に関する特別措置法（法律百五十号）が制定され、東京都には買収促進を担当する道路建設本部が設置された。大会終了後に報告された結果によれば、東京都施工の関連街路二十二路線、高速関連街路四路線、自転車ロードレースコース四路線の合計で総延長七十四キロについて、六千八百七十二棟が移転補償の対象になったとされる[13]。

立ち退きの規模を表すこれらの数字は決して小さなものではない。また、道路以外にも多くの公共事業があり、さらに「都市美化」や「スラムクリアランス」に関わる事業に伴ってほかにも多くの排除や立ち退きがおこなわれていた。

オリンピック開催当時、道路建設に伴う立

ち退き問題は決して隠されていたわけではない。例えば、代表的なグラフ雑誌だった「アサヒグラフ」[14]は、一九六四年、「立体化・東京」という特集記事を八回にわたって断続的に掲載している。そのなかには、「日本橋周辺」(一月三日号)、「高速四号線　日本橋―甲州街道」(三月六日号)、「環状七号線」(五月八日号)、「放射四号線」(六月十二日号)といった、主要な「オリンピック道路」の記事が含まれている。

どの記事も、幅広い道路、立体的な道路がどれほど忽然と姿を現しているか、写真を使ってその様子を印象的に描き出す。これらの写真と組み合わされた本文は、膨大な数の住民や商店が移転を余儀なくされたことを読者に伝えている。[15]それまで存在した地域社会が広い道路によって分断されてしまうことと合わせ、多くの問題と犠牲がそこに伴うことがたしかに指摘されていた。しかし最終的には、「地元の協力」によって、軋轢はあったものの事業は進み、オリンピックに間に合った、という語りのスタイルへと記事は回収されていく。移転に抵抗する地権者は、オリンピックのために人生を変えることを余儀なくされた犠牲者だった。しかし同時に、当時のメディア上では、期日までの解決を急ぐ自治体が提示する補償金の高騰もあって、「ごね得」といったマイナスのラベルを貼られる存在として描かれていく。[16]

開発に伴う「強欲」とは、とりわけ高度経済成長初期では、庶民による抵抗の一形態でもあった。オリンピックとは国家的事業であり、個人から見れば、いわば抗いがたい「宿命」のようなものに見えた。そのために思いがけず翻弄される人々は「気の毒な」人々として扱われ、社会的な同情の対象となった。しかし、それを超えて「国家(「公共」)」に逆らい続けると、その行為は共感の対象から外され、「エゴ」というラベルを貼られていく。[17]こうした構図は、戦前から続くものだった。

戦災都市でなぜオリンピックを開催できたのか。本章では、この問いを冒頭で提示した。しかし現実には、むしろ戦災都市だったからこそ開催できた、と筆者は考える。敗戦の結果、政治的レジームの大きな転換が起こり、天皇制と軍事という二つの権力の基盤がいったん解体された。これによって、東京には文字どおり広大な「空洞」が生まれた。東京は明治新政府の成立とともに中央集権国家の首都として整備された都市だった。加えて、総動員体制が強化されていく昭和前期、東京は「軍都」「皇都」としての性格を強め、それを実現するための都市改造が進められた。

しかしその結果として、戦災、敗戦、そしてそれに続く体制転換は、広大な空地を東京にもたらすことになる。戦後、膨大な数の人々が東京へ再流入してくる。これら広大な空地が流入する人々に広く開放される可能性もあった。しかし実際には、公営住宅などに一部転用された例を除けば、GHQや国家・自治体による占有が続いていく。オリンピックの開催が決まったのは、それら占有された保留地の行方が順次決まっていく時期と重なっていた。オリンピックとは、半ば偶然にこのタイミングで東京が遭遇した出来事の一つだった。

結果的に、新しいナショナリズムの空間を相対的に短い期間で再形成していくことが可能になる。六四年大会というイベントは、東京という都市の形成史から見れば、高度経済成長の成果というよりは、戦前・戦中に用意された軍事・天皇制の空間が解放されて「敗戦の遺産」ないし「平和の財産」となったことで可能になったイベントだった。[18]

しかしこの偶然は、その後の東京の都市構造の形成に多大な影響を及ぼしていくことになる。

第一に、戦前の軍用地の分布に強く規定されながら、オリンピック関連施設は都心から西に広がる山の手の一部へと集中した。また、これらに伴う各種インフラ（道路や下水道など）の整備も同じ地域で重点的に進められる。反対に都心から東に向かう下町方面には、オリンピック関連施設は皆無に近い状況だった。

第二に、こうした東西の落差は、東京都区部のその後の東西（下町―山の手）の空間構造的格差を助長していく要因の一つとなる。こうした格差の構造は今日に至るまで続いている。

第三に、ただし都心部の既存市街地だけでは、規模を拡大したオリンピックの関連施設をすべて収めることは不可能だった。このため、施設の一部は近隣県にも配置されていく。このことは、都市圏拡張による都市問題の解決へと舵を切っていく当時の首都圏構想とも連動させられていった。この最後の点は節を改め、さらに論じていこう。

4　周辺へとにじみ出す東京——首都圏形成とオリンピック

オリンピックは、都区部でのインフラ整備をたしかに大幅に進展させた。だが、図1も示すように、都区部の人口はオリンピック以後むしろ減少に転じる。結果的に、整備されたインフラは増加する住民の利便や福祉のためというよりも、都心部の経済活動を支える基盤として活用されていく。新宿や渋谷などの副都心を含む都心部へのさらに一層の機能集中を助長する役割を、これらは果たしていった。

そして、ますます増加する人口やその過密が引き起こす都市問題の解決は、集中の抑制ではなく、むしろ都市的範域のさらなる拡大によって、周辺部へとなし崩し的に委ねられていく。一九六〇年代以降、人口増加の中心は、もはや狭義の東京（東京区部）ではなく、都下の多摩地区や神奈川・埼玉・千葉県に移る。東京を取り巻く広大な周辺部が「首都圏」として「東京」に組み込まれ、東京問題の解決のために動員されていく。

オリンピックとは、こうしたタイミングで起こった出来事だった。表2は、六四年大会で、東京都以外に立地した主な施設をまとめたものである。ボートやヨット、カヌーといった都区内開催が困難な競技、そしてサッカーやバレーボールのような試合数が多い競技のための施設が含まれる。施設の前身を見ると、旧軍施設のほか、神社（ともに護国神社）の神域・外苑が目につく。

結論を先取りしておくと、オリンピックの結果として首都圏が拡大した、というような単純な話ではない。前掲の『東京百年史』第六巻も指摘するように、東京圏の拡張による都市問題の解決という発想は、オリンピック準備に先立って浮上したものだった。実際、オリンピック開催が決定する前の一九五六年には首都圏整備法がすでに制定されていて、五八年には第一次首都圏基本計画が策定されていた。

しかし、実際にどこを新市街地や都市的用途の土地として開発していくか。こうした考え方が浮上した一九五

○年代半ば、東京郊外はまだ基本的に多くが農村的景観のもとにあった。そこには多くの農民が暮らす土地と集落が広がっていた。したがって、ポイントは、都区部の場合と同様、郊外でも、容易に転用可能なオープンスペースをどこで見つけ出すかにあった。

表2　六四年大会での関連施設の土地利用変遷：東京都外

	用途	1933年（昭和8年）の利用形態	ＧＨＱの接収	1964年オリンピック時	その後の利用形態（★は、2020年大会時に競技施設として使用予定）
埼玉県		1940年五輪時建設		［ボート］戸田漕艇場（拡張）	
埼玉県		東京ゴルフ倶楽部、根津公園（1941年、陸軍予科士官学校へ）	キャンプ・ドレイク	当初、選手村を予定 ［射撃・近代五種］朝霞射撃場、根津パーク	自衛隊朝霞駐屯地★、自衛隊体育学校、理化学研究所ほか
埼玉県		氷川公園（氷川神社神域を公園化）		［サッカー］大宮蹴球場（大宮公園内施設改修）	大宮公園
神奈川県				［ヨット］江ノ島ヨットハーバー	江ノ島ヨットハーバー★
神奈川県				［後方支援］葉山ヨットハーバー（海上自衛隊艇停泊地）	葉山ヨットハーバー
神奈川県				［カヌー］相模湖選手村（相模湖YH借り上げ）	相模湖ユースホステル
神奈川県				［ヨット］大磯選手村（大磯ホテル増築→大磯ロングビーチホテル）	大磯プリンスホテル
神奈川県		神奈川県護国神社外苑（1939年）、防空緑地（1942年3月）		［サッカー］三ツ沢公園球技場（1955年、国体時に運動公園完成）	三ツ沢公園球技場
神奈川県			接収	［バレーボール］横浜文化会館（開港100周年事業、1961年完成）	
長野県		旧根津嘉一郎別荘		［馬術］軽井沢選手村（軽井沢晴山ホテル）	軽井沢プリンスホテル

注：主な利用形態を示す。またＧＨＱの接収については、表記のほか短期の接収の可能性がある

（資料：福島鋳郎『G.H.Q. 東京占領地図』〔雄松堂出版、1987年〕、オリンピック東京大会組織委員会編『第18回オリンピック競技大会公式報告書』〔オリンピック東京大会組織委員会、1966年〕、文部省編『オリンピック東京大会と政府機関等の協力』〔文部省、1965年〕、警視庁『オリンピック東京大会の警察記録』〔警視庁、1964年〕ほか）

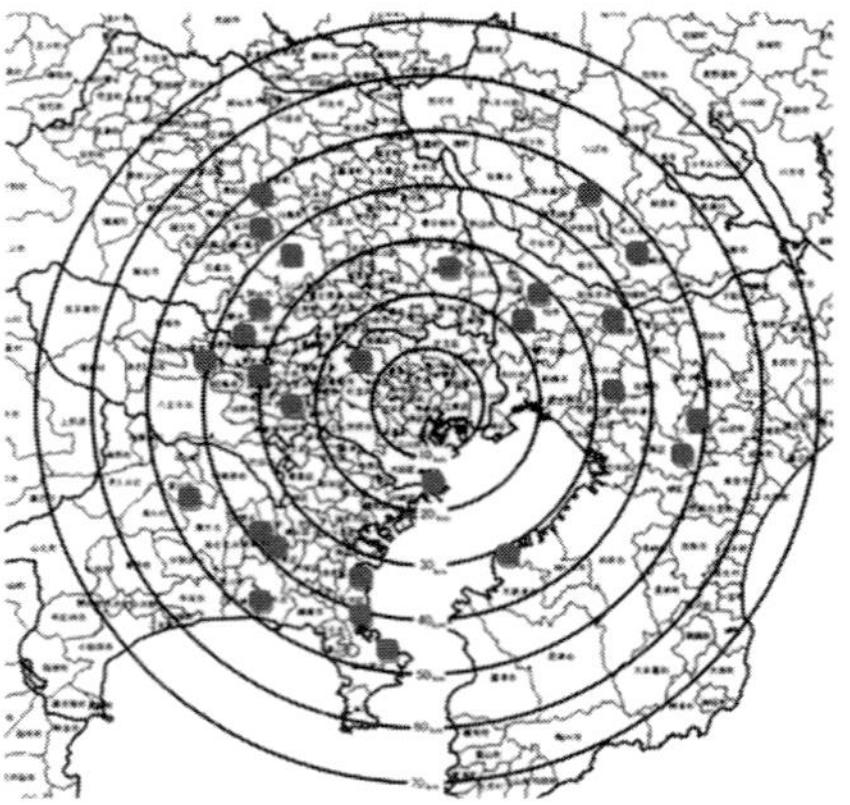

図2　東京都心から50キロ圏にあった軍用飛行場（出典：防衛庁防衛研修所戦史室編『本土防空作戦』〔（戦史叢書）、朝雲新聞社、1968年〕、鈴木芳行『首都防空網と〈空都〉多摩』〔（歴史文化ライブラリー）、吉川弘文館、2012年〕、牛田守彦／高柳昌久『戦争の記憶を武蔵野にたずねて――武蔵野地域の戦争遺跡ガイド 増補版』〔ぶんしん出版、2006年〕ほかをもとに作成）

オリンピック関連施設の場合、海浜や山間部を除けば、旧軍事施設や護国神社（氷川神社にも護国神社が一時併設されていた）の旧外苑・神域といった軍事や天皇制と縁が深い土地を舞台としていた。郊外でもストーリーは都区部と場合と類似している。すなわち、軍事や天皇制という戦前・戦中期の権威と強制力を背景に、すでに確保ずみだった土地が、体制転換とともにいったん「空白」化し、その後に転用されていった。

　この構図は、実は、成立当初の「首都圏」にも当てはまっていた。「首都圏」という発想自体は戦後のものといえる。だが、東京という都市が広域的圏域のなかで支えられるという発想の原型は戦前から戦後まで連続していた。一例を挙げてみる。航空機による空襲が防衛上の課題として重要性を増し、防空法が施行される一九三七年以降、東京の市街地にあった多数の軍施設や官民の軍需工場が市街地を離れ、郊外へと移転していく。あわせて首都防衛のため、東京を取り巻く同心円状エリアに、陸軍や海軍の多数の航空基地が計画された。戦時の総動員体制下で農地や山林など土地の買収が図られ、植民地出身の労働者を含む多くの労働力を動員しながら造成や開発が率先して進められていった。

　敗戦時に、首都圏（東京都心から五十キロメートル圏）には四十以上の軍用飛行場が作られていた。図2はその位置を示したものである。それらの多くは防空法が施行された頃以降に作られた急ごしらえの飛行場だった。このうち、現在も滑走路を備えた飛行場としての機能をもつのは、羽田空港、調布飛行場、ホンダエアポートなどの民間航空施設、横田基地、厚木基地などのアメリカ軍基地（一部自衛隊と併用）、海自下総航空基地、陸上自衛隊木更津飛行場、陸上自衛隊駐屯地・広域防災基地の立川飛行場などの自衛隊施設にとどまる。残りは、農地に戻されたごく一部を除くと、他用途に転用されていった。

なぜ、戦後間もない時期にいち早くオリンピックを開催できたのか。同様に、なぜ、東京圏は急速に人口増加を実現することができたのか。時代はまだ本格的な高度経済成長の前だった。厳しい財政的制約のもと、買収不要のまとまった土地として、旧軍用地や軍需工場が立地していた場所が住宅団地、学校、工業団地などに転用されていく。天皇制と軍事に立脚する戦前の政治権力が東京都心部や郊外に確保・占有した土地が、戦後になって意図しない役割を果たすため活用されていった。これら環状に立地する飛び地状の開発種地と放射状に伸びる鉄道が組み合わさることによって、東京の大都市圏は短期間に急激な人口増加を記録していくことになる。(19)

5　メガイベントの隠された効用とその両義性——二〇年大会は何をもたらすのか

「振り返れば、昭和三十九年十月十日、東京・神宮の杜の上空には、抜けるような青空が広がっていた。あのとき、多くの日本人が体の芯がしびれるような感動を覚えたのは紛れもない事実である」

「青空」にこう言及したのは、石原都政がオリンピック招致活動を始めた際に設置した東京オリンピック基本構想懇談会の報告書(20)の冒頭だった。

六四年大会はしばしば青い空と結び付けて想起される。小学二年だった筆者は、東京から遠く離れた場所で開会式をテレビで見ていた。まだ白黒の画面だったので、そこで青い空を見たはずはない。しかしそれでも、のちの刷り込みのせいなのか、なぜかたしかに青い空をそこで見た記憶があるような錯覚に陥る。

オリンピックの空はなぜ青かったのか。

こうした印象自体はもちろん、あとから作り上げられた創作の産物であることはいうまでもない。しかし本章でたどってきた歴史を振り返ると、「青空」の印象にはたしかに根拠があったのではないか。本章の一つの結論がここにある。ただしそれは、いくぶん奇妙とも滑稽とも受け取れるほどの露骨さでオリンピック・ナショナリズムの象徴としての「青空」に言及した東京オリンピック基本構想懇談会とは違う意味で、だ。

第一に、オリンピックをきっかけに半ば強引ではあるものの、東京には見通しがきく幅員の広い道路や見晴らしがいい立体の高速道路、そして広場や公園が作られていった。それは東京のごく一部でしかない。しかしそれでも、たしかにそこには景観上の新しい体験の基盤が生まれていた。

そして第二に、忘れてならないのは、オリンピックのための空間の多くが、軍事や天皇制といった戦前の体制からの「解放」によって誕生したことだった。はっきりとそうは語られていなくとも、「青い空」という印象には、戦後復興の喜びだけでなく、戦前の影を払拭したことに伴う、ある種の「解放」と「開放」の意識（喜び）がどこか重なり合っていた。オリンピック施設は文字どおりその象徴だった。

メガイベントは、とてつもない無駄と犠牲をいつも伴いながら実現される。それは時の権力による支えなしには決して遂行されない。メガイベントはどのような目的のものであれ権力と癒着していて、権力の側もまたそれを利用しようとする。そのため、しばしば大きな犠牲とコストを伴うことになる。

しかし、そんなメガイベントに何らかの効用がもしあるとすると、それは、合理性や生産性を追求する都市に、効率性を度外視した「無意味な」スポットを突き付けることにある。日常性の延長線上ではなかなか作り出すことができない広いスペースが、経済的に見れば「無駄な」用途のために、既存の都市構造のなかから切り取られる。ただし一時的なイベントであるために、終了後は再転用が避けられない。

メガイベントにレガシーと呼べるものがもしあるとするならば、それは、権力的基盤に基づきながら、むしろ自由で開放的な空間を人々へと提供していく逆説を可能にする作用にこそ、立脚している。短期的な経済コストだけでは測ることができない価値を生み出すところにこそ、その存在意義がある。仮に、もしレガシーが単なる経済的な利得や効率性だけで測定され評価されるものであるとするならば、その試みはべつにメガイベントである必要はない。通常の再開発で十分だし、そのほうがおそらく「合理的」だろう。

だが、こうした開放性を理由にメガイベントを礼賛することも楽観的にすぎる。六四年大会が生み出した空間は、新しい占有の物語の始まりでもあった。それはたちまち、新しいナショナリズムの聖地となっていった。オリンピックを過大評価すべきではない。それは、「都市」物語というパズルに組み込まれる無数のピースの一つにすぎない。そのパズルにはいろいろなモノが入る。しかし同時に、オリンピックだからこそ可能になる都市的効果もたしかに存在する。

はたして、二〇二〇年大会は何をもたらすのか。この両義性を都市史的な視点から見つめていく必要がある。

注

（1）大野木克彦、東京百年史編集委員会編『東京の新生と発展——昭和期戦後』（「東京百年史」第六巻）、東京都、一九七二年、三二一—三二二ページ

（2）この研究プロジェクトは、松下国際財団・研究助成（一九九八—九九年度）によるもので、題目は「スポーツ・イベントと開発——ナショナリズムと都市建設に関する日韓比較」（研究代表者・町村敬志）だった。共同研究者の尾崎正峰氏、そして一連のヒアリングを設定してもらったキムウォンベ氏（当時、韓国国土研究院先任研究員）に感謝を申し上げる。

（3）江南開発とオリンピックの関係については、金銀恵「1980年代韓国のスポーツメガイベントと江南づくり」（日本都市社会学会編「日本都市社会学会年報」第三十五号、日本都市社会学会、二〇一七年）を、日本語による背景紹介として、橋谷弘「韓国における都市貧困層」（小島麗逸／幡谷則子編『発展途上国の都市化と貧困層』〔研究双書〕所収、アジア経済研究所、一九九五年）三三五—三五三ページ、五石敬路「都市、貧困、住民組織——韓国経済発展の裏側」（法政大学大原社会問題研究所編「大原社会問題研究所雑誌」第五百六号、法政大学大原社会問題研究所、二〇〇一年）一一—一六ページを参照。

(4)前掲『東京の新生と発展』二九四ページ

(5)東京都企画審議室「[庁議]平和博覧会(仮称)会場候補地について」東京都企画審議室、一九五一年九月四日(東京都公文書館所蔵資料)

(6)三橋一也『駒沢オリンピック公園』(東京公園文庫)、郷学舎、一九八一年、一―二ページ

(7)表1は、町村敬志「メガ・イベントと都市空間――第二ラウンドの「東京オリンピック」の歴史的意味を考える」(日本スポーツ社会学会編「スポーツ社会学研究」第十五巻、日本スポーツ社会学会、二〇〇七年)で作成した表をもとに、その後の資料を加えて作成したものである。

(8)オリンピック東京大会組織委員会編『第18回オリンピック競技大会公式報告書』オリンピック東京大会組織委員会、一九六六年

(9)例えば、Centre on Housing Rights and Evictions, *Fair Play for Housing Rights: Mega-Events, Olympic Games and Housing Rights: Opportunities for the Olympic Movement and Others*, Centre on Housing Rights and Evictions (COHRE), 2007を参照。

(10)東京都編『東京都政五十年史 事業史1』東京都、一九九四年、一三〇―一三六ページ

(11)稲葉奈々子「都市の高齢者から奪われた「ふるさと」――都営霞ヶ丘アパート取り壊しと東京都のエイジズム」(岩波書店編「世界」第八百九十七号、岩波書店、二〇一七年)を参照。

(12)前掲『東京都政五十年史 事業史1』四五一ページ

(13)東京都『第18回オリンピック競技大会東京都報告書』東京都、一九六五年、一九三―一九四ページ

(14)「アサヒグラフ」朝日新聞社、一九二三―二〇〇〇年

(15)オリンピック道路もまた戦時中の事業と無縁ではなかった。放射四号線の一部は、強制疎開によってすでに立ち退きずみだったことを「アサヒグラフ」の記事も紹介している。

(16)例えば、「行き悩む都の用地買収/東京オリンピックをひかえて/「ゴネ得」まかり通る?」「朝日新聞」一九六〇年五月九日付、「五輪道路、開催までに間に合わす/用地買収に特別立法/「ゴネ得」防ぎの苦肉策」「東京新聞」一九六一年二月十一日付など(国立国会図書館編『東京オリンピック――文化編』〔(「ドキュメント戦後の日本――新

聞ニュースに見る社会史大事典」第四十五巻）、大空社、一九九八年」を参照）。

(17) 市民が政治に関わる原点のあり方を「地域エゴ」という印象的な言葉で表現したことで知られる宮崎省吾が、国鉄貨物専用鉄道の開発計画を横浜で知ったのはオリンピックの二年後、一九六六年のことだった（宮崎省吾『いま、「公共性」を撃つ――「ドキュメント」横浜新貨物線反対運動』新泉社、一九七五年）。

(18) しかし表1からは同時に、六四年大会が、武装解除・占領支配を経て、警視庁機動隊や自衛隊施設など治安維持機能の都心再埋め込み機能をもったことも読み取れる。六四年大会とは、六〇年安保と「一九六八年」のちょうど中間に位置する出来事だった。

(19) 町村敬志「メガシティ東京の過去・現在・未来――都市比較から考える」（日本学術会議監修、「学術の動向」編集委員会編「学術の動向」二〇一六年一月号、日本学術協力財団）も参照。もっとも、フェルナン・ブローデルなども述べるように、巨視的に見れば大都市の成立は常に食糧を供給する周辺部の存在と一体だった。近代以降、周辺部の役割は水やエネルギーの供給へと拡大していく。防空目的で同心円状に配置された飛行場は、古代・中世都市の城壁のような役割をいっとき期待された。しかし役目が終わるとともに、城壁が環状道路に転換されたのと同様、他用途へと転用されていった。

(20) 東京オリンピック基本構想懇談会編『東京オリンピックの実現に向けて』東京都知事本局東京オリンピック招致準備担当、二〇〇六年

第8章　オリンピックに向けた道路整備
――六四年大会が残したもの

松林秀樹

はじめに

　太平洋戦争で東京圏は壊滅的な被害を受けた。あらゆる都市インフラが破壊され、一面の焼け野原からの再出発となった。これまで多く指摘されているように、明治維新以降、近代国民国家の「顔」として、また人口の集中による過密化の解消を意図して、東京では多くの都市計画が策定されては頓挫してきた。[1] 戦争による壊滅的な被害は、もちろん悲惨な歴史であることは事実だが、都市が「リセット」されて、都市空間を再編するという意味ではまたとない機会ともなりうる。終戦後に策定された一連の戦災復興計画は、そうした発想に基づいて広幅員街路や大規模な緑地帯を設置する計画を盛り込むなど、都市空間の大胆な改変をもくろんだ。しかし、結果的にこれらは一部を除いて「失敗」に終わる。[2] ＧＨＱ（連合国軍総司令部）による統制、当時の予算規模をはるかに超える計画の過大さ、さらには個々の市民の自助努力による生活再建が先行したことなど、要因はさまざまだが、いずれにせよ「理想的」な都市空間の形成は実現しなかった。

　その後、「もはや戦後ではない」という言葉が巷間に流布する頃、東京は予想を上回る人口の集中を見る。一九五五年にはすでに戦前の人口を上回って八百万人を超え、高度経済成長期を迎える六〇年代には一千万人を超えていく。図1からわかるように、東京都全体の人口は高度経済成長が終焉する七〇年代まで一貫して増え続けていく。その一方で二十三区は六五年、都心三区（千代田区・中央区・港区）は五五年をピークとして減少に転じていく。

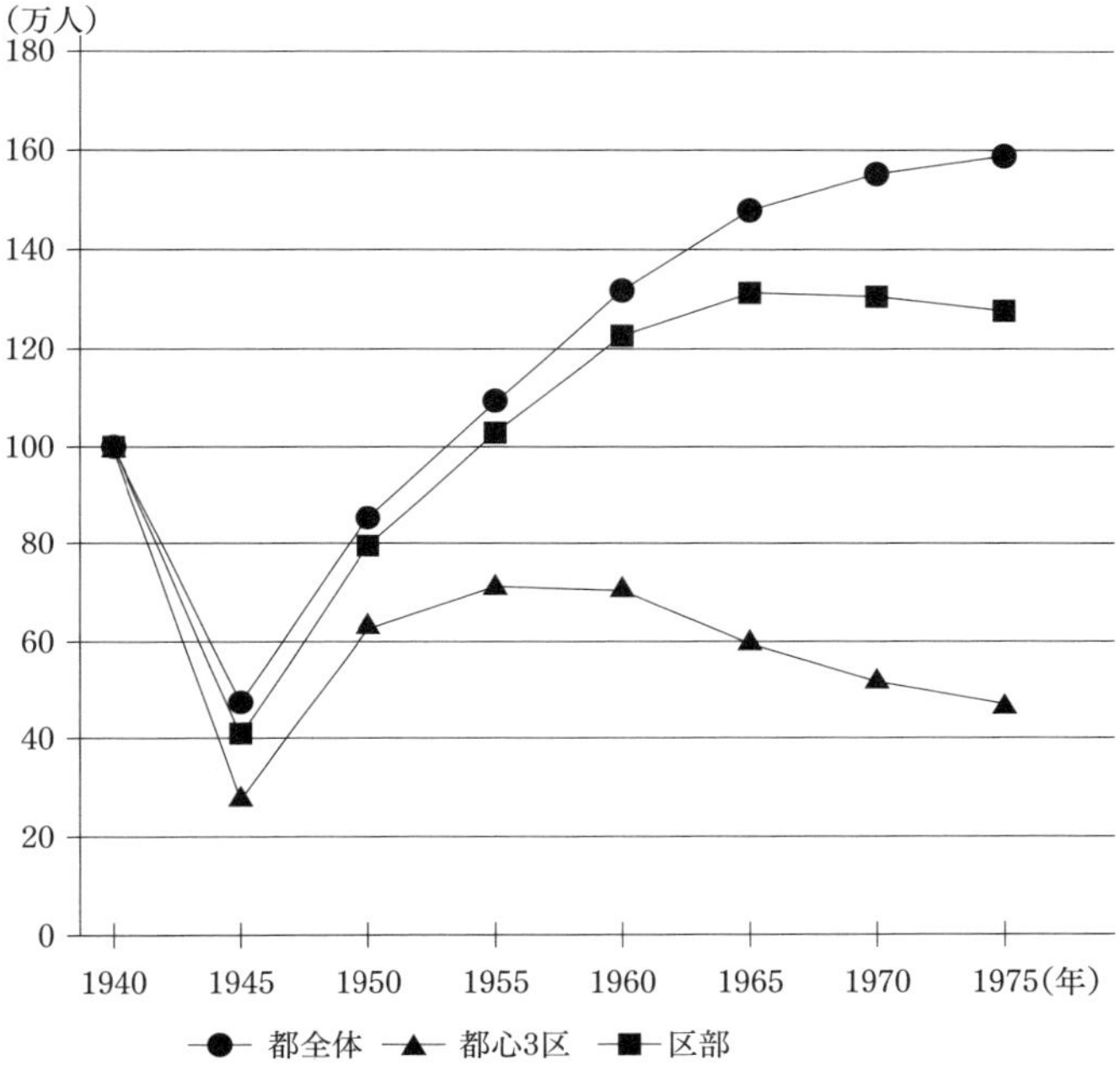

図1　東京の人口推移（1940―75年、1940年を100とした数値）
（出典：『国勢調査』各年から筆者作成）

　戦地からの復員や疎開地からの帰還によって人口が激増していた当時の東京では、さまざまな「都市問題」が明らかになっていった。例えば、一九六六年の東京二十三区の生活環境の調査では、全二千三百二十三地区のうち「生命の危険はないが、かなり不健康な地区」が二九％、「人命が危険にさらされる可能性が高く、居住性の劣悪な地区」が二三％と、そもそも生活を営むこと自体が困難である地区が過半数を占めるという結果が出ている(3)。また大気や水質の汚染、騒音や振動といった公害も頻発していた。都全体の人口増にもかかわらず都心三区と二十三区での減少という事態は、生活環境の悪化が著しい都心部を「脱出」して郊外化が進んだ結果である。そうした過密化の進行とそれに起因する都市問題の発生という趨勢のなかで、五九年にオリンピックの開催が決定された。

オリンピック開催にあたって喫緊の課題とされたのが、道路の慢性的な渋滞、朝夕の通勤ラッシュなどによる交通機能のまひである。第二次世界大戦終結後、一九四八年のロンドン大会（十九競技百五十一種目、参加国・地域五十九、選手数四千四十六人）から再開された夏季オリンピックは、回数を重ねるごとに競技数や参加する選手・関係者の数が増加する傾向にあり、六四年大会では二十競技百六十三種目に対して、参加国・地域九十三、選手数五千百五十二人となっていた。当時、東京の道路は日常的にいたるところで大渋滞を起こしていた。羽田空港から都心までは二時間を要し、「これでは選手も観客も移動できず、大パニックになる」[4]といわれていた。

すなわちこの時期の東京は、戦災からの復興という局面を脱し、人口の膨張とそれに伴う交通需要の急増に対応する必要があった。結果的に、オリンピックの開催は都市基盤の整備を進める格好の目標となったのである。

本章では、「六四年大会が残したもの」に関して、現在の都市構造を形成する要因にもなっている交通網の整備過程、特に道路に焦点を当てて分析・考察していく。その際、六四年大会の円滑な運営を目指して整備された道路網が、その後、東京のより広い範域にどのような影響を残したのか、六四年大会とは直接は関係をもつことがなかった二十三区北西部の練馬区を事例として見ていく。後述するが、当時（一九六〇年代後半から七〇年代）の練馬区は東京の道路公害が典型的に現れた場所だった。その起点が六四年大会にあること、またさらに、現在にまで接続される事象であることを検討する。

1　道路網の整備過程——首都高速の建設

まず、当時の道路交通の状況を概観しよう。[5]一九六四年当時の東京都の統計によれば、総延長約一万九千六百キロのうち、アスファルトで舗装されたものは約千百九十キロ（約六％）にすぎず、砂利などの未舗装が過半数

（約五三％）を占めていた。さらに江戸時代から続く複雑な細い街路や、戦後の混乱のなかで都市計画が機能せず、幹線道路が有機的に整備されないなど、そもそも産業・流通・生活基盤としての道路が、増加する自動車交通に対応できない状況になっていた。自動車の台数（自家用、貨物・営業用を含めた都内の総数）も、終戦時（一九四五年）に約四万四千台だったものが、以降、六万五千台（一九五〇年）、二十四万台（一九五五年）、六十二万二千九百二十四台（一九六〇年）と増加し、六四年にはついに百万台を突破していた（約百六万台）。

こうした状況に対して、一九五〇年代に入ると道路整備体制の確立が急がれることになる（表1を参照）。五二年に道路法が全面改正されるとともに道路整備特別措置法が制定され、有料道路の制度が始まった。翌五三年には「道路整備費の財源等に関する臨時措置法」が制定され、揮発油税が道路特定財源として定められた。さらに五四年には「第一次道路整備五箇年計画」が策定され、道路整備の目標・事業の量を定めて国や自治体が計画的に道路整備を推進することとされた[6]。

表1　戦後の主な道路関連政策

1952年	道路法改正
	道路整備特別措置法
1953年	道路整備費の財源等に関する臨時措置法
1954年	第1次道路整備五箇年計画
1956年	日本道路公団法制定、日本道路公団設立
1957年	国土開発幹線自動車道建設法
	高速自動車国道法
1958年	道路整備緊急措置法

（出典：国土交通省『2016国土交通白書』、松浦聰「我が国の高速道路の黎明から今日まで」〔藤井基礎設計事務所編「第30回夏季研修会論文集」（http://www.fujii-kiso.co.jp/topics/forum/kenshuu/2009/010.pdf）［2017年4月24日アクセス］〕40ページから筆者作成）

以上の一連の法整備・道路計画の背景には、年を追うごとに急速に深刻化する道路事情があった。そのことは、一九五六年に発行されたいわゆる「ワトキンス調査団」の報告書で以下のように鋭く指摘されている[7]。

日本の道路は信じがたい程に悪い。工業国にして、これ程完全にその道路網を無視してきた国は、日本の他にない。日本の一級国道――この国の最も重要な道路――の七七％は舗装されていない。この道路網の半分以上は、かつて何らの改良も加えられたことがない。道路網の主要部を形成する、二級国道および都道府県道は九〇ないし九六％が未舗装である。これらの道

図2　六四年大会開催時の首都高速道路
（出典：国土交通省『国土交通白書2016』日経印刷、2016年、32ページ）

路の七五ないし八〇%が全く未改良である。しかし、道路網の状態はこれらの統計の意味するものよりもっと悪い[8]。

現行の道路整備五カ年計画はまことにささやかなものであって道路網の甚だしい不備を是正するにははるかに足りない[9]。

こうした状況下での、一九五九年のオリンピック開催の決定である。特に海外からの選手・関係者や観客を、玄関口である羽田空港から都心部の選手村や競技場へ連絡するためのインフラ整備が急がれることになった。具体的には、一般道路として二十二路線、事業延長五十四・六キロにわたる「オリンピック関連街路」が整備された[10]。

また、特に重要視されたのが高速道路の整備である[11]。首都高速の計画・構想については、一九五一年に東京都が予備調査を開始し、五九年には基本計画の決定・指示（総延長七十一・〇三キロ）がなされていた。しかし前述の事情から、六〇年の首都圏整備委員会で、特に整備を急ぐ路線として五路線三十二・八キロが決定された。その後、六二年の京橋―芝浦間の四・五キロを皮切りに、オリンピック開幕の九日前までに予定路線のすべてが開通する（図2）。この結果、羽田から代々木までの所要時間は、それまでの約二時間から三十分程度にまで短縮された。

こうしてオリンピック開催に向けて最低限の完成を見た首都高速のネットワークは、大会の開催という点では一定以上の貢献を果たした。すでに多くの建築物が戦災からの復興過程で急速に再建されているなかで、首都高速の建設用地は河川上部が三五・〇%、街路上部が三七・七%、国有地が一二・九%で、全体の八五・六%が用地買収の必要がない地所だった。[12]オリンピック開催までの五年という短い工期を考慮した最大限の工夫であり、またこのときの実績が、その先のネットワークの拡大に資することになったのである。

その後、首都高速のネットワークの拡大は大きく三段階に分けられる。第一期は一九七〇年までで、主に都心環状線と放射路線の整備が進められた。続く第二期（一九八八年まで）に京葉道路、東名高速、中央自動車道といった都市間高速道路と接続され、総延長が二百キロを超えていく。現在に至る第三期では主に埼玉県・神奈川県への延長が進み、二〇一七年現在、総延長は三百十八・九キロ（さらに事業中路線が十八・七キロ）となっている。[13]

先述のとおり、首都高速を中心とする東京圏の高速交通網の計画は、もともと都心部の交通渋滞の解消を目的としていた。ところが、一九六四年以降、ネットワークが拡大するにつれて、都心部の交通問題はむしろ深刻化していくことになる。

2　東京圏の高速道路網の拡大——三環状九放射

高度経済成長期に、首都高速は東京と各地域を結ぶ放射状に伸びる高速道路と接続されていく。現在、東京圏の高速道路網は「三環状九放射」[14]と呼ばれているが、それらの建設（特に九放射）が本格化していくのが六四年以降である。

図3が明白に示しているように、東京を中心とした高速道路網はまず放射道路から建設が進められた。その根拠となったのが、一連の全国総合開発計画の方針（象徴的なのが三全総の「全国一日交通圏」構想）である。計画

表2　9放射の主要年表

1960年	京葉道路開通	1981年	常磐自動車道（柏〜谷田部）
1967年	中央自動車道（調布〜八王子）	1982年	中央自動車道全線開通
1969年	東名高速全線開通	1985年	関越自動車道全線開通
1971年	関越自動車道（練馬〜川越）	1987年	東北自動車道全線開通
1972年	東北自動車道（岩槻〜宇都宮）	1988年	常磐自動車道全線開通

（出典：国土交通省関東地方整備局「首都圏における交通ネットワーク整備の変遷」〔http://www.ktr.mlit.go.jp/honkyoku/road/3kanjo/history/index.htm〕［2017年11月26日アクセス］から作成）

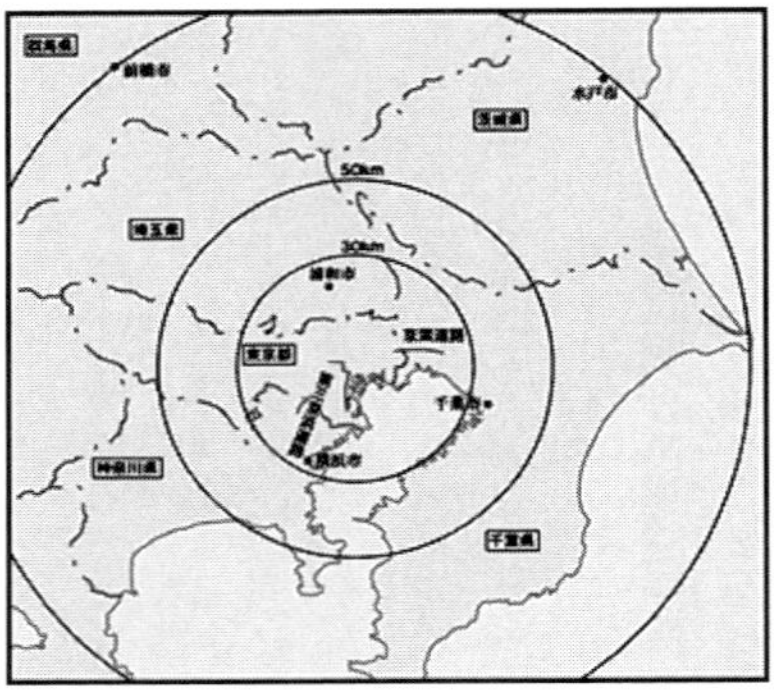

1964年

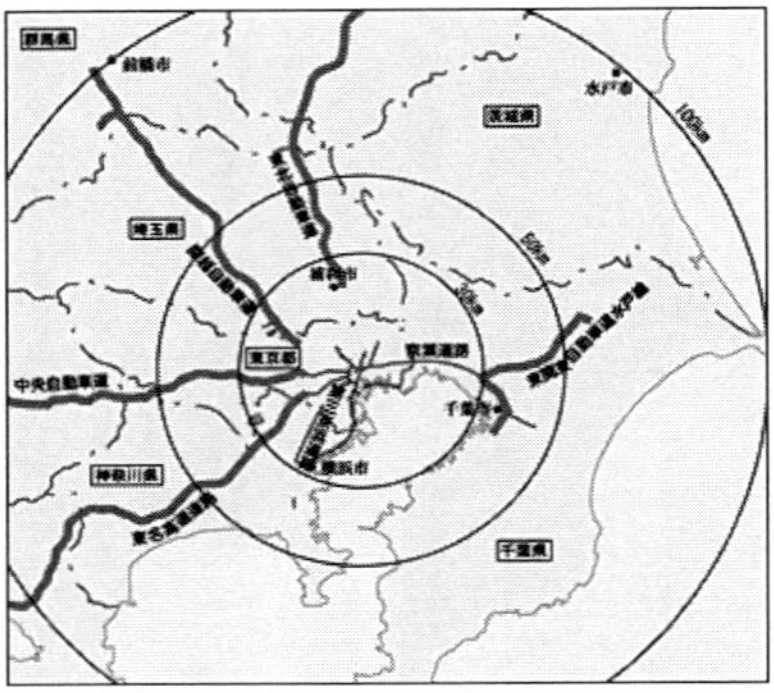

1980年

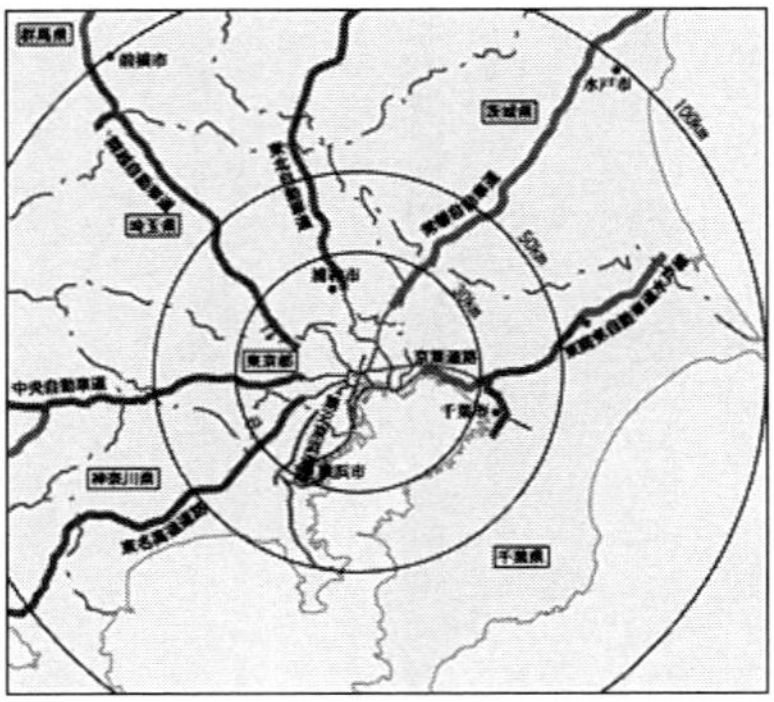

1990年

図3　3環状9放射の整備過程
（出典：国土交通省関東地方整備局「首都圏における交通ネットワーク整備の変遷」2016年〔http://www.ktr.mlit.go.jp/honkyoku/road/3kanjo/history/index.htm〕［2017年11月26日アクセス］）

では、東京一極集中の是正のために、日本の各地を高速交通ネットワークで結ぶことを目指した。しかしその結果は、計画の意図とは逆のものになっていく。つまり、東京を中心としたネットワークを形成した結果、ストロー効果に代表されるような東京圏の一層の膨張を招くことになった。さらにそこから派生して、東京は交通問題が深刻化していくことになる。

3　高速交通網の弊害——東京にもたらされたもの

まず、この時代の交通網建設に関わる枠組みを整理しておこう。

①六四年大会以後、深刻化する交通問題の解決策としては「新たな道路を建設してキャパシティを上げること」によってスムーズ化を図る」という施策をとることが一般的だった。そうした方針が、②船橋らが東北新幹線の事例から示唆しているように、道路に限らず交通網はひとたび建設が始まってしまえば当初予定のネットワークを完成させなければその機能を十分に果たせず[15]、結果としてさらなる道路建設——少なくとも「計画どおり」のネットワーク構築——を進めざるをえなくなるという問題を派生的に引き起こした。つまり、六四年大会の遺産である道路網は、その「部分性」のために拡張が繰り返されることになり、結果として公害に代表される問題を東京に生み出していく要因ともなった。さらに、③革新自治体の隆盛（東京の場合は美濃部亮吉都政。第9章「なにが革新都政を誕生させたのか」〔丸山真央〕を参照）と環境問題に対する意識の高まりを背景に、道路行政に対して住民が計画に関与していく仕組み・制度が作られていくことになる。

それでは、当時の東京の道路事情とそこから派生する問題の実態はどのようなものだったのか。以下、本節では練馬区を事例にして見ていこう。

練馬区は東京二十三区の北西部に位置し、高度経済成長期の「郊外」の膨張を受け、人口は戦後一貫して増加を続けた。その結果として、急激かつ無秩序な都市化、さらに自動車保有台数の増加に対して「道路の伸び」が追いついていなかった。例えば、道路率（公道面積が土地面積に占める割合）は常に低い数値で推移し、[16]主要地点は慢性的な渋滞に悩まされ、深刻な道路公害が引き起こされた。同時期に、四大公害病に象徴される高度経済成長の負の側面が顕在化していたが、練馬区の場合、公害発生の最も大きな要因は自動車交通の増加とされ、特に光化学スモッグの被害は大きかった。[17]被害の届け出状況は、最も数が多かった一九七一年に東京都内全域で二万八千二百二十三人となっているが、このうち練馬区が一万三百七十六人を占め、都内で最大の数値を記録している。[18]こうした状況は、まさに当時の東京を象徴するものだった。また、行政だけではなく住民も「環境」に対する意識を高め、「上から」の政策に対して新たな意思決定の仕組みを模索していくことにつながっていく。

もちろん、道路網建設の主体である行政側も手をこまねいていたわけではない。一九六六年に都市計画道路の見直しがおこなわれ、練馬区の幹線街路は放射街路五路線、環状街路三路線、補助線街路二十路線となった。その後、グラント・ハイツ（戦時中は日本軍の成増飛行場、戦後は連合軍に接収されアメリカ軍の家族宿舎が建設された。返還後は光が丘団地になる）とキャンプ朝霞の返還（ともに一九七三年）、カネボウ跡地（一九二一年から鐘淵紡績練馬工場として操業、七〇年に閉鎖されたあと、七七年に東京都と練馬区が買収）などで再開発がおこなわれる際にも道路計画が策定された。[19]さらに七〇年代後半に補助三百一号、補助三百二号、区画街路などが策定された。このように、増加する一方の自動車交通をさばくために断続的に道路計画が策定されていくが、それらの計画策定・建設には地域住民がさまざまに関与していった。以下、代表的な道路問題を二件、見てみよう。

一つ目が、第2節でも述べた環状七号線（正式名称は東京都道三百十八号環状七号線。以下、環七と略記）をめぐるものである。環七の構想は昭和初期の道路計画から登場しているが、六四年大会のメイン会場である駒沢競技場や埼玉の戸田漕艇場と羽田空港を結ぶ主要道路になることから、「オリンピック関連街路」として建設を急ぐことになった。[20]六四年大会開催時にはこれらの区間が開通し、さらに大会終了後の一九六九年に路線の約九〇％が開通するが、交通量の増加とともに大気汚染と騒音の被害が次第に深刻になっていく。[21]こうした状況に対して、七二年に沿線住民が「環七を考える会」を発足させ、さらに七四年には東京都と沿線住民代表との間に「環状七号道路の自動車公害等に関する対策会議」が設置された。その後、七七年に沿道の街づくりの基本となる環境整備構想を策定することになり、七九年、「環状七号道路沿道環境整備構想」がまとめられた。(22)

二つ目が「三六道路」問題と呼ばれるものである。(23)これは、都市計画道路放射三十六号線という名称で、豊島区の池袋駅を起点として、練馬区東部の早宮に至る路線距離約六キロという短距離の街路（幅員が四十メートルあり、幹線道路という位置づけ）の建設計画をめぐって住民運動が展開された事例である。この路線は途中で環七と交差することから、環七の整備が進むにつれてその計画のあり方が注目されるようになった。その意味で、六四年大会を起点とした道路建設の進展が既存の計画に波及した典型的な事例の一つである。一九六六年に都市計画決定されたが、その背景には営団地下鉄八号線（銀座─池袋─成増間。現在の東京メトロ有楽町線）の建設決定がある（一九六八年に路線免許が下り、七一年から建設工事が始まる）。放射三十六号線はもともと環七と同様に昭和初期から路線計画が作られていたが、路線区間が短いこと、すでに市街地が進んでいたことなどもあり、環七ほど緊急度が高い事業と考えられていたわけではない。しかし地下鉄の建設が決まり、路線が重なる放射三十六号線も同時に整備すべき、と定められた。そのため、道路構造だけでなく、そもそもいま道路を建設すべきなのか、ということも含めて、かなり自由選択の余地が残されているという特異な性格を有していた。

この計画に対して、地域住民の反応は一様ではなかった。当時すでに道路問題が顕在化していた環七沿線の地域であり、住民の環境に対する不安は根強いものがあった。その一方で、都心部への交通の便に必ずしも恵まれていないという主張もあり、住民の間には反対・推進の双方の立場が混在していた。そのため行政側としても、賛成・反対のいずれにせよ「声を上げた」住民の意見だけで判断を下すのではなく、ある程度客観的に住民の意思をくみ取る必要があると考えた。その結果、一九七〇年に放射三十五・三十六号道路対策住民協議会が設置されたのを皮切りに、行政と住民との対話集会、道路計画についての住民投票構想の発表（美濃部亮吉都知事が提案、結果的には予算的な都合で実施されず）、その構想を研究するための三六調査会の設置など、いわゆる「市民参

図4　放射36号線の現況
(出典：板橋区都市整備部高島平グランドデザイン担当課「高島平地域分析報告書」137ページ〔http:www.city.itabashi.tokyo.jp/c_oshirase/064/attached/attach_64867_5.pdf〕［2018年5月2日アクセス］)

加」の仕組みが積極的に採用されたのである。

その後、放射三十六号線は一九八七年から部分的に供用が開始されたが、三六調査会は継続的に沿道の環境影響調査を実施する(24)など、道路の開通後も地域社会としてコミットし続けた。さらに二〇一一年から東京都が中心になって放射三十五号線も合わせた道路整備が再び進行していて(図4)、練馬区では同年から「放射三十六号沿道地区まちづくりニュース」を発行(不定期)、一六年に「放射三十六号線等沿道周辺地区まちづくり協議会」を設立するなど、計画当初に確立された市民参加の仕組みはいまに至るまで継続されている(25)。

4　東京の道路問題の現代への「接続」

前節の二つの事例から、先述した枠組みに関して次のような結論を導くことができる。

①「交通問題の解決策としての新規道路の建設」と②「道路ネットワークの「完成」を目指すためのさらなる道路建設」に関しては、⑴六四年大会の円滑な開催に向けて部分的に整備された道路網は、その「未完」性のために時代が進むにつれて道路公害の深刻化を引き起こし、⑵一九九〇年代以降の「失われた二十年」のなかで公共事業に対する風当たりが強くなる(例えば、二〇〇九年以降の民主党政権下の事業仕分けなど)一方で、道路だけで

はなく（鉄道や空港などを含めた）交通網整備だけは変わらず進められるという事態となって残っていく。練馬区では、その典型として一九九九年以降、三環状の一つである東京外かく環状道路の東京区間（練馬区の大泉＝関越自動車道の起点—東名高速間。以下、外環と略記）建設が現在進行形で進められている。[26]

一九六六年に、三環状の一つとして都市計画決定された外環は、計画発表直後から沿線七区市（練馬区・武蔵野市・三鷹市・杉並区・世田谷区・調布市・狛江市）で住民による反対運動が起こり、外環道路反対連盟（以下、反対連盟と略記）が結成された。住民だけではなく各市区の自治体も住民を支持する立場をとり、結果的に七〇年に当時の建設大臣が計画の「凍結宣言」[27]を出すに至った。以後、約三十年にわたって計画は進捗しなかったが、[28]九九年に石原慎太郎都知事、扇千景国交相が現地視察したことをきっかけに計画が「解凍」されることになった。[29]都知事と大臣の相次ぐ視察は、依然として東京の道路問題が解決していないという認識からだった。特に問題とされたのが、九放射が完成したことによる東京の「通過交通」（東京を目的地としない交通）である。首都高速は九放射と接続されているため、ある放射路線から別の放射路線を利用しようとする場合（例えば、東北自動車道から東名高速に向かうなど）、ほとんどの車両が首都高速を通過することになる。さらに鉄道と異なり、道路は昼夜を問わず利用され（特に業務用車両は渋滞を避けるために深夜に走行することが多い）、沿線住民は二十四時間、休むことなく騒音と振動、大気汚染に悩まされることになる。こうしたことから、外環をはじめとする三環状の整備（特に外縁部の外環と首都圏中央連絡自動車道）は常に喫緊の課題とされてきた。

ただし建設大臣の宣言にあるように、再び「住民無視」で計画を進めるわけにはいかないという認識のもと、二〇〇四年から「Public Involvement」（以下、ＰＩと略記）という新たな市民参画の概念・手法を用いて計画の再検討がおこなわれた。はたしてこのＰＩが実効性のあるものだったのか大いに議論の余地はあるが、新たな市民参画のもと、当初（一九六六年当時）の高架方式から地下方式（大深度地下の利用）に変更したうえで〇九年に事業化が決定された。その後、外環の地上部に新たに「外環ノ２」という路線を敷設するための計画変更を経て、その可否はともかく当面は二〇年大会の開催に間に合うよう、建設が進められている。こうした展開は、先述の

「道路行政に対する市民参加」の、現代まで続く流れといえるだろう。

おわりに――一九六四年から二〇二〇年へ

以上、本章で見てきたとおり、東京は一九五〇年代から道路交通の問題を抱えてきた。終戦後の行政の混乱もあって都市空間・構造が自然発生的に形成され、そこにモータリゼーションが加わって交通問題が深刻化していった。その意味で、東京の交通問題とその対策は六四年大会とは無関係に始まっていた。

では、東京の交通網形成で六四年大会はどのような位置づけだったと考えられるのか。その答えとしては、「問題の解消のためのひとつの目標」であり、実際に大会運営に資するという成果は残した。その点からするとメガイベント開催の理由の一つである「新たな都市基盤整備」の最初の事例だといえる。[30]

しかし、だからといって単純にプラスの遺産と捉えられるわけではない。すなわち、それまでなかなか進まなかった計画が、オリンピックの開催によって進んだことは事実だが、結果的にそのことが新たなマイナスの影響をも生み出した。それが新設された道路の沿線での交通公害の発生であり、また首都高速を中心とする全国レベルの高速道路ネットワーク建設の加速と、その結果としての東京一極集中の進展という事態である。外環道の東京区間が二〇年大会を目指して建設されていることが象徴的に表しているように、現代の東京の道路インフラは良くも悪くも六四年大会を起点にして考えることができる。また、外環道のＰＩの実施の際に住民代表の多くが反対連盟のメンバーだったことを考えると、一九六〇年代の道路公害の経験がさまざまな形で現代に至るまで残されてきた、と捉えることも可能である。

さらに近年、「縮小社会」が具現化されていくなかで、既存の交通網の老朽化対策が目前の課題としてある。現在、首都高速の総延長約三百キロのうち、建設後四十年以上が経過しているものは約九十キロあり、全体の三〇%を占めている。しかも首都高速は路線の約九五%が橋梁・高架とトンネルなどの構造物となっていて、修繕のために約七千九百億円から九千百億円が必要という概算がある。[31]さらに外環道の東京区間は大深度地下方式を採用していることもあり、路線延長約十六キロの建設のために（現在のところ）約一兆六千億円が必要とされている。もちろん外環だけでなく、鉄道も含めて六四年大会に向けてさまざまな交通インフラの建設計画が進行している。

今後、人口の減少とともに交通網の利用者数も減少していくことが容易に予測されるなかで、これだけの費用をかける必要がはたしてあるのだろうか。たしかにオリンピックはスポーツ・メガイベントのなかでも最大級のものであり、二〇年大会の場合は開催期間の約三週間で一千万人を超える関係者・観戦者が東京を訪れると予想されている。それだけの膨大な人の移動を円滑に進めるために交通インフラが必要だという主張を全否定はしない。しかしオリンピックの“Legacy”の問い直しが求められる現在、成熟都市である東京で「オリンピックに向けた交通インフラの整備」がどこまで妥当なのか、二〇年大会に向けていままさに分析・考察を重ねるべきだろう。

注

（1）例えば、藤森照信『明治の東京計画』（〔同時代ライブラリー〕第十八巻）、岩波書店、一九九〇年）や越沢明『東京の都市計画』（〔岩波新書〕、岩波書店、一九九一年）など。

（2）前掲『東京の都市計画』一九四―二四六ページ

（3）佐藤武夫／西山夘三編『都市問題――その現状と展望』新日本出版社、一九六九年、三二―三三ページ

（4）ＮＨＫプロジェクトＸ制作班編『次代への胎動』（「プロジェクトＸ挑戦者たち」第二十八巻）、日本放送出版協会、二〇〇五年、六五ページ

（5）東京都総務局統計部「東京都統計年鑑」（各年）（http://www.toukei.metro.tokyo.jp/tnenkan/tn-index.htm#S27）［二〇一七年十二月二十日アクセス］

（6）国土交通省編『国土交通白書 2016』日経印刷、二〇一六年、二九ページ

（7）林良嗣／奥田隆明／加藤博和／戸松保晴「経済発展への対応からみた戦後日本の道路整備に関する歴史的考察」、土木学会土木史研究委員会編「土木史研究」第十五巻、土木学会、一九九五年、七一―八六ページ（https://www.jstage.jst.go.jp/article/journalhs1990/15/0/15_0_71/_pdf）［二〇一七年五月十五日アクセス］

（8）同論文七三ページ

（9）同論文七三ページ

（10）放射四号線（青山通り、玉川通り）、放射七号線（目白通り）、環状三号線（外苑東通り）、環状四号線（外苑西通り）、環状七号線（環七通り）の新設・拡幅と既設の昭和通り（放射十二号、十九号線）の立体交差化など（前掲『国土交通白書 2016』三二ページ）。

（11）以下、首都高速と東海道新幹線の経緯については、特に断りがないかぎり、土木学会50＋50特別シンポジウム実行委員会、家田仁／安藤憲一／小菅俊一編『50＋50 東海道新幹線と首都高――1964東京オリンピックに始まる50年の軌跡：その意図、成果、そして未来に向けた新たな飛躍』（土木学会、二〇一四年）、前掲『国土交通白書 2016』によっている。

（12）前掲『次代への胎動』八一―八二ページ。短い工期を考慮した最大限の工夫ともいえるが、一方で日本橋の上部に高速道路が架かるという問題も引き起こした。

（13）首都高速道路「Company Profile 2017」首都高速道路、二〇一七年

（14）国土交通省関東地方整備局「首都圏における交通ネットワーク整備の変遷」（http://www.ktr.mlit.go.jp/honkyoku/road/3kanjo/history/index.htm）［二〇一七年十一月二十六日アクセス］

（15）船橋晴俊／長谷川公一／畠中宗一／梶田孝道『高速文明の地域問題――東北新幹線の建設・紛争と社会的影響』（有斐閣選書）、有斐閣、一九八八年

（16）練馬区の道路率は一九六五―七四年（昭和四十年代）以降、常に一〇％台で推移している（練馬区史編纂協議会編

『練馬区史 現勢資料編――練馬区独立三十周年記念』東京都練馬区、一九八〇年、練馬区総務部情報公開課編『練馬区勢概要 平成17年版』練馬区総務部情報公開課、二〇〇五年）。

（17）前掲『練馬区史 現勢資料編』一七七―一七八ページ

（18）同書四七三―四七四ページ

（19）同書一一五―一五三ページ

（20）鈴木伸子「東京オリンピックの遺産２――街路、首都高速道路、羽田空港、東海道新幹線、東京モノレール」、東京建設業協会編「東建月報」二〇〇七年四月号、東京建設業協会（http://www.token.or.jp/magazine/g200704.html）［二〇一六年九月三十日アクセス］

（21）例えば、一九七八年に練馬区が実施した騒音に関する調査によれば、当時の環境基準である五十―六十ホンに対して、朝は十八―二十ホン、昼は十二ホン、夜は十七ホン上回っていた（前掲『練馬区史 現勢資料編』一九六―一九七ページ）。

（22）東郷尚武「都市政策と都市計画」、御厨貴責任編集『都政の五十年』（「シリーズ東京を考える」第一巻）所収、都市出版、一九九四年、二一四―二一五ページ

（23）同論文二一四―二一五ページ、松原治郎／似田貝香門編著『住民運動の論理――運動の展開過程・課題と展望』学陽書房、一九七六年、三一四―三二五ページ

（24）濱谷健太／堀井秀之／山崎瑞紀「合意形成のための住民意識構造モデルの構築――道路整備事業を題材として」、社会技術研究会編「社会技術研究論文集」第三巻、二〇〇五年、一二八―一三七ページ

（25）練馬区都市整備部東部地域まちづくり課まちづくり担当係「放射36号線等沿道周辺のまちづくり」（http://www.city.nerima.tokyo.jp/kusei/machi/kakuchiiki/housha36.html）［二〇一八年四月十日アクセス］

（26）小山雄一郎／松林秀樹「大都市圏における道路建設と合意形成過程――東京外かく環状道路計画の事例から」、町村敬志『ポスト成長期における持続可能な地域発展の構想と現実――開発主義の物語を超えて』（「平成十四―十六年度科学研究費補助金研究成果報告書」）所収、一橋大学、二〇〇五年、二七九―三四七ページ、松林秀樹「道路計画における市民参画――パブリック・インボルブメント（ＰＩ）の現状と課題」、関東学園大学法学紀要編集担当部編

「関東学園大学法学部紀要」第十八巻第一号、関東学園大学法学部、二〇〇九年、一一三―一三五ページ

（27）当時の根本龍太郎建設相が、十月の参議院建設委員会で「地元と話し得る条件の整うまでは強行すべきではない。その間においては、しばらく凍結をせざるを得ない」と述べた（国土交通省関東地方整備局東京外かく環状道路調査事務所「東京外かく環状道路調査事務所2006」［パンフレット］、二〇〇六年［http://www.ktr.mlit.go.jp/ktr_content/content/000006309.pdf］［二〇一八年十二月三日アクセス］）。

（28）この間の約三十年については、文字どおり「凍結」され、外環道の東京区間は事実上、計画は何一つ具体的に進まなかった。そのため、反対連盟の活動も主立ったものは外環道の埼玉区間の反対運動の支援へと移っていった。ただし都市計画決定されているため、例えば土地の用途変更や建物・家屋の増改築は禁止されるなど、街づくりや都市再開発にとっての「規制」としては存在し続けることになった。

（29）さらに東京区間の「解凍」の背景には、一九九四年の外環の埼玉区間（大泉―埼玉県の三郷間）の開通がある。「環状道路」という名称でありながら「環」になっていないために機能を果たせていない、という主張である。ここにも前述の②の論理がはたらいている。

（30）この指摘は町村敬志による。町村は近年のメガイベントの隆盛について、その理由を①グローバリゼーション段階での都市のランクを表示する象徴的な機会である、②開催都市のアイデンティティを再定義する機会になる、③新たな都市基盤を整備する機会となる、④疑似共同体の一時的な生成につながる、という四点に整理している。この考察は主に二〇〇〇年代の動向をふまえたものだが、特に③については、六四年大会ですでにその萌芽が見られるのである（町村敬志「メガ・イベントと都市開発――「時代遅れ」か「時代先取り」か」、都市問題研究会編「都市問題研究」第六十巻第十一号、都市問題研究会、二〇〇八年、三―一七ページ）。

（31）首都高速道路「第7回 首都高速道路構造物の大規模更新のあり方に関する調査研究委員会報告書」、二〇一三年（http://www.shutoko.co.jp/~/media/pdf/corporate/company/enterprise/road/largescale/07/hokokusho.pdf）［二〇一六年九月三十日アクセス］

第9章　なにが革新都政を誕生させたのか

丸山真央

はじめに

一九六四年東京オリンピックの開催期間中、都内の喧騒を避けて栃木県那須でテレビ観戦を決め込んでいた評論家の中野好夫は、こんな感慨を新聞に寄せた。

それにしてもテレビを見ながら、とかく思いは妙な方向にそれる。これだけの金、これだけの努力が、もしこの十年国民生活の改善、幸福の方へ向けられていたら、どんな結果が生れていたろうか。東京の水キキン、糞尿地獄などは、もちろん苦もなく解消していたろうし、全国にわたる交通戦争だって、相当以上に緩和されていたはずだ。だれかが書いていたが、隅田川が競技場のそばを流れていなかったのが悲しい不運だった。もしそばをさえ流れていたら、いまごろは白魚のとれる隅田川になっていたかもしれぬというのだ。皮肉だが、そうかもしれない。(1)

事実、十月にオリンピック開催を控えた一九六四年夏の東京は、四十年来といわれる異常渇水に見舞われていた。人口の急増に給水が追いつかず、六〇年代に入ったあたりから給水制限が恒常化していたが、この年の六月には十五時間の断水措置がとられるまでになっていた。(2) 下水道の未整備は「糞尿地獄」をもたらし、都市の過密化は「交通戦争」の激化の原因ともなった。河川の汚濁や大気汚染などの公害も深刻化しつつあった。

もっとも、中野と同じようにオリンピック騒ぎの東京を離れていた作家の小林信彦によれば、「オリンピック疎開」は国民的熱狂のなかではひどく「偏屈」な行為だったというから、(3) オリンピックを観戦しながら都市問題に思いをはせる中野の思考は、当時の人々に広く共有されたものではなかったかもしれない。

それでも、悪化しつつあった都市問題の解決がオリンピック開催によって棚上げにされ、開催後に、そのことに対する都民の不満が噴出して、都市問題を放置してきた保守都政への批判につながっていった――という説明が、のちの政治史や都政の研究で繰り返されてきた。(4) 例えば、都政の通史的研究では次のように叙述している。

この時期、東京への人口集中と、オリンピックにともなう開発の進展がみられた。(略) しかし都民の生活に直接かかわる問題が解決されないことへの不満があった。また都議会疑獄事件による保守政党への不信が増大していたことも大きい。これらが美濃部勝利の客観的条件となった。(5)

ここでいう「美濃部勝利」とは、いうまでもなく、一九六七年四月に執行された東京都知事選挙で社会党と共産党の推薦を受けた東京教育大学教授の美濃部亮吉が当選したことをさす。投開票の結果、美濃部が二百二十万票、自民党と民社党の推薦を受けた元立教大学総長の松下正寿が二百六万票、公明党推薦の海運会社社長阿部憲一が六十万票。美濃部と松下の得票差はわずか十数万票だったが、当時各地に広がり始めていた革新首長がついに首都にも誕生した、歴史的な選挙だった。

しかし、この一九六七年の都民の選択については、これまで十分に検討されてきたわけではない。いや正確にいえば、この都知事選には多くの研究者が注目してきた。ただ、そこでは政治家や政党の側の事情に関心が集中してきたきらいがある。例えば、この選挙の二年前の一九六五年三月、都議会の議長選出をめぐる汚職事件が明るみに出て、同年七月の都議会議員選挙で自民党が第一党から転落、社会党が第一党になったが、これは保守都政から都民の支持が離反していく決定的な出来事とされている。また、六七年都知事選に向けて社会党と共産党が手を組んで革新統一が実現したことについても、これまでその経緯が入念に明らかにされてきた。しかし他方で、都民がなぜ革新知事を選ぶに至ったのかという有権者の投票行動の検討は、一部の例外を除いて、ほとんど具体的におこなわれてこなかった。

ここで例外というのは、統計学者の西平重喜が世論調査のデータから都民の美濃部支持の背景を分析した論考[6]のことである。これは有権者の側から美濃部革新知事の誕生を跡づけた貴重な成果として、その後の都政研究でも繰り返し参照されてきた[7]。ただ、この論考は年齢別・職業別・支持政党別の支持候補の違いを明らかにするのにとどまっていて、この選挙の多様な争点に対する有権者の判断が投票にどうつながったのかということまでは明らかにしていない。投票日の約一週間前の調査を分析したものであることも含めて、歴史的な選挙の分析として、現在の目から見ると必ずしも十分とはいえないのもまた事実である。

わずか二年半前までオリンピック開催で盛り上がっていた都民世論は、なぜその開催に尽力したはずの保守都政を否定して、革新知事に首都の政治を委ねる選択をしたのだろうか。本章では、この一九六七年東京都知事選挙の直後に実施された二つの世論調査の二次分析をおこなうことによって、美濃部革新知事の誕生を選択した有権者の側の要因を再検討する。それによって、「六四年大会は何を生んだのか」という本書の問いに対して、東京の政治という側面からアプローチしてみたい。

1　世論調査の二次分析による現代史の再検証

世論調査や社会調査のデータの二次分析とは、データが公開されている過去の調査を再分析して、既存の仮説や新しい仮説を検証したり、新しい分析手法を適用したりすることをいう。データの収集過程を省けるだけでなく、再検証の可能性が開かれていることは大きな利点である[8]。近年、調査データのアーカイブが日本でも整備され、社会学や政治学をはじめ広範な分野で二次分析が盛んになっている。

公開データのなかには、現代史の研究対象になる時期の調査データも含まれている。日本で世論調査が広くおこなわれるようになったのは第二次世界大戦後の占領期以降のことだが、一九五〇年代や六〇年代の調査データで公開されているものは少なくない。このような時期の公開データが入手・分析可能であるということは、こうした調査データを歴史資料として活用できること、統計的手法による二次分析が歴史研究の方法になりうることを示唆している。計量歴史社会学や計量社会史は日本でも今後ますます盛んになるだろう[9]。

表1　使用する調査データの概要

	1967年東京都知事選挙調査	東京定期調査・1967年春
調査主体	公明選挙連盟・中央調査社	統計数理研究所
調査時期	1967年5月13～17日	1967年6月16～20日
母集団	東京都内の有権者	東京23区内の有権者
サンプリング法	層化副次無作為抽出法	無作為抽出法
サンプル数	906	483
回収率	76%	（計画サンプル数不明）
調査方法	個別面接法	個別面接法

本章でもそうした試みに連なるべく、二つの世論調査の二次分析をおこなう。データはいずれも東京大学社会科学研究所附属社会調査・データアーカイブ研究センターに所蔵されているもので、政治学者の三宅一郎によって寄託された（表1）。

一つは「1967年東京都知事選挙調査」（以下、都知事選調査と表記）で、公明選挙連盟（現在の明るい選挙推進協議会）と中央調査社が実施し、都内の有権者九百六人から回答を得たものである。選挙への関心や選挙違反の噂を聞いたかどうかなどとともに、実際の投票行動、これまでの都政の評価、各種争点への態度、支持政党などをかなり踏み込んで尋ねている[10]。

もう一つは、統計数理研究所が実施した「東京定期調査・1967年春」（以下、東京定期調査67春と表記）で、二十三区の有権者四百八十三人が回答したものである。統計数理研究所は一九五四年から八二年にかけて、主にマスコミの効果を調べるために、春と秋に「東京定期調査」を実施していて、六七年春の調査はその一つである。購読紙、関心がある記事やニュース、時事問題への関心などとともに、直近にあった都知事選の投票行動と美濃部都政への期待の二つの質問が設けられている[11]。

以下では、これらの調査のなかで一九六七年都知事選の投票行動を尋ねた質問項目に注目して分析しよう。都知事選調査では、「あなたは、四月十五日に行なわれた東京都知事選挙で、投票なさいましたか」（Q11）という

表2　1967年都知事選の投票行動の単純集計結果と実際の投開票結果

	美濃部	松下	阿部	他候補	有効投票計	無回答・無効票	投票せず	合計
都知事選調査	377 (42%) (57%)	229 (25%) (35%)	51 (6%) (8%)	1 (0%) (0%)	658 (73%) (100%)	115 (13%)	133 (15%)	906 (100%)
東京定期調査67春	213 (44%) (57%)	126 (26%) (34%)	29 (6%) (8%)	3 (1%) (1%)	371 (77%) (100%)	65 (13%)	47 (10%)	483 (100%)
実際の投開票結果	2,200,389 (30%) (44%)	2,063,752 (28%) (42%)	601,527 (8%) (12%)	83,330 (1%) (2%)	4,948,998 (67%) (100%)	67,524 (1%)	2,416,485 (33%)	7,433,007 (100%)

注：各セルの上段は実数、中段は全回答者・全有権者を100とする％、下段は有効投票計を100とする％

質問に続いて「どなたに投票されましたか、おさしつかえなければおっしゃって下さい」（Q12）として、「美濃部」「松下」「阿部」「その他の候補」「いいたくない」「忘れた・不明」から一つ選んでもらっている。東京定期調査67春では、「あなたは今度の都知事選挙で誰に投票しましたか」（Q25）として、三候補、「その他の候補」「忘れた」「棄権した（投票権なしを含む）」から選んでもらい、「D.K.（不明回答）」「拒否」を含めて集計してある。

実際の投開票結果と比べると、どちらの調査も美濃部に投票した人がやや多く、他候補に投票した人と投票しなかった人がやや少ないが、分析の支障になるほどの偏りではない（表2）。

2 階級対立？

前述の西平の論考では、美濃部の支持者の特徴として、男性より女性、老年より若年、職業別では男性の勤め人と主婦が多いことを指摘している。対する松下の支持者は、男性、老年、男性の管理職、自由業、中小企業主が多いとしている。[12] 都知事選調査と東京定期調査67春で実際の投票行動を見ると、こうした西平の指摘がおおむね正しいことがわかる。美濃部に投票した人は、男性より女性、老年より若年、自営業や管理職より専門技術・事務職や主婦で割合が大きい（表3）。

西平が強調していたのは、この選挙で支持する候補に関して、「職業間の格差が非常に大きい」ことだった。西平は、ほかの道県知事選挙でこれほどまで職業によって支持に違いがあることはないとしたうえで、次のように述べていた。

しかし東京では〔職業による支持の開きが：引用者注〕程度問題を通り越して、対立に近い感じを懐かせるものがある。筆者はいままで選挙だけでなく、一般の社会的態度や意見について、個人間の相違はあっても、職業・階層・階級の間に対立的な差をほとんど認めたことがなかった。しかし今度の分析をみると、あるいは東京に、日本に、このような対立のきざしがあらわれ始めたのではないか、と考えなおしてみたくなる。

表3　1967年都知事選の投票行動のクロス集計結果：性・年代・学歴・職業別

		都知事選調査					東京定期調査67春				
		美濃部	松下	阿部	(N)		美濃部	松下	阿部	(N)	
性別	男性	54%	40%	7%	(321)	*	57%	36%	7%	(181)	
	女性	61%	30%	9%	(336)		59%	32%	9%	(187)	
年齢	20歳代（1938～47年生）	65%	27%	8%	(197)	**	73%	23%	4%	(105)	**
	30歳代（1928～37年生）	58%	31%	10%	(173)		57%	34%	9%	(101)	
	40歳代（1918～27年生）	61%	35%	4%	(122)		56%	35%	8%	(71)	
	50歳代（1908～17年生）	46%	47%	6%	(93)		47%	39%	14%	(51)	
	60歳以上（1907年以前生）	43%	47%	10%	(72)		36%	56%	8%	(39)	
学歴	旧制尋小・高小、新制中学	52%	34%	14%	(244)	**	50%	35%	15%	(133)	**
	旧制中学・新制高校	61%	33%	6%	(290)		63%	35%	3%	(152)	
	旧制高専・大学・新制大学	58%	40%	2%	(121)		62%	35%	4%	(78)	
職業	自営、家族従業、自由	39%	55%	6%	(158)	**					
	管理職	41%	59%	–	(22)						
	専門技術、事務職	68%	26%	5%	(168)						
	販売サービス、生産工程職	58%	25%	17%	(72)						
	主婦	63%	28%	9%	(188)						
	無職、学生	63%	29%	8%	(49)						

注：無回答、投票せずを除いて集計した。カイ2乗検定の結果、$^{**}p < .01$, $^{*}p < .05$（ただし職業は期待度数5未満のセルがある）。空欄は質問項目がなくデータがない

（略）東京や日本の場合、たとえ対立が現れるとしても、新旧中間層の対立のようで、労使の階級対立の形はとらないのではないだろうか。[13]

都知事選調査で職業別の投票先を見ると、「自営、家族従業、自由」と「管理職」では、松下に投票した人の割合が、美濃部に投票した人の割合を大きく上回っている。それに対して「専門技術、事務職」でも「販売サービス、生産工程職」でも、また「主婦」や「無職、学生」でも、美濃部に投票した人の割合が、松下に投票した人の割合を大きく引き離している（表3を参照）。

たしかに「職業間の格差が非常に大き」く、二つのグループ間の「対立に近い感じを懐かせるものがある」。ただ、これがどのような対立なのかというと、なかなか難しい。資本家と労働者の「階級対立」という表現では、自営業者の位置づけがはっきりしない。西平がいう「新旧中間層の対立」がしっくりくるかといえば、それもまた微妙である。たしかに旧中間層（自営業者）には松下に投票した人が多く、新中間層（被傭者）には美濃部に投票した人が多い。しかし、被傭者のうち管理職には松下に投票した人が多く、被傭者は一枚岩でない。

強いていえば、「自前」的職業と「非自前」的職業の対立という表現が、実態に近いかもしれない。「自前」的職業とは「自分の仕事や職業をコントロールする主体が自分の手にある」という意識（自前意識）をもてる職業をさす。すなわち、自営業者や管理職は「自前」職、非管理職の被傭者は「非自前」職である。ちょうどこの選挙よりも少し前に三宅一郎らが京都の選挙を調査するなかで発見した、日本の政党支持をよく説明するといわれてきた職業分類だ。[14] いずれにせよ、戦後日本政治の保守と革新が、西欧のように資本家と労働者の対立を直截に反映したものでないことは、政治行動や政治意識の実証研究で繰り返し指摘されてきたが、一九六七年の都知事選挙もその例に漏れるものではなかったと思われる。

3　革新統一の成果？

美濃部革新知事の誕生の背景として、社会党と共産党による共闘の実現という政党の側の要因が大きいことは、これまで繰り返し指摘されてきた。例えば、政治学者の進藤兵の革新自治体論はこの点を重視した叙述になっている。それによれば、一九六〇年代前半以来、社会党と共産党は関係が思わしくなく、民社党や公明党の台頭による野党の多党化が、革新統一をさらに困難にしていた。しかしベトナム反戦を機に社共両党の共闘が試みられるようになり、六七年の都知事選に際しても社会党と共産党が政策協定を結ぶに至り、両党が労働組合、諸団体、文化人などとともに「明るい革新都政をつくる会」を結成して、美濃部を推すことになった。なお、この「明るい革新都政をつくる会」の代表の一人が、本章の冒頭で引用したエッセーの著者・中野好夫だった[15]。

このような革新統一の効果は、たしかに都知事選調査でも東京定期調査67春でも、顕著に見ることができる。どちらの調査でも、社会党と共産党の支持者の大半が美濃部に投票していて、取りこぼしがほぼない。革新政党の支持基盤である労働組合に加入しているかどうかと投票先の関連を見ても、労組加入者のほうが未加入者よりも美濃部に投票した人の割合が大きい（表4を参照）。もし革新統一が実現せず社会党と共産党が別々に候補者を擁立していれば、こうした票は割れて、結果的に保守陣営の候補者を利していただろう。

このように、革新統一の成功が美濃部の当選にとって決定的だったのは間違いない。ただ、支持政党別の投票行動を見て気づくのは、「支持政党なし」の無党派層の存在がそれなりに大きいことである。どちらの調査でも、支持なし層の七〇％以上が美濃部に投票していて、松下には二〇％程度しか投票していない。西平が「結局、美濃部氏は社共両党からの基礎票においては、自民・民社の基礎票による松下氏に劣っていたが、敵陣営からの寝返り票で互角に持ち込み、浮動票グループから得た票でリードを奪った形になっている[16]」といっているように、

表4　1967年都知事選の投票行動のクロス集計結果：支持政党・労組加入別

		都知事選調査					東京定期調査67春				
		美濃部	松下	阿部	(N)		美濃部	松下	阿部	(N)	
支持政党	自民	19%	79%	2%	(218)	**	27%	71%	2%	(133)	**
	社会	95%	4%	1%	(203)		91%	8%	2%	(128)	
	民社	43%	57%	--	(28)		43%	57%	--	(21)	
	公明	2%	5%	93%	(41)		12%	--	88%	(26)	
	共産	100%	--	--	(15)		88%	13%	--	(8)	
	その他の政党	80%	20%	--	(5)		100%	--	--	(6)	
	支持政党なし	74%	20%	5%	(148)		75%	18%	7%	(44)	
労組加入	加入している	82%	14%	4%	(96)	**					
	加入していない	67%	28%	5%	(60)						
	労組がない	45%	43%	13%	(103)						

注：無回答、投票せずを除いて集計した。カイ2乗検定の結果、** $p < .01$, * $p < .05$（ただし支持政党は期待度数5未満のセルがある）。空欄は質問項目がなくデータがない

支持なし層の動向が美濃部勝利に大きく貢献したのもまた確かである。このような政党支持なし層や支持強度が弱い層が本格的に増加していくのは一九七〇年代以降[17]だが、六七年の都知事選で、支持なし層が一定程度出現していたこと、またその層がキャスティングボートの一部を握っていたことは強調しておいてもいいだろう。

4　なにが争点だったのか？

支持政党が決まっている人々は、政党の推薦に従った投票行動をするが、政党支持なし層や支持強度が弱い人々にとっては、選挙の争点が投票行動を左右する要因の一つになる。一九六七年都知事選ではどのような争点

があったのだろうか。これまでいくつかの争点が指摘されているので、ここでまとめてみよう。

第一は、安井誠一郎、東龍太郎と続いた保守知事の都政をどのように評価するかという争点である。安井・東の両知事は東京オリンピックの開催に尽力したが、他方で、一九六五年の都議会疑獄事件だけでなく、それ以前にも東京都政では選挙違反、都営住宅用地の買収をめぐる贈収賄、競馬会社の汚職などの問題が相次いでいた。(18)これらが政治不信を招き、保守都政の継続か刷新かがこの選挙の争点の一つだったといわれる。(19)

第二は、地方自治や都政がどうあるべきかという争点である。美濃部知事時代に編纂された『東京百年史』は、美濃部革新知事の誕生の要因としてこの争点を強調している。

この選挙の最大の特徴は、松下・美濃部両者の代表的選挙スローガンでも明らかなように、自民・民社側は東京およびその知事を「国」との関連で把握していた。(略)知事選でも日本の首都としての東京の政治的特性を強調し、「国」と地方公共団体との縦割りの関係――いわば地方自治法の感覚をもって選挙に当たった。東京における「革新」的勢力の進出は、「国家的見地」からすれば、もっとも憂うべきものであり、さきの都議選の結果はさらに政府・与党の危機感を深めていた。

一方の美濃部側は、こうした相手側の、いわば「天下国家論」から争点をはずし、具体的に、「住民の問題」にふれるという戦術をとった。東京に青空をという標語は、長年の「天下、国家」を論じることが政治であり、そのことは地方選挙においても例外ではなかった事態の中で、新鮮なひびきを与えた。(20)

松下を推す自民・民社側は、「都庁に赤旗を立てさせるな」をキャッチフレーズとすると同時に、国政与党であることを強みとして「中央直結」によって公共事業を多く配分させると訴えた。実際、選挙期間中に首相の佐藤栄作は「私と対決しようという革新候補には、たとえ都知事に選ばれても私は協力しない」(21)と発言していた。それに対して美濃部陣営は、利権や汚職の追放と大気汚染の追放、都民との対話による民主主義の回復を訴えた。

このように都政の民主主義の立て直しや地方自治のあり方がこの知事選の大きな争点になったといわれている。[22]

第三は、これまでもふれてきた都市問題の深刻化という背景であり、それをどうするのかという争点である。『東京百年史』は、先の引用に続けて次のように述べている。

戦後一貫してわが国を統治してきた保守勢力の功罪はいろいろと挙げられる。しかし東京はじめ多くの都市に限っても、保守勢力のリードの結果によって、その生活環境はつみ重なる公害によって、都市住民の生命の安全をおびやかすまでになったことは否定できない現実である。（略）

（略）戦後の世界に冠たる復興＝躍進という「わが国」の発展（傍点）にともなう公害の堆積の最大の責任はだれが負うべきかということが、公害の集中する東京で改めて問われたとしても、決して不思議でも唐突なことでもなかった。

「天下、国家」を論じようとしても、その天下に人が絶え果ててしまったら論じようがない道理が、おそまきながら普及した結果が、「革新知事」誕生の背景であった。[23]

このような都市問題の争点化は、前述のように、これまでも多くの論者によって指摘されてきた。代表例として、革新自治体論の先駆的業績での次の指摘を挙げておきたい。「国政レベルでは戦後型統治派が経済成長という国民生活に関わる目標を掲げて保守の支持を確保したのとパラレルに、自治体レベルでは今度は保守ではなく革新が地域のより細かなレベルで住民の医療・福祉・教育・公害防止などの生活上の要求を取上げ政治目標に掲げることに成功した[24]」

第四は、美濃部の個人的人気が重要であり、候補者のパーソナリティーが争点になったという指摘がある。美濃部は、天皇機関説で知られる美濃部達吉の長男であり、労農派の経済学者大内兵衛の門下のマルクス経済学者だったが、ＮＨＫ教育テレビのドラマ仕立ての教養番組『やさしい経済教室』（一九六〇―六二年放映）に「お父さん」役で出演したり、物価問題の一般向け解説書を著したりする、メディア露出が多い人気学者の顔も持ち合わせていた。そのため、「美濃部本人の、戦前の憲法学者美濃部達吉の子息、物価問題の専門家、テレビでのソフトな語り口と「美濃部スマイル」といった個性も、既存の職業政治家や官僚出身政治家とは異なる新鮮なものとして、主婦層や無党派層などの人気につながった」[25]と指摘されている。

以上、やや駆け足で主要な争点を見てきたが、これらは有権者たちの実際の投票行動にどのように影響したのだろうか。二つの世論調査のデータを使って、一九六七年の都知事選で美濃部に投票したか、松下に投票したかを従属変数として、各争点に関する態度や意見を独立変数とする多変量解析（二項ロジスティック回帰分析）をおこなってみた（阿部を含む他候補への投票者、投票しなかったという回答者、無回答は除外して分析した）。その結果（表５の Model 1、Model 2）から浮かび上がってくる争点の効果は、次の四点にまとめることができる。

①安井・東の保守都政を評価する人は松下へ、評価しない人は美濃部へ投票していた[26]。ただ、こうした保守都政の業績評価は、投票行動にそれほど強い影響を与えたわけではなかった。

②「中央直結か地方自治か」という争点では、地方自治の擁護・強化を求める人ほど美濃部に、「国の援助や指導を一層強めるべき」という人ほど松下に投票していた[27]。しかし、この争点も投票行動にそれほど強く影響したわけではなかった。また、都政のあり方について、「国の意向によく沿って」か「住民本位で」かという意見の違いは、美濃部か松下かの投票先の違いに影響していなかった[28]。

③都市問題については、どちらの調査にも直接的な質問項目がなかったが、東京定期調査67春で時事問題への関心をいくつか尋ねていたので、それらと投票行動との関連を見てみた。防衛・憲法・外交といった「国家問題」も、社会保障・教育・交通問題・物価問題といった「生活問題」も、どちらも争点として独自の効果はもっておらず、投票行動に与えた影響は支持政党のほうが大きいという結果であった[29]。

④美濃部個人の人気という点では興味深い結果が見られた。「投票で重視したもの」として「人柄」「主義主張」「われわれの立場」「政策」を選んだ人は、「政党」を選んだ人に比べて、美濃部に投票していた[30]。

表5　1967年都知事選の投票行動（美濃部に投票=1、松下に投票=0）を従属変数とする二項ロジスティック回帰分析の結果

		Model 1	Model 2	Model 3	Model 4
性別（男性）		-0.30	.05	-.37	.02
年齢		0.00	-.02	.00	-.02 *
教育年数		0.04	.08	-.04	.05
政党支持	自民・民社	-2.28 ***	-2.39 ***	-2.56 ***	-2.38 ***
	社会・共産	2.29 ***	.78	1.97 ***	.75
安井・東の業績評価		-0.27 +			
都政のあり方（国の意向←→住民本位）		0.17			
地方自治意識		0.26 +			
時事的関心	国家問題		-.39		
	生活問題		.27		
投票で重視したもの	人柄	1.23 ***			
	主義主張	2.13 ***			
	政策	1.39 *			
	われわれの立場	2.68 ***			
	政治的手腕	0.51			
メディア接触	選挙公報			.10	
	ラジオ政見放送			.18	
	新聞広告			.19	
	新聞報道			.46 *	
	政党パンフ・ビラ			-.06	
購読紙	朝日				.10
	毎日				-.67
	読売				-.30
	サンケイ				-.36
	日経				-1.56 **
定数		0.03	1.37 *	1.18	2.21 *
カイ2乗		344.54 ***	123.15 ***	333.07 ***	154.24 ***
-2 対数尤度		333.43	269.31	461.82	283.59
Nagelkerke の R2乗		.666	.462	.580	.508
N		516	298	600	331

注：Model 1,3は都知事選調査、Model 2,4は東京定期調査67春による。数字はロジスティック回帰係数。*** $p < .001$, ** $p < .01$, * $p < .05$, + $p < .1$。「政党支持」の参照カテゴリは「その他の政党、支持なし」。「投票で重視したもの」の参照カテゴリは「政党」

5　イメージ選挙？

候補者のパーソナリティーが争点の一つになっていたとすれば、マスメディアの影響を検討しておくことも必要だろう。選挙直後に行政学者の井出嘉憲が著した論考(31)では、この選挙での候補者イメージやマスメディアの影響力を強調している。それによれば、美濃部陣営は「チーム・カラー」として「青空」や「希望」を象徴するライトブルーを採用し、「青空バッジ」を大量に作成して支持者に頒布した。「ブルー東京」（芥川也寸志作曲）という歌も作られた。NHKの朝の連続テレビ小説『おはなはん』（一九六六―六七年放映）の主演女優だった樫山文枝と美濃部のツーショット写真をあしらったポスター、「鉄腕アトム」（一九五二―六八年連載、六三―六六年アニメ放映）や「オバケのQ太郎」（一九六四―六六年連載、六五―六七年アニメ放映）が登場するパンフレットなども作成されたという。対する松下陣営も、「松下正寿の歌」（作曲は自民党都知事選本部事務総長の久野忠治）を用意したり、テレビ出演のための演出家を雇ったりしたという(32)。このような「徹底したイメージ選挙」によって、マスメディアを通じた美濃部人気が醸成されたことは、のちの論者によっても指摘されてきた(33)。

都知事選調査では、「投票を決めるときに役立ったもの」を尋ねていて、回答者全体では「テレビ・ラジオの選挙報道」（五二％）、「新聞の選挙報道」（五一％）、「家族との話し合い」（三三％）が上位にきている。美濃部に投票した人々に限ると、「テレビ・ラジオの選挙報道」を挙げた割合は松下に投票した人々と同程度だが、「新聞の選挙報道」を挙げた割合は松下や阿部に投票した人々よりも大きい（図1）。

メディアとの接触が投票行動に与えた影響を、前項の争点と同じように分析してみた。その結果（表5のModel 3、Model 4）によると、選挙公報、ラジオの政見放送、候補者の新聞広告、政党のパンフ・ビラとの接触度合いによって投票先が美濃部か松下かという違いは、明確には見られなかった。しかし新聞の選挙報道に接し

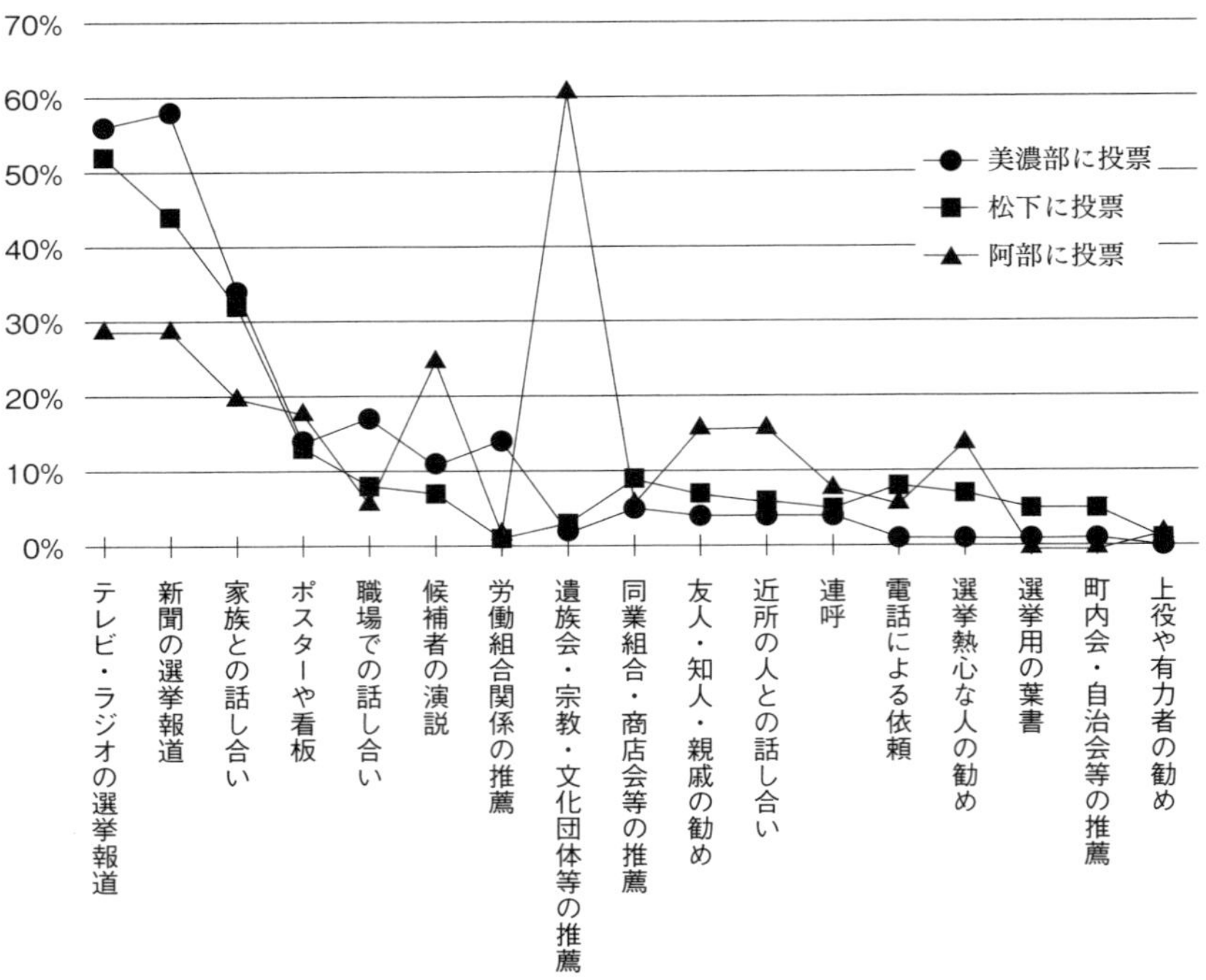

図1　「投票を決めるときに役立ったもの」：投票行動別
（出典：都知事選調査から作成）

た人ほど、支持政党の違いを超えて、美濃部に投票していた。ただし購読紙の影響は、「日本経済新聞」購読層が松下に投票した傾向があった以外には見られなかった。

おわりに

美濃部革新都政を誕生させた一九六七年の都知事選を、有権者の選択という視点から見てきた。全体を見渡して、まずいえるのは、政党の影響力がその後の時代からは考えられないほど大きかったということである。有権者が投票先を決める際、支持政党がどの候補を推薦していたかは非常に大きな影響力をもっていた。たしかに政党支持なし層が一定程度いるという、その後に広がる状況がこの選挙で見られたのも事実だが、全体として見れば、政党が人々をまとめあげる力は、まだ格段に強かった。

オリンピック後に噴出した都市問題が都民の不満を増大させ、革新都政の誕生につながった——という説明はこれまでしばしばなされてきたが、この選挙での有権者の投票行動の説明としては、誤りとはいえないまでも、やや正確さに欠けるように思われる。都市問題や保守政治への不満・不信が暴発して美濃部支持に直接的に結び付いたというよりは、そうした不満や不信が革新政党への支持として集約されて、それが美濃部の当選につながったというべきだろう。

イメージ戦略やマスメディアが都知事選の帰趨を大きく左右するということ、あるいは、政党や政策以上に候補者の人柄や「われわれの立場」を代弁してくれそうだということが大きな要素になるという一九六七年の選挙風景は、このあとの時代の都知事選を十分に予感させるものである。その一方で、都民の社会的不満や政治的不信を受け止める政党が存在し、それをよりどころにして民意がまとまって政治を変えていったということが、のちの時代とは大きく異なるところだった。

美濃部革新都政の誕生は、東京オリンピックに象徴される戦後日本の成長と繁栄が、次第に綻びを見せていく転換点だったが、それは、選挙風景という意味でも、時代の転換点となる選挙だった。

注

(1)「朝日新聞」一九六四年十月十六日付（講談社編『東京オリンピック——文学者の見た世紀の祭典』〔講談社文芸文庫〕所収、講談社、二〇一四年）

(2) 大野木克彦、東京百年史編集委員会編『東京の新生と発展——昭和期戦後』（「東京百年史」第六巻）、ぎょうせい、一九七九年、三二三—三二七ページ

(3) 小林信彦『出会いがしらのハッピー・デイズ』文藝春秋、二〇〇一年、一六六ページ

（4）井出嘉憲『地方自治の政治学』（UP選書）、東京大学出版会、一九七二年、一九七―二〇〇ページ、塚田博康『東京都の肖像――歴代知事は何を残したか』都政新報社、二〇〇二年、一二六ページ、土岐寛『東京問題の政治学 第二版』日本評論社、二〇〇三年、六九ページ、進藤兵「革新自治体」、渡辺治編『高度成長と企業社会』（「日本の時代史」第二十七巻）所収、吉川弘文館、二〇〇四年、二三五―二三六ページ

（5）源川真希『東京市政――首都の近現代史』日本経済評論社、二〇〇七年、二七一―二七二ページ

（6）西平重喜「美濃部二百二十万の支持層――東京都知事選挙の分析」、「自由」編集委員会編「自由」第九巻第六号、自由社、一九六七年（西平重喜『日本の選挙』所収、至誠堂、一九七二年）

（7）前掲『東京市政』二七二ページ、岡田一郎『革新自治体――熱狂と挫折に何を学ぶか』（〔中公新書〕、中央公論新社、二〇一六年）八三―八四ページなど。

（8）佐藤博樹／石田浩／池田謙一編『社会調査の公開データ――2次分析への招待』東京大学出版会、二〇〇〇年、一―五ページ

（9）橋本健二編著『家族と格差の戦後史――一九六〇年代日本のリアリティ』（青弓社ライブラリー）、青弓社、二〇一〇年、一六ページ。同書では社会学者の橋本健二らが一九六〇年代の質問紙調査の再集計と二次分析によって高度経済成長期の家族や格差の実態を描き出している。橋本をはじめとして社会階層研究を中心に、二次分析による現代史の再検証が盛んに試みられている。例えば、相澤真一／土屋敦／小山裕／開田奈穂美／元森絵里子『子どもと貧困の戦後史』（〔青弓社ライブラリー〕、青弓社、二〇一六年）など。

（10）都知事選調査の各設問の単純集計や基本的属性とのクロス集計の結果は、公明選挙連盟編『第6回 統一地方選挙と有権者――世論調査結果をめぐって（昭和42年4月執行）』第一・二巻（公明選挙連盟、一九六七年）を参照。なおこの報告書には、政治学者の杣正夫や政治社会学者の綿貫譲治らが調査結果を分析した座談会も付されている。

（11）東京定期調査67春の各設問の単純集計や基本的属性とのクロス集計の結果は、統計数理研究所『東京定期調査の結果――1971年春まで』（〔「数研研究リポート」第二十八巻〕、統計数理研究所、一九七一年）を参照。

（12）前掲「美濃部二百二十万の支持層」八五ページ

（13）同論文八五―八六ページ

(14) 三宅一郎／木下富雄／間場寿一『異なるレベルの選挙における投票行動の研究』創文社、一九六七年、一一七ページ
(15) 前掲「革新自治体」二三三―二三五ページ
(16) 前掲「美濃部二百二十万の支持層」八八ページ
(17) 三宅一郎『政党支持の分析』創文社、一九八五年、第八章、同『投票行動』(「現代政治学叢書」第五巻)、東京大学出版会、一九八九年、第三章
(18) 前掲『東京問題の政治学 第二版』六九―七一ページ
(19) 前掲「革新自治体」二三二ページ、前掲『東京市政』二七一―二七二ページなど。
(20) 前掲『東京の新生と発展』三二八ページ
(21)「朝日新聞」一九六七年四月六日付、「朝日新聞」一九六七年四月六日付夕刊
(22) 前掲「革新自治体」二三五―二三六ページ
(23) 前掲『東京の新生と発展』三二八―三二九ページ
(24) 渡辺治「保守政治と革新自治体」、歴史学研究会／日本史研究会編『現代2』(「講座日本歴史」第十二巻)所収、東京大学出版会、一九八五年、一七七―一七八ページ
(25) 前掲「革新自治体」二三五ページ
(26) 保守都政の業績評価については、「あなたは、これまでの安井・東両知事の都政をどう評価しますか」という質問(都知事選調査Q28)に対する回答に、「大体満足な成績」＝四点、「どちらともいえない」＝三点、「あまり満足でない成績」＝二点、「まったく不満足」＝一点を割り当てた。なおこの質問の単純集計の結果は、「大体満足な成績」二二%、「どちらともいえない」一四%、「あまり満足でない成績」四三%、「まったく不満足」一〇%、無回答など一一%で、前述の得点の平均は二・五五である。東京オリンピックの実現に尽力した両知事の業績は、「どちらともいえない」と「あまり満足でない」の間のあたりの評価になっている。
(27)「中央直結か地方自治か」という争点については、「「国」と「地方自治体(都や区市町村)」との関係について、このような二つの意見がありますが、あなたはどちらに賛成ですか」という質問(都知事選調査Q10)に対する回答に、

「地方自治体だけではできない仕事が今日では沢山あるから、国の援助や指導を一層強めるべきである」＝マイナス一点、「なんといっても地方自治体の方が住民の生活をよく知っているのだから、地方自治体に財政的にも力をつけて、もっと自主的に仕事ができるようにする」＝一点、「どちらともいえない」＝〇点を割り当てた。

(28) 都政のあり方については、「都政のあり方について次の二つの意見があります。あなたはどちらに賛成ですか」という質問（都知事選調査Q27）に対する回答に、「東京は日本の首都だから、都政は、国の意向によく沿って進められなければならない」＝マイナス一点、「都政といえども地方自治であるから、まず住民本位で進められなければならない」＝一点、「一概にはいえない」＝〇点を割り当てた。

(29) 時事問題への関心については、「あなたは関心をお持ちですか」という質問（東京定期調査67春Q６）のうち、「憲法の問題」「社会保障の問題」「教育の問題」「交通の問題（事故、交通マヒ）」「物価の問題」「日本の防衛問題」「ベトナム問題」の各回答（「あまり関心がない」＝一点、「関心があるといえるだろう」＝二点、「非常に関心がある」＝三点）を因子分析した（主因子法、プロマックス回転）。第一因子は「防衛」「ベトナム」「憲法」の負荷量が大きく、第二因子は「交通」「物価」「社会保障」「教育」の負荷量が大きかったため、第一因子を「国家問題」、第二因子を「生活問題」とした（分析結果は省略）。表５の分析にはこれらの因子得点を独立変数として投入した。

(30) 「投票で重視したもの」については、「こんどの知事選挙では、あなたは候補者を推薦している政党の方を重くみて投票しましたか、それとも候補者の人物の方を重くみて投票しましたか」という質問（都知事選調査Q25）で、「政党」「人物」「両方同じに」から選んでもらい、このうち「人物」と「両方同じに」を選んだ人には、「人物で選ぶ場合、この中のどれになりますか、一つだけおっしゃって下さい」という副問（Q25SQ）があり、「人柄がよい」「主義主張がよい」「政策がよい」「われわれの立場で考えてくれる」「政治的手腕がある」「その他」から選んでもらった。これらを「政党」「人柄」「主義主張」「政策」「われわれの立場」「政治的手腕」に再分類した（「その他」は分析から除外した）。

(31) 井出嘉憲「都市革新期の幕開け（東京都知事選）——政治地図再編の先駆」、朝日新聞社編「朝日ジャーナル」第九巻第十八号、一九六七年、朝日新聞社（再掲：前掲『地方自治の政治学』）

(32) イメージ戦略やメディア対策のため文化人や芸能人が大量動員されたのも、この選挙の特徴だった。新聞には、美濃部を推す文化人・芸能人として、歌舞伎役者の中村錦之助、女優の淡路恵子、吉永小百合、作家の有吉佐和子、松本清張、小田実、漫画家の藤子不二雄などの名前が見える。松下陣営では、東京オリンピック女子バレーボール監督の大松博文（翌一九六八年に参院選全国区に自民党候補として立候補する）、大関北の富士、野球選手の長嶋茂雄（松下が総長を務めていた立教大学の出身）、作家の山岡荘八、劇作家の菊田一夫などの名前が挙がっている（「朝日新聞」一九六七年四月十日付）。

（33）前掲『東京市政』二七〇―二七一ページ、前掲『革新自治体』八二―八三ページなど。

［付記］本章のデータ分析にあたり、東京大学社会科学研究所附属社会調査・データアーカイブ研究センターSSJデータアーカイブから「1967年東京都知事選挙調査」（調査実施者：公明選挙連盟／中央調査社、寄託者：三宅一郎）、「東京定期調査・1967年春」（調査実施者：統計数理研究所、寄託者：三宅一郎）の個票データの提供を受けました。

第10章　大阪万国博覧会と地域整備
――万博関連事業の成立と展開

高岡裕之

はじめに

一九七〇年三月十五日から九月十三日までの百八十三日間、アジアで初めての万国博覧会[1]が大阪府吹田市の千里丘陵を会場として開催された。「人類の進歩と調和」をテーマにしたこの日本万国博覧会（以下、大阪万博と略記）には七十七カ国が参加し、会場には百四のパビリオン＝展示館（海外七十二、国内三十二）が立ち並んだ。大阪万博の入場者は、ブリュッセル万博（一九五八年）の四千百四十五万人、モントリオール万博（一九六八年）の五千三百十一万人を上回る六千四百二十二万人を記録[2]し、運営にあたった日本万国博覧会協会に百九十四億円の剰余金が残されるという大成功になった。

一九六四年に開催された東京オリンピックが、高度経済成長期の前半を代表するナショナルイベントだったとすれば、単純計算で国民の二人に一人が会場に足を運んだことになる大阪万博は、高度経済成長期後半を代表する一大ナショナルイベントとして位置づけられる。しかし、六四年大会については、その関連事業としておこなわれた首都高速道路や東海道新幹線などのインフラ整備の歴史的意義を論じるなど多面的な検討がなされているのに対し、大阪万博はもっぱら国民的「祝祭」としてだけイメージされているように思われる。

しかしながら、大阪万博に関連しておこなわれたインフラ整備は、決して小規模なものではなかった。一九六七年八月二十二日、政府が決定した万博関連事業は総額六千三百七十八億円、最終的には六千五百二億円に及んだ。ちなみに、万博会場建設費は約五百十五億円だったから、関連事業の規模は会場建設費のおよそ十二倍である。これは、総額九千八百七十四億円に及んだ六四年大会関連事業に比べれば少額だが、地域への投資額という意味で比較対象になるのは、六四年大会関連事業費から東海道新幹線建設費三千八百億円を差し引いた六千七十四億円だろう。つまり大阪万博関連事業は、少なくとも額面では、六四年大会関連事業とほぼ同じスケールでおこなわれた大規模公共事業だったといえる。

本章の課題は、このような大阪万博関連事業の特徴を明らかにすることにある。万博関連事業については、各種の公式報告書[3]が刊行されているため、個々の事業を把握することは容易である。しかし、その事業数は百件以上という多数であるうえ、内容面でも道路から公園まで多岐にわたっている。しかも、その実施範囲は開催地である大阪府だけではなく、隣接する兵庫県・奈良県・京都府、さらには三重県・福井県にまで及んでいる。なぜ、このような広い範囲で万博関連事業がおこなわれたのだろうか。大阪万博に関する各種の報告書には、この点に関する説明が欠落している。つまり、万博関連事業の全体としての輪郭は、きわめて不明瞭なのである。

そこで本章では、大阪万博関連事業の成り立ちを、万国博の開催経緯にまでさかのぼって考察することで、その固有の歴史的性格を浮き彫りにしてみたい。そのうえで、万博関連事業が地域にもたらした影響についても検証するが、紙幅の関係でその対象は道路事業にとどまらざるをえない。

1　万博会場の決定経緯

前述のように、万博関連事業は広く近畿地方の各府県にまたがって実施された。このような事態が生じたそもそもの原因は、日本政府が万国博の誘致に着手してから、会場が千里丘陵に決定するまでの経緯のなかに見いだされる。

一九七〇年に日本で万国博を開催するという構想が浮上したのは、六四年大会開催を控えた六三年九月、博覧会国際事務局（ＢＩＥ）から「国際博覧会に関する条約」への加盟の打診があったことがきっかけだった。日本国内でその推進役となったのは、四〇年に東京で開催予定だった万国博覧会に商工官僚として携わった豊田雅孝参議院議員（自民党）である。豊田は万国博の経済的意義のほか、「オリンピックが終わったあと、国民に一つの希望を与えるという意義」(4)を説いていた。通産省は六四年度から万国博の調査に着手し、六月九日には福田一通産大臣が七〇年に万国博を日本で開催したい旨を閣議で提案して、「政府として前向きに取り組む」ことが了承された。その後、同年十二月には、万国博誘致の前提となる「国際博覧会に関する条約」を批准したが、その会場が千里丘陵に決定したのは、ようやく六五年四月三日になってのことだった。

万博会場の決定が遅れたのは、会場候補地が複数存在していたからである。万博会場の候補地としてまず名乗りを上げたのは大阪であり、一九六四年四月二十三日には、左藤義詮《ぎせん》大阪府知事・中馬《ちゅうま》馨大阪市長・小田原大造大阪商工会議所会頭の連名で、大阪での万博開催を求める「万国博開催に関する要望」(5)を政府に提出した。もっとも、この段階での大阪府と大阪市の会場案は同一ではなかった。大阪府は自らが建設中の千里ニュータウンに隣接する千里丘陵を想定していたのに対し、大阪市が会場候補としていたのは大阪南港埋め立て地だった。にもかかわらず、両者が共同で大阪への万博会場誘致に乗り出したのは、当時、万国博の開催地は東京という見方が広く存在したからである。

もともと日本万国博覧会は一九四〇年に東京で開催されるはずのところ、戦争のため「延期」とされていたイベントであり、そのため初期の万博関連報道の多くは、東京開催を当然視していた。例えば、大阪が要望を提出した直後の「読売新聞」一九六四年四月二十八日付は、「オリンピックが終わったあと、国家的行事として都内で開催するのが首都の若返りをはかるうえで、もっとも適切である」という見地から、東京都が多摩丘陵を主会場とした計画を検討していることを大きく報じている。オリンピック開催を控えた東京都は、公式に万博会場誘致に動くことはなかったものの、最有力の候補地だったのである。[6]

政府首脳の意向も懸念されるものだった。一九七〇年の万博誘致が初めて議論された六月九日の閣議では、福田通産相や宮沢喜一経済企画庁長官が、すでに誘致表明をしている大阪を候補地として挙げたのに対し、池田勇人首相は、「羽田空港のあとを利用することも考えられる」と大阪案を牽制し、副総理格の河野一郎建設相も「滋賀県の琵琶湖の近くが適当」と述べたと報じられている。政権トップのこれらの発言は、万博会場の大阪誘致が前途多難であることを示すものだった。[7][8]

こうした状況のなかで、大阪側では六月十六日に知事・市長・会議所会頭が上京して政府関係者と地元選出国会議員らに直接陳情する一方、七月には大阪の政・財界を網羅する万国博覧会大阪誘致委員会を設立し、組織的な誘致運動を開始する。さらに大阪側は、万博誘致を大阪だけではなく、より広域的な利害と結び付けることで事態の打開を図ろうとした。七月十七日には大阪府の要請によって近畿ブロック知事会議（福井県・三重県・滋賀県・京都府・大阪府・兵庫県・奈良県・和歌山県）が三年ぶりに開催され、「万国博の近畿誘致を決議、強力に誘致運動を進めることを申合わせた」。この決議を受け、七月三十一日に万国博覧会大阪誘致委員会が政府に提出した「万国博覧会近畿開催に関する要望」は、「近畿ならびに瀬戸内海の広域的な開発」の必要を説き、大阪ではなく「近畿」への誘致を要望していた。[9][10]

ところで、この要望書を大阪側が提出した七月末の時点で、近畿の万博会場候補地は大阪だけだった。しかし、八月一日には河野一郎が推していた滋賀県が万博会場の誘致を表明し、九月には神戸市も名乗りを上げた。滋賀県の候補地は、県開発公社が造成していた琵琶湖東岸の木浜埋め立て地、神戸市の候補地は神戸市が進めていた東部埋め立て地第四工区だった。また同じ頃には、千葉県浦安を候補地とする声も出ていた。新たな候補地の登場に、大阪側では棚上げしていた候補地の一本化を図って、十月二日、知事・市長・会議所会頭三者によるトップ会談で大阪市側が譲歩し、千里丘陵を大阪の候補地とすることが決定した。

複雑化した事態に変化が見られたのは、六四年大会開会式の前日、十月九日だった。この日の参議院商工委員会（閉会中審査）で、豊田雅孝と椿繁雄（社会党、大阪選出）が万博会場に対する政府の見解を求めたのに対し、桜内義雄通産相は、通産省に具体的計画が提出されているのが近畿の三候補地だけであることを挙げて、「早急に日本が申請手続をとるという場合には、この近畿地区を考えることがいまの場合、順序としてさようになるかと思います」[11]と答弁した。また同日に開かれた自民党政務調査会近畿圏整備委員会は、千里丘陵を「主たる会場」、琵琶湖畔と神戸を「従たる会場」とする複数会場案を決定した。ここでようやく、東京（首都圏）ではなく、近畿に万国博を誘致することが本決まりになったのだが、かわって焦点となったのが単一会場か複数会場かという問題だった。通産省は会場の利便性の面からもBIEへの申請上からも単一会場を望み、自民党側はあくまで複数会場を希望した。他方、大阪側は滋賀・神戸の説得に努めたが、三者の歩み寄りは見られなかった。

このような状況は、池田首相が病気のために退陣し、佐藤栄作内閣が成立（十一月九日）してからも変わらなかった。しかし、BIEへの申請期限（一九六五年四月中旬とされていた）が迫るなか、会場統一問題の解決は不可避となった。三月十七日、桜内通産相は、近畿選出自民党国会議員との懇談会を開催して会場一本化への調整を要請し、政務調査会近畿圏整備委員会に小委員会を設置、会場問題を検討することになった。三月二十五日には自民党商工部会が、万博会場は一カ所とすることを決議し、三月三十日には近畿圏整備特別委員会の小委員会も、「①会場は二カ所にまたがるようなことはせず、一カ所にする　②場所の決定は桜内通産相に一任する」[12]の二点を決めて桜内に伝えた。

自民党から会場決定権を委ねられた桜内通産相は、四月三日、大阪・滋賀・兵庫の各誘致委員会代表者に対して、①万博会場は千里丘陵とする、②滋賀・神戸については関連事業をおこないうるよう関係各省に要請する、③早急に地元団体を結成して政府に計画を提出する、という三点を提示して了承を得た。桜内通産相は同日、近畿選出自民党国会議員の会合で三府県との懇談結果を報告、出席議員の了承を得、次いで四月五日には大阪で近畿二府六県（福井県・三重県・滋賀県・京都府・大阪府・兵庫県・奈良県・和歌山県）・三指定市（大阪市・神戸市・京都市）の知事・市長・議会議長および府県庁所在地の商工会議所会頭と懇談、会場調整の経緯を説明して出席者全員の了解を得た。

こうして万博会場問題は決着し、四月十三日には大阪府知事・大阪市長・大阪商工会議所会頭を発起人として、四月五日の懇談会出席者に関西財界四団体の代表者を加えたメンバーで構成する大阪国際博覧会準備協議会が設立され、同日付で一九七〇年国際博覧会を大阪千里丘陵で開催したい旨を申請した。そしてこの申請を受けた政府は、四月十六日、「大阪国際博覧会準備協議会の開催申請に基づき、国際博覧会条約上の開催申請手続を早急に進める」ことを閣議了解した。万国博の千里丘陵への誘致が政府の公式方針となったのは、この閣議了解によってである。

以上のように、当初、東京対大阪という構図で出発した万博会場問題は、最終的には大阪・神戸・滋賀の近畿内での対抗へと変化した。そしてこの間を通じ、万国博の開催は、近畿二府六県＝「近畿圏」全体の課題へと変容を遂げていたのである。

2　万博関連事業と近畿圏整備

すでに確認したように、大阪万博の開催は、会場決定の複雑な経緯のなかで、「近畿圏」＝近畿二府六県の問題として取り扱われるようになった。本章の主題である万博関連事業の枠組みも、こうした流れの延長線上で決定されたものである。

万博関連事業の推進は、一九六六年四月二十八日の閣議で「博覧会の成功を期するだけでなく、博覧会開催準備に伴う関連公共事業の推進をはかる必要があり、このため、地元に関係機関を以てする推進協議会をつくることとしたい[13]」という三木武夫通産相（万博担当相）の提案が了承され、その具体案が六月十四日の日本万国博覧会関係閣僚協議会で閣議了解事項とされたことで具体化した。これを受けて組織されたのが日本万国博覧会関連事業推進地方協議会（以下、推進協と略記）であり、その第一回会合は六月二十日に大阪で開催された。

推進協の役割は、「日本万国博覧会の開催準備に関連する事業を推進するため、これに係る地元要望のとりまとめおよびその要望を参考にして政府により決定された計画の実施の推進について協議を行なう」（規約第二条）ことにあり、構成メンバーは、①近畿二府六県の知事、②京都市・大阪市・神戸市と吹田市の市長、③これら自治体の議会議長、④近畿市長会と近畿ブロック町村会の会長、⑤阪神高速道路公団理事長、⑥日本万国博覧会協会会長と関係省庁・公団の近畿出先機関代表者とされた[14]。こうして、近畿二府六県を範囲とする万博関連事業の枠組みが定まったのである。

ところで、本章ではここまで「近畿圏」＝近畿二府六県という枠組みを説明なしに用いてきたが、一般に近畿地方とは大阪府・京都府・兵庫県・奈良県・和歌山県・滋賀県の二府四県、もしくはそれに三重県を加えた二府五県をさす。近畿二府六県というくくりはむしろ例外なのだが、その起点は一九六〇年十月十五日に建設省が大阪で開催した「一日建設省」までさかのぼる。

「一日建設省」とは、建設省が「近畿二府四県に三重、福井両県を加えた地域を選んで近畿広域都市圏建設の構想をたて、その具体的な問題について地元側との意見の交換を行な[15]」うべく開催したものだった。この「一日建設省」がきっかけになって、左藤大阪府知事が「一日建設省」に参集した二府六県三指定市に呼びかけ、近畿開発促進協議会（以下、近発協と略記）が設立された（一九六〇年十二月二十一日）。当時の大阪では、戦後に大阪経済が「地盤沈下」したことに対する危機感や、高度経済成長下の社会経済的変動（大都市部への産業・人口の集中、都市圏・交通圏の拡大など）を背景に、行政の広域化（道州制・府県合併など）の必要が盛んに論じられており、他方、多くの農山漁村地域を抱える周辺諸県では地域開発への要望が高まっていた。近発協は、こうした種々の思惑を背景に、「近畿地方における都市圏整備、地方都市開発、資源開発等を総合的且つ積極的に推進するため、開発計画の総合調整を行ない、その実施を促進する」[16]ことを目的として設立されたものだった。こうして、近発協は「近畿は一つ」をスローガンとして活動を開始する。その一つが、首都圏整備法（一九五六年制定）に準じた特別法制定運動であり、一九六三年に制定された近畿圏整備法はその成果である。つまり、「近畿圏」＝近畿二府六県という枠組みは、高度経済成長期の都市圏整備・地域開発問題という固有の歴史的文脈のなかで創出された、国土政策・地域政策上の「制度」なのだった。

万国博の近畿への誘致が問題となった一九六四―六五年は、このような近畿圏整備に向けた各府県の総合開発計画がまとまりつつあった時期であり、六五年五月には近畿圏整備法に基づく「近畿圏基本整備計画」も告示されている。こうした文脈をふまえれば、万博関連事業の推進母体とされた推進協＝近畿二府六県三指定市が、それを近畿圏整備事業促進の一大好機とみなしたのは当然だったといえるだろう。

設立後の推進協は、道路、鉄軌道、港湾空港、市街地整備、公園、観光、公安、環境整備、通信、総合の十部会を設けて関連事業を検討し、一九六六年七月二十七日の第二回協議会の場で「日本万国博覧会関連事業要望書」をとりまとめた。この要望書は、全体で二百三十八ページに及ぶ大部な冊子であり、そこに挙げられた事業は七百件近く、総事業費は未定のものを除いても二兆二千六百五十九億円に達する巨大なもので、未定分が「追加されれば万国博関連の公共投資期待額は三兆円を超える」[17]と見積もられた。これは、東海道新幹線を含む東京オリンピック関連事業の約三倍の規模である。左藤大阪府知事（推進協会長）によれば、これらの事業はオリンピック準備の過程で生じた首都圏と近畿圏の「公共投資の格差をなくし、一きょに近畿圏整備を前進させ」[18]るために必要なものだった。では、推進協がまとめた「地元の要望」とは、いったいどのような内容だったのか。

推進協の要望（一九六一年八月末段階）を事業部門別に見た場合、その最大の特徴は、道路整備が全事業費の五三％を占めていることである。これに鉄軌道整備の二三％を加えれば、この二部門だけで全体の七六％に達する。また地域別に見れば、最も多いのは大阪市の二一・五％であり、これに大阪府（大阪市・吹田市ではない地域）の一七％、吹田市の一・五％を合わせれば、大阪府内の事業はちょうど四〇％になる。兵庫県と神戸市は合計で三一％であり、大阪府・兵庫県内の事業だけで全体のほぼ七〇％になる。残りの三〇％がほかの府県で、京都府・市が合計で一〇％強、奈良県・和歌山県・滋賀県は三％から五％だが、これら周辺府県の事業は、万国博に伴う宿泊施設の所在地と観光地帯の整備として位置づけられていた。会場から最も遠い福井県の場合は、さすがに位置づけが困難だったようでその比率は〇・一％にとどまっているが、福井県にとって最も重要な要望は、当時未着工だった北陸自動車道（武生―米原間）の早期着工・完成（事業費未定）だった。

さらに道路整備以外の事業の内容を個別に見ると、実に多種多様な事業を列挙していることがわかる。例えば、件数で道路整備に次ぐ「環境整備事業」（全事業費の一四・二％）の内訳は、上水道、下水道、し尿・ごみ処理、治山、河川改修、防疫、医療、清掃、美化、公害、住居表示と多岐にわたる。事業実施地域も広範であり、奈良県の上水道整備では県内市町の六〇％に及ぶ五市九町の施設拡張・新設が挙げられ、京都府の下水道整備では南部地域の市町村に加え、亀岡市や綾部市、さらには日本海側に位置する丹後地域の大宮町（中郡）・岩滝町（与謝郡）の施設整備までも挙げている。これらの事例は、近畿各府県が社会資本整備のために万博関連事業を最大限活用しようとしていたことを示している。

推進協の要望には、大規模プロジェクトも含まれていた。その最大のものは、神戸市・兵庫県の事業とされた本州四国連絡道路（神戸・鳴門ルート）である。この計画の主唱者は、当時の神戸市長・原口忠次郎であり、彼は万博会場が千里丘陵に一本化された際、「ぜひ明石架橋を万博のモニュメントにしていただきたい」[19]と桜内通産相に申し入れたという。この計画の総事業費二千七十六億円（明石架橋・大鳴門橋・道路の合計）は、神戸市・兵庫県の要望額全体の二九％を占めていた。

以上のように、推進協は万博関連事業を事実上の近畿圏整備事業とみなし、膨大な事業を要望した。しかし、一九六七年度予算に向けて関係各省が提示した関連事業費は、推進協の要望を大幅に下回る約七千四百四十二億円（地元要望額の三二％）にとどまった。政府の関連事業選定基準とされたのは、①会場を中心として、神戸・京都・奈良および和歌山の各都市を結ぶ地域内の主要な道路・鉄軌道と公園、②会場周辺の河川・下水道などの

表1　万国博関連事業計画（1967年8月政府決定）の府県別内訳

（単位：百万円）

事業種別	道路	鉄軌道	空港	河川	下水	港湾	公園	観光	その他	合計	
大阪府	247,899	184,075	5,500	27,870	14,389	1,540	2,566	——	43	483,882	75.9%
兵庫県	64,882	8,691	5,500	4,200	1,008	1,370	——	——	——	85,651	13.4%
京都府	3,438	4,896	——	——	16,320	——	609	——	——	25,263	4.0%
奈良県	17,565	——	——	——	——	——	273	——	——	17,838	2.8%
和歌山県	——	9,487	——	——	——	——	——	——	——	9,487	1.5%
滋賀県	235	7,517	——	——	——	——	——	——	——	7,752	1.2%
福井県	78	——	——	——	——	——	——	——	——	78	0.012%
三重県	56	——	——	——	——	——	——	——	——	56	0.009%
区分不能	——	500	——	——	——	——	——	7,330	——	7,830	1.2%
合計	334,153	215,166	11,000	32,070	31,717	2,910	3,448	7,330	43	637,837	100.0%
	52.4%	33.7%	1.7%	5.0%	5.0%	0.5%	0.5%	1.1%	0.007%	100.0%	

注1：日本万国博覧会関連事業推進地方協議会「万国博関連事業資料」（1967年7月28日）（日本万国博覧会関連事業推進地方協議会編『万国博関連事業報告書』所収、万国博覧会関連事業推進地方協議会、1970年）、大阪市『日本万国博覧会と大阪市』（大阪市、1971年）などから作成

注2：府県別費用が不明な事業のうち、①西名阪道路・阪奈道路については、前掲『日本万国博覧会と大阪市』が掲げる大阪府内の日本道路公団施行事業費から両道路事業の大阪府と奈良県分を算出、②東海道本線線路増設（京都―草津間）については、路線キロ数から京都府と滋賀県の比率を4:6と算定、③ほかは主要な事業施行地にあたる府県に帰属させた

環境整備事業、③近畿圏内の主要な宿泊地・観光地整備事業であり、④かつ六九年度中に完成する見込みがあるものに限るというものだった。なお、六七年一月十九日に開催された推進協幹事会では、通産省万博準備室や近畿整備本部の側が、推進協の要望は「必要不可欠事業と関西経済のレベルアップをねらいとするものとの二種」に分けられるが、①「関連事業なるものは、万博に直接結びついて推進するものに限られなければならない」こと、②「レベルアップ的なものは近畿整備の面から取上げていくようにしたい[20]」という意向を示している。つまり政府側は、万博関連事業と近畿圏整備事業を切り離し、関連事業を万国博と直接関係する事業に限定しようとしたのである。その結果、近隣府県で数多かった地方道、国鉄、上下水道、ごみ・し尿処理施設、公園、観光施設などへの要望はほとんどが却下され、完成に長期を要する本州四国連絡道路のような大規模プロジェクトも排除されることになった。

こうした政府の姿勢に対して推進協側は自民党による調整に期待をつないだが、最終的に万博関連事業はさらに少ない六千三百七十八億円とすることを七月十四日の自民党万国博覧会対策特別委員会が決定し、これが八月二十二日の政府による公式の万博関連事業計画となった。結局のところ、万博関連事業費は「地元の要望」額の三〇%以下、東海道新幹線建設費を除いた六四年大会関連事業と同程度の額にまで圧縮されたのである。

政府決定された万博関連事業計画は、主管省ごとに各事業の費用を示しているだけで、府県別の事業費は明らかにされていない。そこで、個々の事業内容をもとに、おおよその府県別事業費を推計してみると表1のようになる。これを推進協案と比較した場合、最も大きな相違点は、大阪府（大阪市などを含む）の事業費の比率が四〇%から七六%へと大きく上昇し、大阪府への集中が著しくなっていることである。これに兵庫県の一三%を加えれば、全事業費のほぼ九〇%を両府県が占めることになる。「近畿圏整備」の起爆剤として大きな期待を寄せられた万博関連事業は、こうして大阪府の道路・鉄軌道整備を中心とするものとして実施されることになったのである。

3　万博関連事業の実施

「地元の要望」よりも大幅に縮小されたとはいえ、六四年大会関連事業並みの規模でおこなわれた万博関連事業は、大阪府にかつてない公共事業の集中的施行をもたらすことになった。大阪府内の万博関連事業の内訳（表2）を見ると、事業区分では道路整備費が全体の五〇％、鉄軌道整備費が三九％（その六二・五％は大阪市高速鉄道＝地下鉄）である。また事業主体別では、大阪市担当分約千九百七十五億円が最大（府内事業の四〇％、うち六〇％は地下鉄）であり、次位が阪神高速道路公団の七百八十六億円（同一六％）、三位が大阪府の七百三十九億円（同一五％、うち六七％は道路）となる。万博関連事業の根幹は道路と地下鉄の整備だったといえる。この点を念頭に置きながら、以下、大阪府を中心とする道路整備事業について具体的に見てみよう。

大阪府内の道路整備は、戦前以来、大阪市の都市計画街路および大阪市と府内外とを連絡する「十大放射路」を中心に進められてきた。しかし、高度経済成長の開始とともに始まった急速なモータリゼーションは、大阪市内と周辺地域の道路交通を飽和状態に陥れ[21]、既存の交通体系を抜本的に刷新する必要が叫ばれるようになった。そこで浮上したのが、都市高速道路網と新たな幹線道路網の計画である。

このうち都市高速道路については、一九五九年六月に首都高速道路公団が設立されたことを契機として、同年九月、建設省近畿地方建設局（以下、近畿地建と略記）・大阪市・大阪府・神戸市・兵庫県・日本道路公団大阪支社が阪神地区高速道路協議会を結成し、路線の検討を開始した。翌六〇年には大阪府知事を会長とする阪神地区高速道路建設促進連盟が発足し、その運動の結果、六二年五月に阪神高速道路公団が設立された。阪神地区高速道路協議会は、公団の発足に際して約五十八キロ当初事業化路線案をまとめ、そのうち五路線約五十二キロが都市計画決定され、六二年十月、建設大臣が公団の「基本計画」として指示した。この「基本計画」の事業完成目

表2　大阪府内の万博関連事業

（単位：百万円）

事業区分			全体事業費			事業主体別事業費			
			政府決定	うち大阪府内		大阪市	大阪府	国	その他
道路	国道（直轄）		49,799	34,110	68.5%	1,110	―	33,000	
	地方道		139,581	123,890	88.8%	67,091	49,268	―	7,531
	日本道路公団		28,369	9,290	32.7%	―	―	―	9,290
	阪神高速道路公団		116,404	78,609	67.5%	―	―	―	78,609
	小計		334,153	245,899	73.6%	68,201	49,268	33,000	95,430
			51.4%	50.0%		34.5%	66.7%	67.2%	55.7%
鉄軌道	国鉄		45,874	20,334	44.3%	―	―	―	20,334
	大阪市高速鉄道		119,850	119,850	100.0%	119,850	―	―	―
	私鉄		61,851	51,591	83.4%	―	―	―	51,591
	小計		227,575	191,775	84.3%	119,850	―	―	71,925
			35.0%	39.0%		60.7%	―	―	42.0%
港湾			2,910	1,540	52.9%	1,540	―	―	―
空港			11,000	5,500	50.0%	―	―	5,500	―
環境整備	公園		3,448	2,566	74.4%	2,566	―	―	―
	河川	直轄河川	12,700	10,600	83.5%	―	―	10,600	―
		補助河川	19,370	19,370	100.0%	―	19,370	―	―
		小計	32,070	29,970	93.5%	―	19,370	10,600	―
	下水道		31,717	14,495	45.7%	5,330	5,206	―	3,959
	その他		43	43	100.0%	―	43	―	―
	小計		67,278	47,074	70.0%	7,896	24,619	10,600	3,959
観光			7,330	―	―	―	―	―	―
合計			650,246	491,788	75.6%	197,487	73,887	49,100	171,314
						40.2%	15.0%	10.0%	34.8%

注1：前掲『日本万国博覧会と大阪市』103ページの表から作成

注2：事業費は、1967年12月に私鉄関係が一部追加された時点のもの。国土開発幹線3路線を含まない

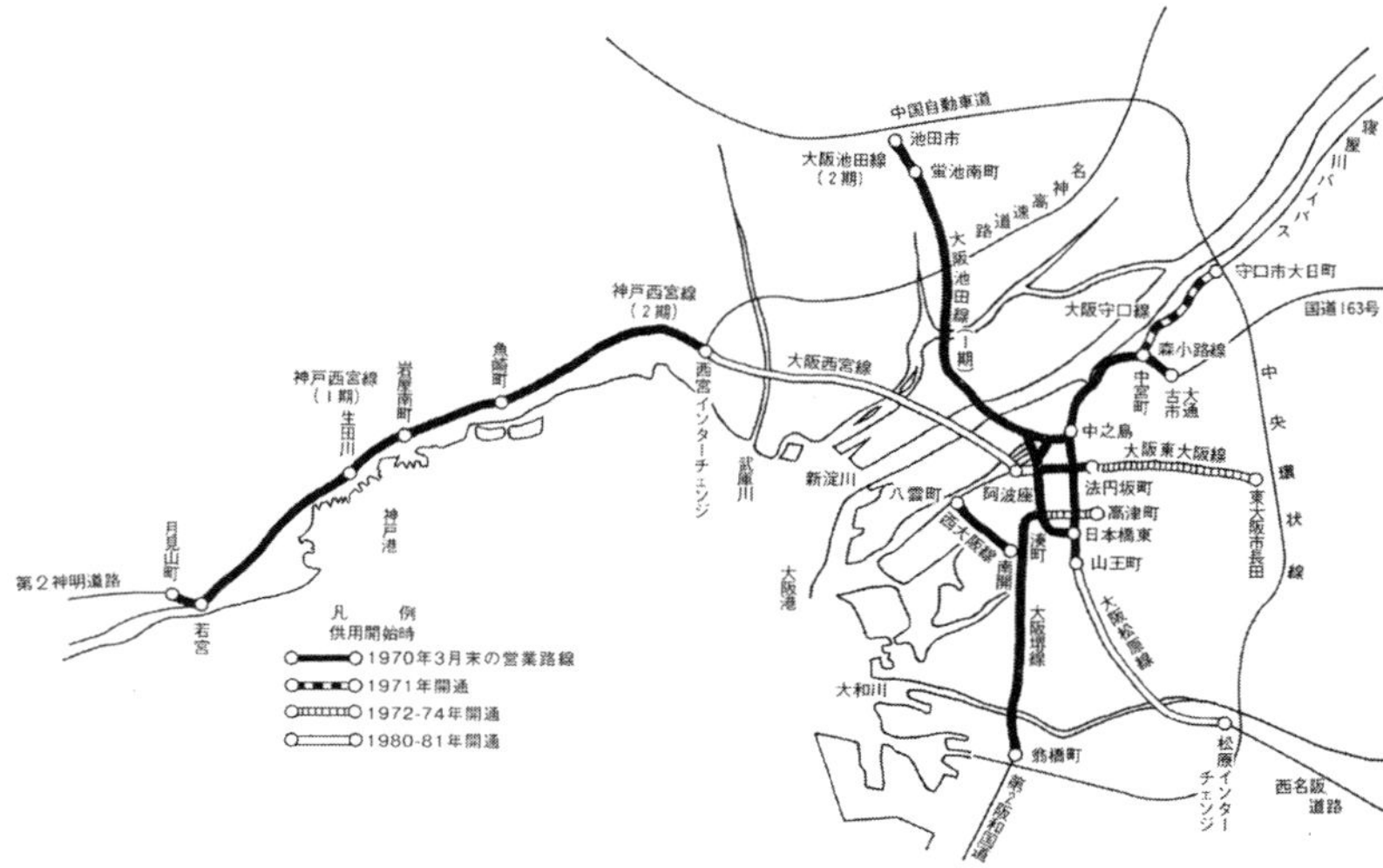

図1　1970年当時の阪神高速道路
（出典：阪神高速道路公団総務部広報課編『阪神高速道路公団年報 昭和44年度』阪神高速道路公団総務部広報課、1970年、26ページ）

標は、七〇年度末とされていた。[22]

阪神高速道路公団は、設立後ただちに事業に着手し、一九六六年度末までにまず大阪池田線（大阪一号線）のうち現在の環状線部分十四・五キロを完成させた。この段階で阪神高速道路は万博関連事業の重点事業に位置づけられ、「基本計画」の一部修正と新規整備路線の追加によって六九年度末までに約八十キロの路線を完成することを目標に掲げた。[23] こうして阪神高速道路の整備は急速に進み、万博開催時までに七十四・一キロの路線が開通した（図1）が、この営業キロ数は当時の首都高速道路を上回るものだった（図2）。

幹線道路については、大阪府を中心に従来の「十大放射路」にかわる新「十大放射三環状線」構想がまとめられ、一九六二年の大阪府「大阪地方計画」に位置づけられた（完成予定一九七五年）。この十大放射三環状線（図3）のうち特に重視された路線は、①大阪市と神戸市を結ぶ第二阪神国道（国道四十三号、兵庫県内工事は一九六三年度に完成）、②大阪市内と大阪国際空港を結ぶ大阪池田線（当初の名称は大阪南池田線）、③大阪市内と新幹線新大阪駅・千里

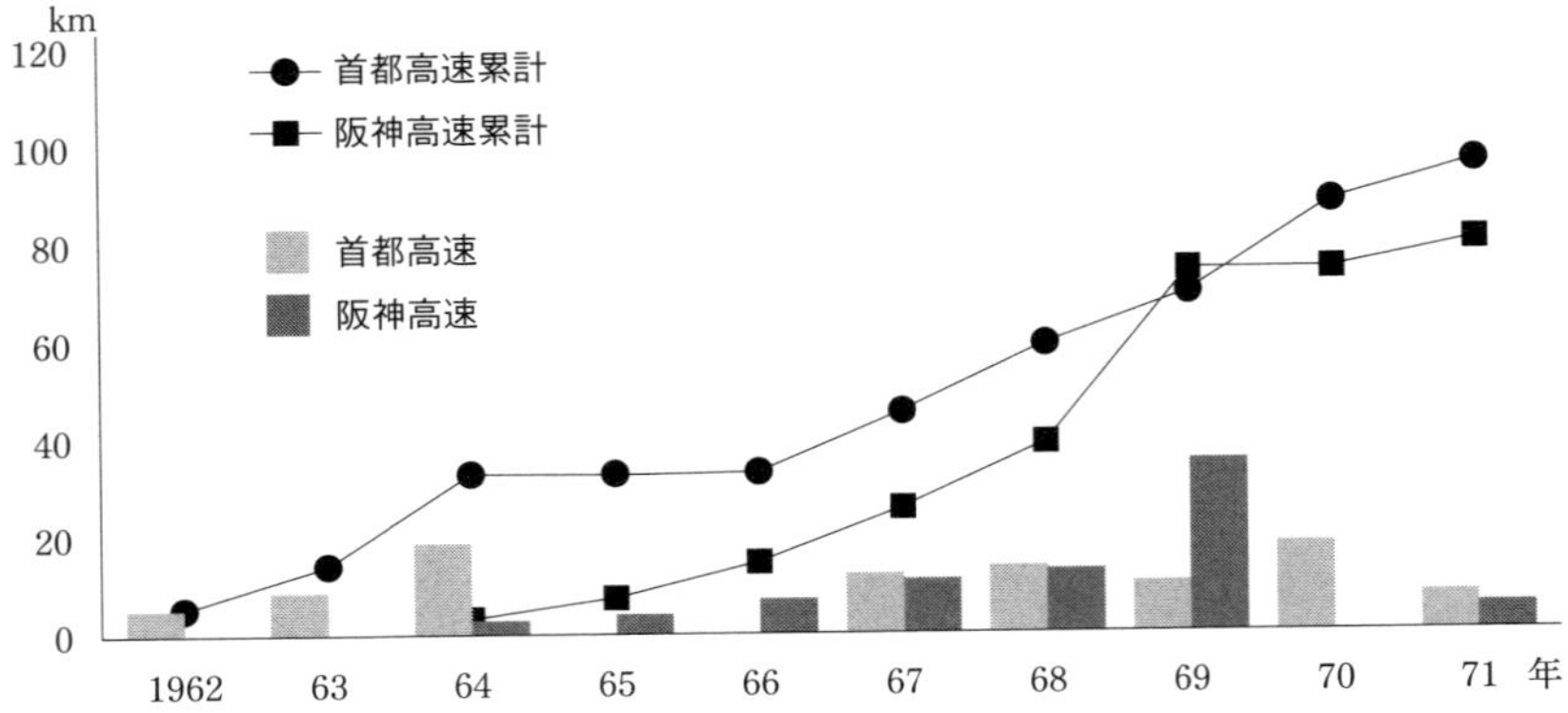

図2　首都高速・阪神高速道路の供用延長（年度末時点）
（出典：首都高速道路公団編『首都高速道路公団三十年史』〔首都高速道路公団、1989年〕、阪神高速道路公団編『阪神高速道路公団三十年史』〔阪神高速道路公団、1992年〕から作成）

ニュータウンを結ぶ御堂筋線（通称・新御堂筋）、④都市計画街路・築港深江線（後述）と接続し、大阪港から大阪府東部を結ぶ東西幹線としての築港枚岡線、⑤大阪市と和歌山市を結ぶ第二阪和国道（国道二十六号バイパス）、および⑥大阪国際空港から千里ニュータウン、東大阪を経て堺臨海工業地帯に至る中央環状線だった。

十大放射三環状線のなかで万博関連事業として位置づけられたのは、前記の①から⑥の路線と西名阪道路（一九六九年開通まで は「大阪天理道路」）と二環状線だった。これらのうち、大阪池田線・新御堂筋・築港枚岡線・中央環状線と西名阪道路は万博開催の一九七〇年までに完成し、内環状線は進捗率七九％、第二阪神国道は同六六・五％、外環状線は同五八・五％だったが、第二阪和国道については工事予定地内での大規模遺跡（池上曽根遺跡、一九七六年国史跡に指定）発見や用地買収の難航などによって、ほとんど進捗が見られなかった。

十大放射三環状線のうち最大だった新御堂筋（十四・八キロ）の建設事業費は、その八〇％強が大阪市内六キロ分の経費だった。これは大阪市内の路線が既成市街地を通過する高架道路であり、また新大阪駅周辺の大規模区画整理事業を伴ったからである。

しかし、都市道路建設の困難を示すさらに顕著な事例は、大阪市の都市計画街路・築港深江線（築港枚岡線の大阪市部分）だった。

この路線は、大阪市の戦災復興都市計画で大阪市を東西に横断する大幹線道路（最大幅員百メートル、のちに八十メートルに修正）として構想されたものだが、延長十一・九キロの中心部にあたる船場の繊維問屋街一・三キロの同意が得られず、一時はその貫通が絶望視される状況だった。そのようななか、一九六三年に就任した中馬馨市長は、築港深江線の完成を市政の最重点課題と位置づけて問題解決に取り組み、その結果、当該部分に二階から四階の中層ビル十棟（現在の船場センタービル）を建設して地元業者を収容し、ビルの上に道路を通して、下には地下鉄を建設するという一大プロジェクトが成立した。この船場地区での建設工事は、万博関連事業への採択が確実になった六七年八月八日に起工され、総事業費四百八十億円（ただし万博関連事業費は百四十三億円）をか

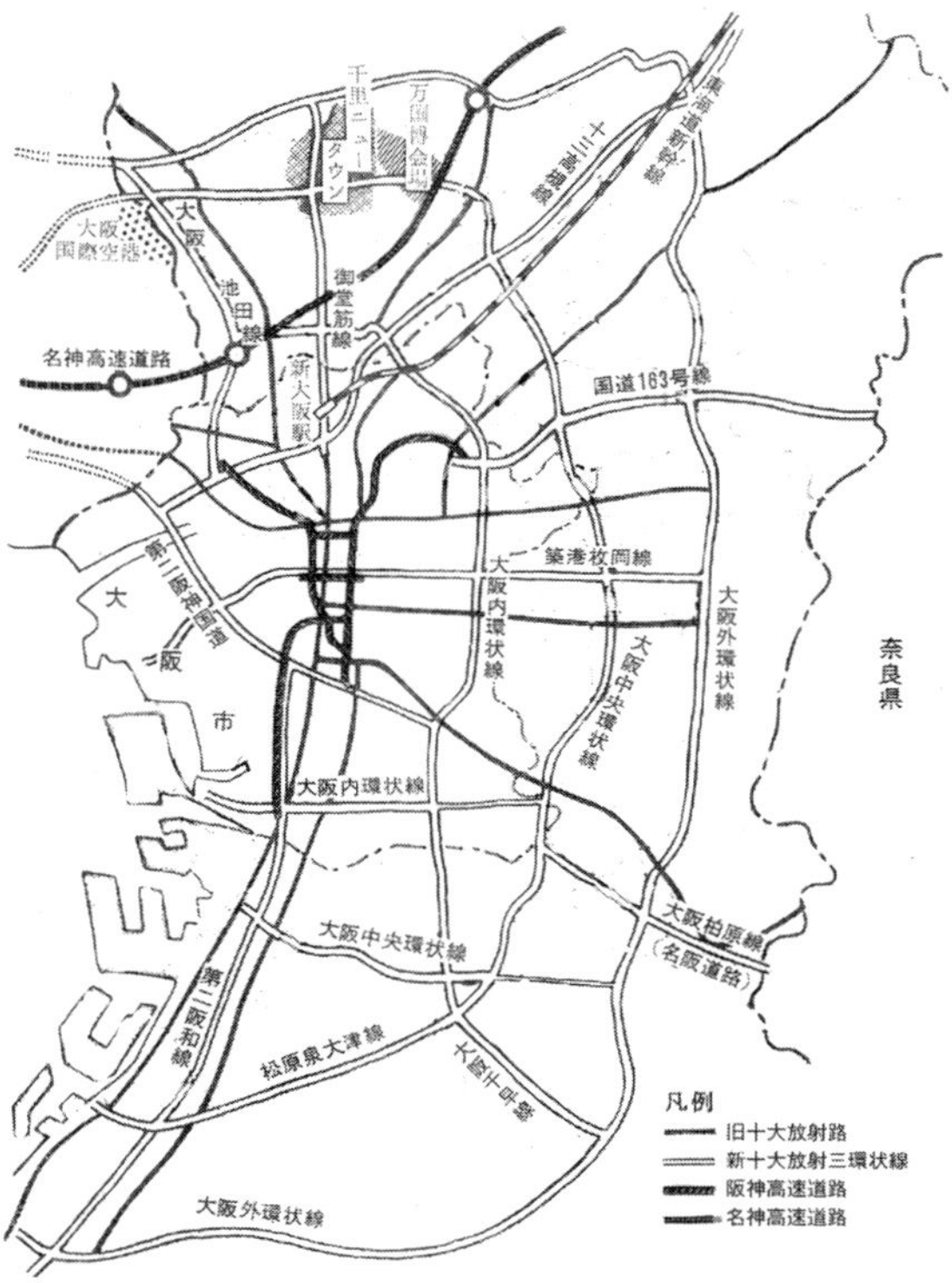

図3　十大放射三環状線略図
（出典：大阪府土木部幹線課「幹線道路の計画と事業——大阪中央環状線を中心に」〔大阪府総務部市町村課編「自治大阪」第17巻第2号、大阪府市町村振興協会、1966年〕の図9を修正）

けて七〇年三月に完工した。「日本一高価な道路」として完成をみた築港深江線には、大阪市の中心街路という意味から中央大通という名称が与えられた[24]。大阪市では、新御堂筋、築港深江線のほかにも長柄堺線（谷町筋）、加島天下茶屋線（なにわ筋）、泉尾今里線（千日前通）など計十一の路線で未拡幅部分の拡張や立体交差工事がおこなわれ、「戦後の戦災関連区画整理事業により造成された街路用地が区画整理区域外で未完成のためこまぎれとなり、街路としての機能が発揮されないまゝ放置されていた[25]」状況が大きく改善された。

ところで、先に設立された阪神地区高速道路協議会は、阪神高速道路公団の設立後、阪神地区幹線道路協議会と改称し、大阪を中心とする半径五十キロから百キロ圏（滋賀県南部・京都市・奈良県西北部・和歌山県北部から西

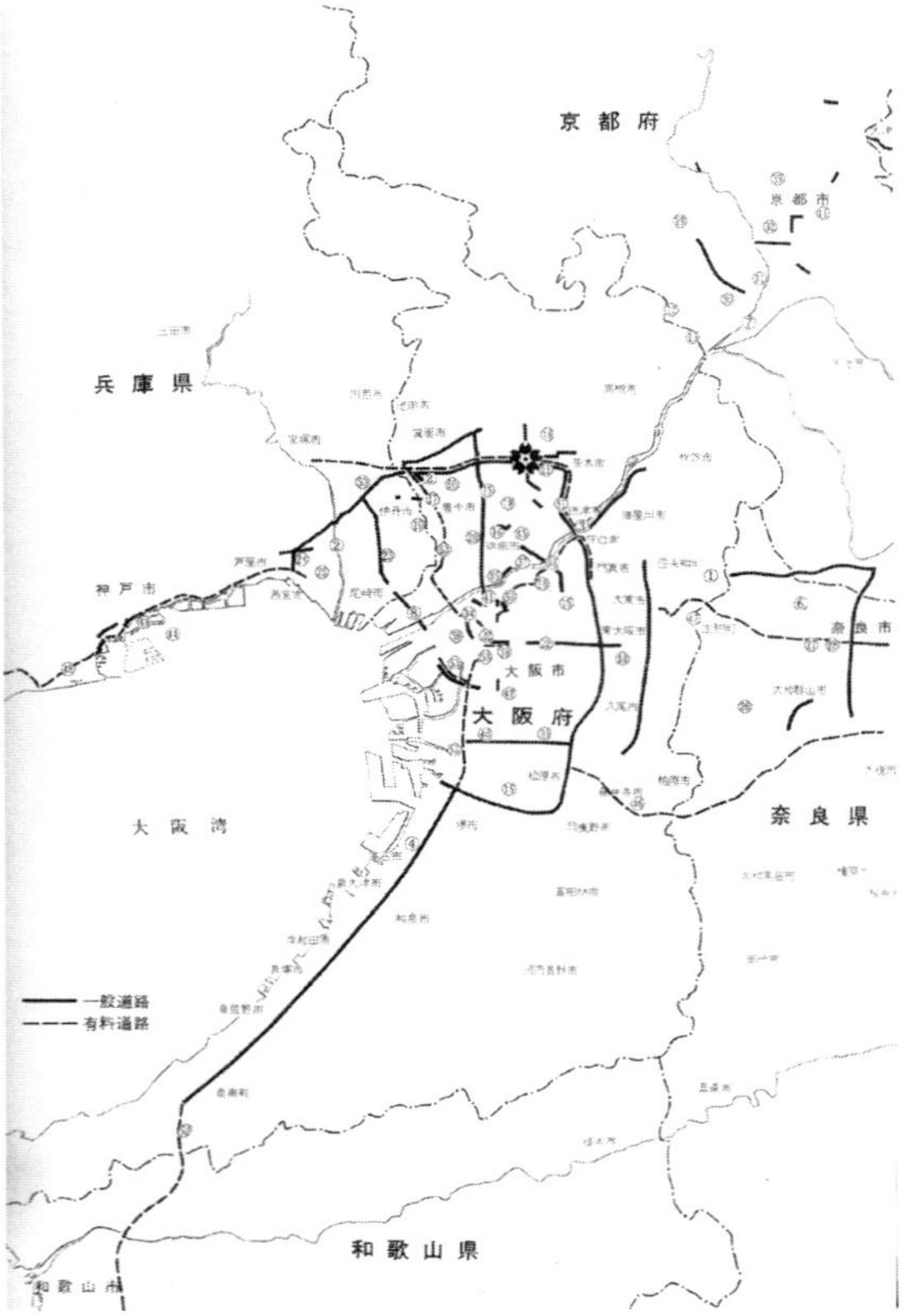

図4　万博関連道路事業の位置
注1：この図には万博関連事業のうち以下の道路が含まれていない。①神戸市から明石市に至る第2神明道路の大部分、②明石市から高砂市に至る加古川バイパス、③福井県遠敷郡上中町と滋賀県高島郡今津町を結ぶ小浜今津線（1970年4月から国道303号の一部）、④三重県の津市と鈴鹿郡関町を結ぶ津関線
（出典：日本万国博覧会協会編『日本万国博覧会公式記録』第3巻、日本万国博覧会協会、1972年、315ページ）

播磨を含む）に及ぶ広域幹線道路網の調査・検討に取り組んだ。そこでは一九八〇年に至る地域ごとの自動車交通の増加量を推計して必要道路容量を導き、それに対応できる幹線道路網を設定するという手法をとっていた。こうした調査は、万博関連事業の設定の際にも活用され、当時近畿地建で道路計画課長を務めた寒川重臣によれば、「万博関連道路事業の調整を阪神地区幹線道路協議会の場で定めるようにということになり」、近畿地建が中心となって「昭和四十五年時点で千里の万博会場を中心に、どういう路線の整備が必要であるか、その幹線協の調査成果を使って四十五年時点に修正し、会場周辺の道路に対する交通量配分等の作業をやって、関連事業計画を策定した」[26]という。万博関連事業として実施された道路整備は、一見したところまとまりがないが（図4）、それらの道路は単なる個別要望の寄せ集めではなく、広域的見地に立つ統計的分析を経て選ばれた路線だったわけである。

なお、道路整備事業には、政府決定事業費とは「別枠」の関連事業があった。国土開発幹線自動車道としての中国自動車道と近畿自動車道（松原吹田線・泉南海南線）がそれである。これらは、万博関連事業費が決定する直前の一九六六年七月一日に公布された国土開発幹線自動車道建設法（国土開発縦貫自動車道建設法の第三次改正）の予定路線とされたものであり、事業費未定のまま万博関連事業に組み入れられた。そのうち早くから調査が進んでいた中国自動車道は、六六年七月二十五日、日本道路公団に施行命令が出された吹田―岡山県落合間百八十キロのうち、吹田―宝塚間十六・六キロが万博関連とされ、七〇年三月一日に吹田市―豊中市間九・四キロが開通、七月二十三日に全線が供用開始になった。近畿自動車道の場合は、六八年四月の段階で松原吹田線二十七キロ、泉南海南線二十九キロの施行命令が出されたが、これらを万博開催までに完成させるのは不可能とみられていて、実際七〇年に開通したのは吹田―門真間の十一・六キロにとどまった[27]。こうした事情のためか、これら三路線は万博関連事業に含められているものの、各種報告が掲げるその事業費は一致せず、関連事業費の総括にも含められないという奇妙な扱いがなされている。

ともあれ、以上のように多額の経費を投じて推進された道路整備によって、特に「大阪十五キロ圏では約五五

%の道路容量の増加」が生じ、万博に伴う交通量の増加にもかかわらず「次々と完成された周辺道路の整備によって開幕前に比べて期間中はむしろスムーズな交通[28]」が実現した。そのため一九七〇年は、「ここ数年来自動車交通事情は最も緩和された年であった[29]」と評されたのである。

おわりに

本章で確認してきたように、大阪万博関連事業はまず「近畿圏」の事業として構想され、それが万博開催地である大阪府を中心とするものへと圧縮されたものだった。万博関連事業の不明瞭な輪郭は、主としてこのような経緯に由来する。だが、それはなお六四年大会関連事業と同程度の大規模なものであり、事業が集中的に実施された大阪府には大きな影響をもたらした。このような大阪での公共投資（行政投資）を東京都と比較してみると、図5のようになる。ここからは、東京オリンピック関連事業、特に道路事業の規模の大きさがあらためて確認できるが、万博関連事業が大阪府の公共投資を増大させたことも明らかである。万博関連事業が集中的におこなわれた一九六八―六九年における大阪府での公共投資は、道路投資に限定すれば東京都とほぼ同じ規模に達していて、その水準（全国行政投資総額の一一%から一二%）は現在に至るまで不動の記録である。

このような万博関連事業は、六四年大会関連事業という前提があってこそ可能になったものだった。この点について、左藤義詮は次のように述べている。

東京でオリンピックが、昭和三〇年代の終りという時期に開かれたことは、大阪にとっても大きな幸せであったといわねばならない。何故なら、このオリンピックによって、大都市地域に対して短期間に集中的に行なわれる大きな投資が、如何に大きな社会的、経済的効果を及ぼすかということをまざまざと見せつけられ

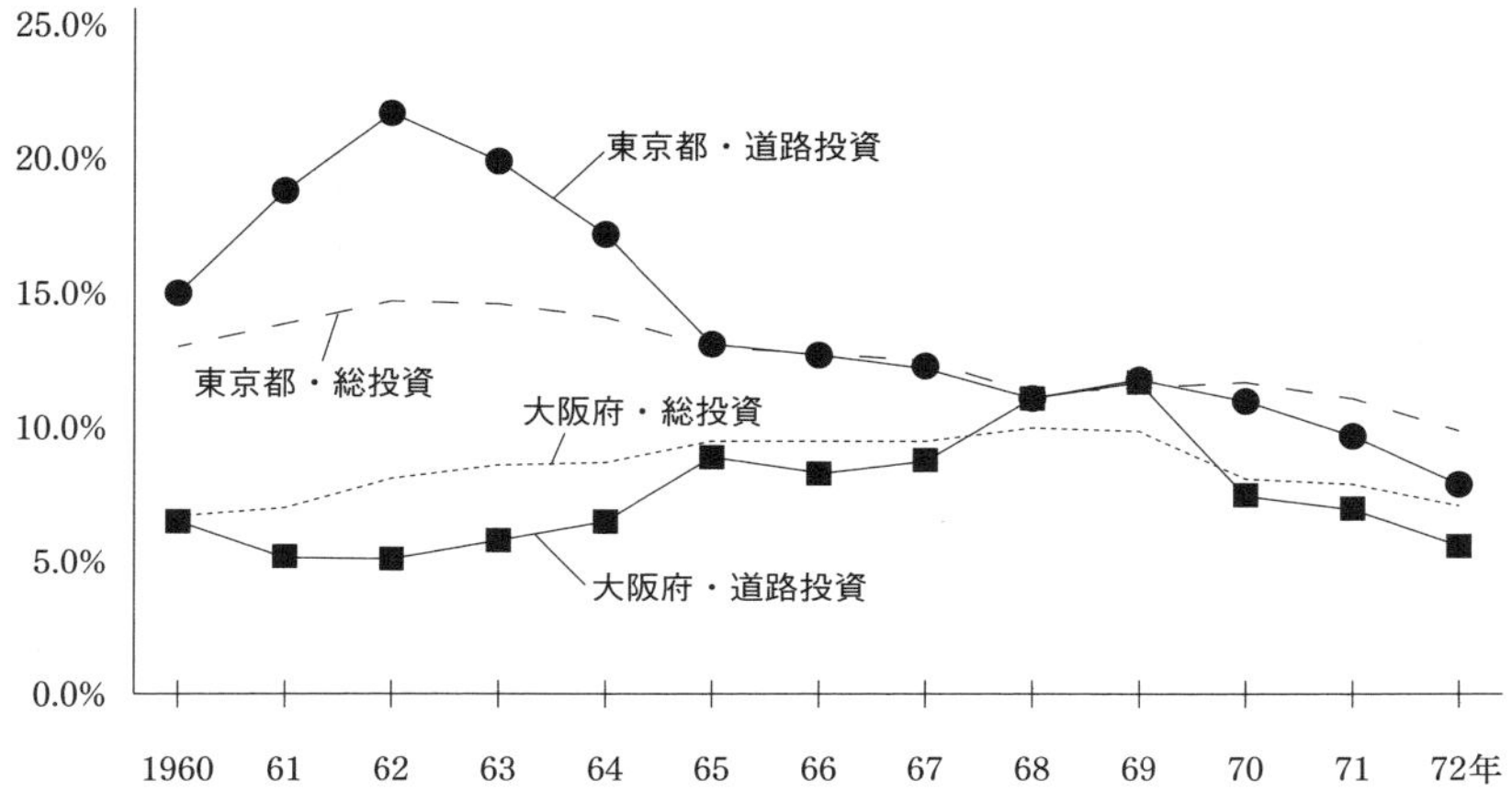

図5　東京都・大阪府の行政投資（全国比）
（出典：自治大臣官房企画室編『行政投資実績 昭和45年度版』〔地方財務協会、1972年〕、自治大臣官房地域政策課編『行政投資実績 昭和46年度版』〔地方財務協会、1973年〕、同編『行政投資実績 昭和47年度版』〔地方財務協会、1974年〕から作成）

たからである。（略）それ迄私たち大都市地域の住民が口を酸っぱくして言ってもなかなか解ってもらえなかったことが、首都の現実を眼の前にして直ちに解ってもらえるようになった。このような都市問題に対する大方の理解がなかったら、大阪における万国博関連投資もこれ程スムーズには認めてもらえなかったろう。[30]

つまり、六四年大会による東京の変貌が、都市整備事業に対する大規模投資の重要性が広く認識される転機になったというのである。こうした理解の是非は別として、少なくとも六四年大会関連事業が万博関連事業の決定に際し、「先例」としての役割を果たしたことは間違いない。繰り返し確認してきたように、万博関連事業の規模は六四年大会関連事業費とほぼ同じであり、推進協の要望は六四年大会関連事業費という「先例」とかけ離れていたために、「先例」並みに圧縮されなければならなかったと考えられる。このような意味で、大阪万博関連事業は、六四年大会関連事業の強い影響のもとで構想・実施された「第二のオリンピック関連事業」だったといえるだろう。

注

（1）ここでいう万国博覧会とは、一九二八年に締結された国際博覧会条約（ＢＩＥ条約）の加盟国が、博覧会国際事務局（ＢＩＥ）の公認を得て開催する「一般博」（「二以上の生産部門における人類の活動の成果を内容とする博覧会又は特定の分野〔衛生、応用美術、近代的生活、植民地の開発等〕において達成された進歩の全体を示すことを目的として開催される博覧会」ＢＩＥ条約第二条）をさす。

（2）大阪万博の入場者数は長らく万国博の最多入場者記録だったが、二〇一〇年の上海国際博覧会の入場者数が七千万人を超えたことで破られた。

（3）万博関連事業を含む報告書としては、日本万国博覧会記念協会編『日本万国博覧会公式記録』全三巻（日本万国博覧会記念協会、一九七二年）、通商産業省企業局『日本万国博覧会政府公式記録』（通商産業省、一九七一年）、日本万国博覧会関連事業推進地方協議会編『万国博関連事業報告書』（万国博覧会関連事業推進地方協議会、一九七〇年）、大阪府『人類の進歩と調和——大阪開催のあゆみ』（大阪府、一九七〇年）、大阪市『日本万国博覧会と大阪市』（大阪市、一九七一年）などがある。本章の叙述は特に注記がないかぎり、これらの文献に依拠している。

（4）「毎日新聞」（首都圏版〔東京・京浜〕）一九六四年三月七日付夕刊

（5）大阪商工会議所編『大阪商工会議所百年史 本編』大阪商工会議所、一九七九年、七五一ページ。なお左藤によれば、一九六三年の大阪商工会議所新年祝賀会の席上で、前会頭の杉道助が「大阪で万国博を開いたらどうか」と提案したのが万博誘致に乗り出すきっかけだったという（左藤義詮『万博知事』毎日新聞社、一九六九年、一五ページ）。また、六三年に大阪市長に就任した中馬馨は、市職員だった五〇年代から万国博に着目していたと述べている（大阪都市協会編「座談会 千里に夢をたくして」「大阪人」第二十巻第一号、大阪都市協会、一九六六年）。

（6）古川隆久『皇紀・万博・オリンピック——皇室ブランドと経済発展』（中公新書）、中央公論社、一九九八年、一四六—一四七ページ

（7）「朝日新聞」一九六四年六月九日付夕刊。池田内閣は、一九六三年から羽田空港に代わる新東京国際空港の建設に向けた検討を開始していた。

（8）「毎日新聞」一九六四年六月九日付夕刊
（9）「朝日新聞」一九六四年七月二十七日付夕刊
（10）前掲『大阪商工会議所百年史 本編』七五二ページ
（11）「参議院商工委員会（第四十六回国会閉会後）会議録」第四号、一九六四年十月九日、四ページ
（12）「日本経済新聞」一九六五年三月三十一日付。なお、前掲『人類の進歩と調和』と前掲『日本万国博覧会と大阪市』によれば、この委員会では会場がどこに決定しても近畿全体が協力することを申し合わせたという。
（13）「日本万国博覧会関連事業推進地方協議会設置に関する打合せ会報告書」一九六六年六月十日―八月、「日本万国博覧会関連事業推進地方協議会関係綴2―1 昭和41～昭和42」所収、一九六七年（大阪市公文書館所蔵資料）
（14）推進協の活動については、前掲『万国博関連事業報告書』を参照。
（15）「大阪で「一日建設省」――近畿広域都市圏の建設へ」、建設広報協議会編「建設月報」第十三巻第十一号、建設広報協議会、一九六〇年
（16）近畿開発資料集成編集委員会編『近畿開発の計画 1962』第三分冊、大阪都市協会、一九六二年、五ページ
（17）「毎日新聞」（大阪本社版）一九六六年七月二十八日付
（18）同紙
（19）原口忠次郎、原口忠次郎伝編集委員会編『技術に生きて――原口忠次郎伝』原口忠次郎顕彰会、一九八三年、一六六ページ
（20）「万国博覧会関連事業推進地方協議会幹事会について（報告）」一九六七年一月二十日―三十日、前掲「日本万国博覧会関連事業推進地方協議会関係綴2―1 昭和41～昭和42」所収
（21）一九六〇年前後の大阪の道路交通事情については、大阪府警察本部編『道路交通についての問題とその対策』（大阪府警察本部、一九五八年）、大阪府／大阪市編『幹線道路建設白書』（大阪府、一九六二年）、格井保治「阪神地区の交通事情――阪神高速道路公団の意義」（建設広報協議会編「建設月報」第十四巻第十二号、建設広報協議会、一九六一年）などを参照。
（22）阪神高速道路公団『阪神高速道路公団二十年史』阪神高速道路公団、一九八二年、五二―五三ページ

(23) 阪神高速道路公団計画第一課「阪神高速道路——万博関連事業について」、近畿地方建設局監修「建設近畿」第三巻第三号、近畿建設協会、一九六八年

(24) 大阪市総合計画局編『中央大通——都市計画街路：築港深江線 船場地区・谷町地区』大阪市総合計画局、一九七〇年

(25) 大阪市総合計画局編『万博関連街路事業の効果』大阪市総合計画局、一九七〇年、一ページ

(26) 近畿地区幹線道路協議会編『幹線協の二十年——近畿地区幹線道路協議会』近畿地区幹線道路協議会、一九九一年、二三四ページ

(27) 万博関連事業としての中国自動車道・近畿自動車道については、前掲『万国博関連事業報告書』、日本道路公団『日本道路公団年報 昭和43年度』（日本道路公団総務部広報課、一九六九年）、日本道路公団編『日本道路公団年報 昭和44年度』（日本道路公団総務部広報課、一九七〇年）を参照。

(28) 田口二朗「万博入場車両の利用形態と一般道路」、高速道路調査会編「高速道路と自動車」第十四巻第三号、高速道路調査会、一九七一年

(29) 三品武司「阪神高速道路の交通管制」、同誌

(30) 左藤義詮『万国博とその後』発行元不明、一九七〇年、一—二ページ（大阪市立中央図書館所蔵資料）

第11章　警告する新潟地震
——オリンピックを介した二つの「破壊」

水出幸輝

はじめに

あれからもう四ヶ月になろうとし、世論は新潟地震から四百年に一度と言われる東京オリンピックに話題を変じております。もうごく一部の人間にしか注意を与えなくなつてしまつた災害、しかし君達はこれから自分自身の力で歩き出さなければいけない。(1)

日本ボーイスカウト新潟第五団の隊員に宛てられたこの檄文は、一九六四年における世論の移り変わりを的確に捉えている。この年の大晦日、「朝日新聞」の「天声人語」は明るいニュースとしてオリンピックを、暗いニュースとして新潟地震をいちばんに挙げていた。(2) しかしながら、「市川崑の記録映画「東京オリンピック」」の全国での上映、そして、その後のテレビで定期的に回顧されるオリンピックの「記録」を通して「日本人の共通の記憶として定着していった」東京オリンピックに対し、(3) 約四カ月前に発生した新潟地震を覚えている人は多くないだろう。

そもそも、一九六四年の東京オリンピックは、震災ではなく戦災「復興」と結び付けて想起される。二〇年大会もこの「復興」をキーワードに〝幻のオリンピック〟（一九四〇年東京大会）、〝世紀の祭典〟（六四年大会）との連続性が指摘されてきた。

戦争の激化によって開催を返上することになった一九四〇年大会は、関東大震災（一九二三年）から「復興」した東京の姿を世界に示すことが招致の理由だったとされ、六四年大会は戦災から「復興」した東京・日本の姿を世界に示す機会になったという。そして、二〇年大会は東日本大震災（二〇一一年）からの「復興」と結び付き、「復興に寄せられた世界中からの支援にどう感謝の意を示すか、スポーツが復興・社会に寄与する姿をどう発信するか等が問われることになります」と、東京オリンピック・パラリンピック競技大会組織委員会の「中間報告」[4]に記されている。

「中間報告」で展開される「復興」語りを取り上げた阿部潔は、「それぞれの歴史上の時期において「復興」が重要な位置を占めていた／いる点を強調することで、首都東京でオリンピックを開催する歴史的な意義を読者に訴えかける手法」が採用されているとし、六四年大会については「輝かしい繁栄の陰で急速な近代化・産業化にともなうさまざまな社会のひずみが蓄積されていった事実が浮かび上がらざるをえない。日本各地で生じた「公害問題」は、その最たるものであろう」[5]と、暗部の見落としを批判する。もっとも、公害や環境破壊を見落とされた暗部とする指摘はオリンピックに限った話ではなく、映画『ALWAYS 三丁目の夕日』（監督：山崎貴、二〇〇五年）に代表される〝明るい昭和三十年代イメージ〟に対しても繰り返されてきた。

奇妙に思うのは、六四年大会の明るさ／暗さを強調する語りでは同年の新潟地震が取り上げられないことである。関東大震災と東日本大震災という二つの震災「復興」に挟まれているにもかかわらず、約四カ月前に発生した新潟地震にはまったく目が向けられていない。暗部の見落としを批判する語りにおいても同様である。

だが、新潟地震が取るに足らない事象とは思えない。一九六四年には震災とオリンピックがどのような関係を取り結んでいたのか。あるいは、オリンピックをめぐる語りは、同時代の暗いニュースをいかに見えにくくしていたのか。新潟地震に目を向けることで、こうした疑問が湧いてくる。

これまで議論の俎上に載せられてこなかった震災との関連で、六四年大会を照射してみよう。[6]

1　〝テレビ地震〟の衝撃

おそらく、多くの人々が「新潟地震」と聞いて想起するのは新潟県中越地震（二〇〇四年）か新潟県中越沖地震（二〇〇七年）だろう。しかし、本章で取り上げるのは、一九六四年の新潟地震である。オリンピックのリハーサルという意味をもった「新潟国体[7]」閉幕から五日後の六月十六日に発生した。地震の規模を示すマグニチュードは七・五、死者数は二十六人と報告されている。

新潟地震が注目を集めたのは、都市における地震被害のありようを社会に知らしめたからである。都市を襲う地震は福井地震（一九四八年）以来、十六年ぶり。当時の新潟は国体を主催しただけでなく、新産業都市に指定され相次ぐ大事業を控えた発展途上の都市だった。しかし、国体に向けて造られた近代的な橋が破壊され、戦後の高度経済成長を象徴するコンビナートの火災は完全消火まで約半月を要した。地盤の液状化現象によって鉄筋コンクリートの建物が横倒しとなり、ライフラインも途絶。経済成長や都市拡大による新たなリスクが露見した。

都市が破壊される様子は、テレビという映像メディアを介して全国に伝えられている。[8]東京オリンピック開催時のテレビ普及率は約九〇％。被害が大きかった新潟市ではトランジスタラジオ、ほとんど被災しなかった長岡市ではテレビに情報を求めた人が多かったように、[9]被災地の外に発信するメディアとしてテレビは力を発揮した。多くの人々が、テレビを通じて地震を体験したのである。新潟市立大形小学校編『大地は裂ける』[10]には「全国からの見舞文」が掲載されていて、その多くにテレビで新潟の惨状を見たと記されている。六四年大会は「テレビオリンピックこそが、むしろ本物と呼んでさしつかえないものではなかったのか[11]」と総括されるが、直前の新潟地震も〝テレビ地震〟であった。

それゆえ、オリンピックとともに新潟地震は一九六四年の重要な出来事となる。

例えば、「新潟日報」が年末に掲載した「読者の選んだ県下の10大ニュース」の一位は新潟地震である。「新潟

写真1　破壊された道路
（出典：新潟日報社『新潟地震の記録――自然との半月の戦い』新潟日報社、1964年）

写真2　黒煙を上げて燃える貯油タンクと落下した昭和大橋
（出典：同書）

国体で天皇、皇后杯獲得」が二位となり、オリンピックでの地元選手の活躍は五位だった[12]。新潟地震の順位を押し上げた要因として地元紙による調査というバイアスを挙げられるが、「復興」が現在進行形の課題だったことも指摘できる。一九六四年十二月十六日から連載特集「震災復興ここまで」（全九回）を掲載し、住宅、道路、水道・ガス、農地などについて、復興の進捗状況を紹介していた。

全国の読者投票によって選定された「読売新聞」「64年の日本10大ニュース」[13]は、一位がオリンピック東京大会（九八％）で、新潟地震は二位につけている（九五％）。オリンピックと新潟地震の得票率はわずか三％の差で、三位につけた東海道新幹線開通（八八％）との差よりも小さい。同日掲載の「編集手帳」は、「地震そのものの規模の大きさもさることながら、ここにもまた高度成長の産業災害が内包されている事実を、昭和石油のタンク爆発の三百五十二時間燃えつづけの事件から深刻にくみとらざるを得なかった[14]」と、近代化・産業化の逆機能、災害のリスク増を認識している。

ニュースランキングとは性質が異なるが、「毎日新聞」の読者相談室に寄せられた質問を整理した記事[15]も興味深い。三万三千二百九十三件に及ぶ相談を多い順に並べると、新潟地震（六千四十七件）、オリンピック（三千四百九十二件）、四・一七スト（五百七十八件）となり、新潟地震がオリンピックを圧倒する結果となった。同記事は、「新潟地震とオリンピックが群を抜いていますが、このいずれもがほとんど東京本社にのみ集中しています。東京のバック・グラウンドとしての新潟の比重、オリンピックは東京が開催地だったことが原因と思われます」と分析している。東京を下支えする新潟、という中央―地方の関係が浮き彫りになった形だ。

また、新潟地震を背景とした有馬頼義「第二震災の脅威[16]」が「中央公論」に掲載され、「新潟地震が東京に起こったら」（TBS）、「地震と東京」（NHK）といったテレビ番組も放送されていた。人々への影響は、東京で起こりうる地震への想像力にも及んでいたのである。つまり、新潟地震は被災地域にとどまらず、東京をはじめ全国どこでも起こりうる新たな都市災害として認識されるもので、「高度経済成長下で発展しつつあった全国の工業地帯や新産業都市の防災対策について、新しい視点からの取り組みを要請する警鐘となるものであった[17]」

（傍点は引用者）。

地震の発生が「国体開催中でなくてよかったとは県民に共通した見方であろう」とする読者投稿が「新潟日報」に掲載[18]されていたが、同種の想像力がオリンピックにはたらいても不思議ではないだろう。関東大震災の「六十九年周期説」で著名な地震研究者の河角廣も、新潟地震によって「先のオリンピック開催期間に地震が発生する可能性に注目が集まった。さらに、被災したスタジアム、破壊された橋、倒壊する住宅などの衝撃的な画がテレビを介して世界へ発信された。観客で満たされたオリンピックスタジアムを襲う地震災害の可能性を考えると、日本人でさえも身震いする思いだった[19]」と述べている。だが、これは発災から四年後の回想である。発災時のメディア報道を確認するかぎり、オリンピックと新潟地震の恐怖は結び付くものではなかった。

2　「復興の灯」としての聖火

人々がオリンピックへと動員されていく過程を分析した藤竹暁は、聖火リレーについて「東京でのオリンピック開催という事件を、日本人にとって疎遠なものから、きわめて身近なものへと急激にそして劇的に転化させる作用を果たした[20]」と評価している。その過程で重要な役割を担ったのが地方紙だ。聖火報道は人々のまなざしをオリンピック・東京へ動員する仕掛けであった。

全国紙も聖火リレーの動向を伝えている。地方支局の記者が寄稿する「毎日新聞」の連載「聖火は走る」では、十月三日が新潟の回だった。「燃える復旧の意気」という見出しを掲げ、新潟国体の聖火が県の「前進」を象徴するものだったのに対し、オリンピックの聖火は「復興の灯」であると述べている[21]。「読売新聞」の連載でも「火炎土器を模した聖火台、それも斜めになっているが、復興の灯をここにという、関係者の願いから、オリンピアの火があかあかとふたたび燃えることになった[22]」（傍点は引用者）と、同様の表現を用いている。「聖火は

「平和の火」として全国各地で迎えられた[23]が、新潟では「復興の灯」として迎えられたのだった。

ただし、これらの記事は、他県を通過する場合の聖火報道と同じ、常設の連載コーナーに収まるものである。被災地を通過するからといって、読者の目を「復興の灯」に向かせる特別な仕掛けは施されなかった。つまり、東京へとまなざしが収斂する過程の一部でしかなく、新潟は目を向けられるべき特別な場とはみなされていなかったのである。

一方、「新潟日報」は聖火の通過を大きく報じている。新潟入りした翌日の朝刊一面は「聖火、震災の県都へ」という見出しで、聖火が「地震のあとも生々しい新潟市白山競技場に運ばれ、新潟国体ゆかりの聖火台にともされた」[24]と伝えている。「白バイに先導されて震災復旧工事のクレーンが見える新潟市万代橋を渡る聖火リレー隊」というキャプションの写真も併置されており、被災地という特性を前面に打ち出しているが、これらは「復興の灯」という意味づけを強化しうるものだろう。渡辺浩太郎新潟市長は同紙に以下の文章を寄せている。

かつて大震災で壊滅され戦火にやけただれながら驚異の発展をなしとげた日本の首都東京。今日の日本の栄光を象徴するこの聖火は、新潟国体でオリンピックの前哨の重責を立派に果しながらも同じような大震災にあえぐ新潟市民を慰め励ますかのように、一人一人の胸に新しい希望の火を点して走り続けることであろう。[25]

東京の震災・戦災復興と対比させ、新潟を通過する聖火に独自の意味が付与されている。被災地であることは、むしろ聖火を好意的に迎え入れるためのロジックとして用いられていたのだ。

このように聖火リレーを「復興の灯」として受容するなど、他県と同様、新潟も聖火リレーを好意的に受け入れていた。復興の明るさに限り、オリンピックと新潟地震は結び付いている。ただし、聖火が日本を巡っていた九月三十日から翌月八日まで、「新潟日報」には連載特集「復興・きびしい現実 被災地新潟市の表情」（全八回）が掲載されたように、震災関連の記事も充実していたことに留意しておきたい。復興の明るさとオリンピックが結び付いていた裏で、「復興・厳しい現実」が「被災地新潟市の表情」だったのだ。

3 「被災地」不在のオリンピック

一九六四年十月十日、オリンピック開幕。藤竹暁は「十月十日から二十四日までの二週間は文字通り、日本人の生活のすべてがオリンピック一色にぬりつぶされたといってよい[26]」と、その盛り上がりを表現している。全国紙の聖火報道で特別な地位を付与されていなかった新潟は、大会期間中の報道でも、特別な地位を獲得していない。新潟出身選手の活躍としては、中村多仁子が体操団体で三位となったほか、風間貞夫（レスリング）が三回戦敗退、高橋信司（射撃）が二十六位という成績だった。被災地出身であることが意味をもちうる現代の報道とは異なり、当時の報道ではこの三選手に特別な関心は払われていない。紙面のなかで、〝被災地出身のアスリート〟と意味づけられる選手は存在せず、復興への呼びかけもなされない。藤竹の指摘どおり、「オリンピック一色」だったといえる。

他方、「新潟日報」はオリンピック期間、特別紙面編成による手厚い報道を展開した。開幕前日に「オリンピック特集号」を発行し、大会期間中は朝・夕刊ともにページを増やしている。「とくに新潟県出身の選手、監督、役員その他関係者の動静についてはこまかに報道して県紙の特色を出してゆく方針です[27]」と、その方針を述べていた。しかし、被災地や復興という新潟地震に関連する要素が「県紙の特色」として持ち出されることはなかった。

オリンピックを観戦するためにテレビが小学校へ寄贈されることや、郷土選手の家族がスタンドやテレビの前で「むすこや娘の姿をとらえようとひとみをこらしていた[28]」様子、中学生の見聞記[29]など、〝世紀の祭典〟を楽しむ人々の様子は掲載されている。しかし、「復興のための勇気をもらった」「オリンピックどころではない」など、震災復興と結び付けてオリンピックを評価する記事は「新潟日報」にも存在しなかった。[30]

開催期間中のものではないが、稀有な事例として「五輪の外人に内密」というタイトルを付した連載コラム「ショートショート」がある。新潟地震の影響でガスが不通となった家で、七輪を使用している記者の小話だ。七輪で食事の支度ができないこともないが、それでもやはり「便利なガスが待ち遠しい。〝五輪〟はもうじき、わが家の〝七輪〟はさて、いつまで続けねばならないことやら[31]」と、オリンピック開催を目前に、日常を取り戻せない被災地を風刺した。批判的な事例といってもこの程度しかない。

記者の自宅にガスが復旧していなかったように、大会期間中も新潟は依然として被災地である。復興が目の前の課題として存在していた。新潟西港の起工式に寄せた社説「震災復興の根幹たるもの[32]」が掲載され、読者投稿では、「地震以後、公会堂も体育館も全くの廃墟で、催しものをと思っても会場がないのです。これらの建て物が、いつ使えるようになるのか、復旧工事がはじまるのか見当もつきません[33]」と嘆かれていた。閉会式の前日には、県震災復興委員会による復興計画一次案の内容を紹介する連載「震災復興の青写真」（全六回）が開始されている。

このように、大会期間中にも被災地・新潟は全国紙で重要な位置を占めなかった。被災地・新潟出身のアスリートとして注目される様子もない。まして、復興への呼びかけなどあるはずもなかった。「新潟日報」は、地元アスリート・関係者の報道を充実させていたが、そのなかでも被災地や復興という問題がオリンピックと関連する形で浮上することはない。全国紙であれ地方紙であれ、今日見られるような被災地・復興とオリンピックを過度に結び付ける語りは顕在化していなかったのである。

4　オリンピックに沸く心性

これまで確認したとおり、一九六四年の東京オリンピック報道では被災地・新潟は重要な位置を占めていない。「新潟日報」でさえ、復興とオリンピックが重なり合うのは「復興の灯」として、好意的に聖火を受容する場面くらいのものだった。

では、なぜオリンピックと新潟地震は特別な関係で結ばれないのだろうか。

まず考えられるのは、佐藤卓己が指摘する「輿論《よろん》と世論《せろん》の分裂[34]」である。世論調査に基づけば、新潟地震が発生した六月時点でオリンピック・ムードは飽和点に達していて、東京オリンピックに対する好意的なムードが広がっていた。しかし、そこで提示される好意的なムードは「オリンピックにたいする意見と行動の表層部分、いわばタテマエの領域での反応」であり、「人びとの生活にたいして強い規定力をもつものではなかった[35]」。「挙国一致のムード（世論）はともかく、主体的な意識《よろん》を高めたとは言えない[36]」のである。

こうした傾向は大会期間中でも変わらなかった。オリンピックは人々の実生活とは別次元のものとして認識されており、「大部分の人びとはオリンピックが人びとの生活にたいして与える影響について、あまり注意を払っていない[37]」。オリンピックと実生活（被災地・復興過程）を重ねない人々の心性、「輿論と世論の分裂」ゆえに、新潟でもオリンピックは好意的なムードで迎えられたのだと考えられる。〝オリンピック世論〟と〝震災輿論〟が分裂して存在していたのだ。

もう一つ、オリンピックを口実としたTOKYOイメージの構築も見逃せない背景である。松山秀明によれば、オリンピックは「東京がTOKYOへとそのイメージを転化させていく契機ともなった[38]」。日本人にとって、「外国にたいしてはずかしくないオリンピックの運営ができるかどうか[39]」が重要な課題となり、〝対世界〟が意識されるようになっていたのである。そのため、オリンピックを控える東京に負のイメージを与えかねないものは東京を描くテレビ・ドキュメンタリーのなかで排除される傾向にあったという。

とすれば、新潟地震が想起させた東京を襲う地震イメージがオリンピックと接続しない背景にも、同様の傾向が存在していた可能性は否定できない。安田武が「日本国内には、東京大会を歓迎しないという、わずかな言説・表情すらもゆるさない、とする空気がみなぎりはじめている。オリンピックに無関心であることさえ、かつての国賊、非国民ということばで、とがめられかねまじきありさまである(40)」と述べていたように、同調圧力を指摘する声も少なくなかった。

いずれにしろ、「テレビのみを通じて「現実」を体験した地方のほうが、「ロケ地」東京よりもオリンピックに好意的であった(41)」のだろう。オリンピックはあくまで「ロケ地」の出来事であり、被災地の「現実」と重なり合うものではなかった。当然、復興過程だからといって、オリンピックへの不満が述べられることもないのである(42)。

おわりに

一九六四年、日本の世論は新潟地震からオリンピックへと移行した。その背後には、オリンピックと実生活を結び付けない人々の心性と、オリンピックを盛り上げるための言論編成が存在する。六四年を代表する二つの出来事は、明るいニュースと暗いニュースとして対極に置かれ、明るい世論が暗い輿論を飲み込んでいった。「はじめに」で述べたとおり、現在の私たちにとって六四年大会の輝かしい記憶の原風景は、一九六五年三月に公開された市川崑監督の記録映画『東京オリンピック』だろう。その冒頭、鉄球がビルを破壊するシーンが象徴的である。同作に携わった映画監督の山本晋也は、「六四年の東京五輪は、古い東京の街をまず徹底的に破壊したんだよ。市川作品が『破壊』から映画を始めるのは、そんな五輪の性格がわかっていたから(43)」だと述べている。

注意すべきは、輝かしい記憶の冒頭に組み込まれた「破壊」に基づく開発のリスクを、オリンピックの約四カ月前、テレビに映し出された新潟地震の「破壊」が警告していた、という事実だろう。

開発への〝警告〟から〝称揚〟へ。オリンピックを介し、「破壊」の意味内容が転換した。これこそが、〝世紀の祭典〟とその四カ月前に発生した地震との間に読み込むべき関係である。オリンピックの高揚感は暗部を覆い隠しただけでなく、暗部の見落としへの警告さえも根こそぎ飲み込んでいった。同時代に潜む負の側面をオリンピックの明るさがかき消していたという問題の根底に、忘れられた新潟地震が存在しているのだ。

もっとも、六四年大会で新潟地震からの「復興」というメッセージが打ち出されればよかったという話ではない。いうまでもなく、二〇年大会では震災復興を押し出してオリンピック世論が展開されていくだろう。当時と異なり、震災との関連で「スポーツの力」はすでに語られている。「復興」が都合よく用いられる標語だとすれば、二〇年大会が「復興」の象徴として構築され、物語化する可能性は否めない。つまり、六四年大会の「遺産」として引き継ぐべきは「復興」語りではないのだ。震災輿論の見落としにこそ目を向けるべきである。

オリンピック世論のなかで、震災輿論にどのように目を向けていくのか。新潟地震は警告している。

注

（1）池英三「頑張れ！新潟第5団」、日本ボーイスカウト新潟第5団年長隊編集委員会編『やたがらす――その黒い流砂の中に』所収、日本ボーイスカウト新潟第5団年長隊編集委員会、一九六四年、四八ページ

（2）「天声人語」「朝日新聞」一九六四年十二月三十一日付

（3）黒田勇「メディア・スポーツの変容――「平和の祭典」からポストモダンの「メディア・イベント」へ」、日本マス・コミュニケーション学会編「マス・コミュニケーション研究」第六十二号、日本マス・コミュニケーション学会、二〇〇三年、八ページ

（4）東京オリンピック・パラリンピック競技大会組織委員会「東京2020アクション&レガシープラン2016――東京2020大会に参画しよう。そして、未来につなげよう。中間報告」東京オリンピック・パラリンピック競技大会組織委員会、二〇一六年（https://tokyo2020.jp/jp/games/legacy/items/legacy-progressreport.pdf）［二〇一八年三月二十二日アクセス］

二〇一八年一月発行の東京都／東京オリンピック・パラリンピック競技大会組織委員会『TOKYO 2020 GUIDEBOOK』には、被災地での競技開催や「未来（あした）への道 1000km 縦断リレー」などの取り組みについて記されていて、「様々な困難を乗り越え、復興へと歩む被災地の姿」を世界に発信しようとする意図がうかがえる。また、開催決定後に大地震が襲った熊本県への言及も確認できる。それに対し、後述のように「復興へと歩む被災地の姿」が一九六四年当時に話題になることはなかった（[https://tokyo2020.org/jp/games/plan/data/tokyo2020-guidebook-ja.pdf]［二〇一八年三月二十二日アクセス］）。

（5）阿部潔「先取りされた未来の憂鬱――東京二〇二〇年オリンピックとレガシープラン」、小笠原博毅／山本敦久編『反東京オリンピック宣言』所収、航思社、二〇一六年、四四―四五ページ

（6）本章では、マイクロフィルムと縮刷版を用い、一九六四年六月一日付から十二月末日付の「新潟日報」と全国紙を分析した。新潟地震とオリンピック関連の記事を抽出したあと、得られた記事に質的な検討を施している。

（7）正式には「第19回国民体育大会」。各都道府県持ち回り方式で毎年開催される都道府県対抗のスポーツイベント。従来秋におこなわれていたものが、この年は六四年大会との兼ね合いで初夏に開催された。市川崑が視察に訪れ、記録映画へのイメージを膨らませている（「ふくらむイメージ　五輪映画の市川監督が視察」「読売新聞」一九六四年六月八日付）。

（8）新潟地震のテレビ中継については、日本放送協会『新潟地震』（日本放送協会新潟放送局、一九六五年）、放送文化編集部「特集〈新潟地震〉放送白書　死斗！6月16日の放送局」（「放送文化」一九六四年八月号、日本放送出版協会、七―一七ページ）。

（9）「新潟地震災害放送　ＢＳＮ、新潟、長岡で視聴調査」「新潟日報」一九六四年七月十日付

（10）新潟市立大形小学校編『大地は裂ける――新潟地震』新潟市立大形小学校、一九六四年（非売品）

(11) 藤竹暁分析・解釈、秋山登代子協力「東京オリンピック――その5年間の歩み」、日本放送協会放送世論調査所『東京オリンピック』所収、日本放送協会放送世論調査所、一九六七年、七六ページ

(12) 「読者の選んだ県下の10大ニュース」「新潟日報」一九六四年十二月二十二日付

(13) 「64年の日本10大ニュース」「読売新聞」一九六四年十二月二十二日付。有効投票四万三千六百八通。（ ）内は得票率。

(14) 「編集手帳」「読売新聞」一九六四年十二月二十二日付

(15) 「読者相談の窓口から」「毎日新聞」一九六四年十二月三十一日付

(16) 有馬頼義「第二震災の脅威」、中央公論社編「中央公論」一九六四年九月号、中央公論社、一九八―二一一ページ。この号には「特集・関東大震災の日」として著名人の回想が掲載されており、オリンピック担当大臣の河野一郎も「小田原全滅す」を寄稿。「オリンピックと風水害対策」などについて記した（同誌二七四ページ）。

(17) 新潟県編『現代』（「新潟県史 通史編」第九巻）、新潟県、一九八八年、四五九ページ

(18) 「窓」「新潟日報」一九六四年六月二十一日付

(19) Hirosi Kawasumi, *General Report on the Niigata Earthquake of 1964*, Electrical Engineering College Press, 1968, p. 1.

(20) 前掲「東京オリンピック」九九ページ

(21) 「聖火は走る」「毎日新聞」一九六四年十月三日付

(22) 「オリンピアの火」「読売新聞」一九六四年十月二日付

(23) 佐藤卓己『輿論と世論――日本的民意の系譜学』（新潮選書）、新潮社、二〇〇八年、一九二ページ

(24) 「聖火、震災の県都へ」「新潟日報」一九六四年十月二日付

(25) 全面広告「世界の聖火がきょう新潟を！」「新潟日報」一九六四年十月二日付

(26) 前掲「東京オリンピック」六五ページ

(27) 「オリンピックは新潟日報で」「新潟日報」一九六四年十月九日付

(28) 「栄光の行進に胸はずます 県出身三選手の家族たち」「新潟日報」一九六四年十月十一日付

(29)「私たちの見たオリンピック」「新潟日報」一九六四年十月二十日付
(30)新潟には〝スポーツの力〟を意識する人物も存在していたが、国体との関連を語るだけで、オリンピックとは接続しなかった（「歳末渋い顔（8）〝晴れのちアラシ〟スポーツ砂ばくを嘆く」「新潟日報」一九六四年十二月十五日付）。被災者によるオリンピック語りも確認できない。
(31)「ショートショート」「新潟日報」一九六四年十月二日付
(32)「社説 震災復興の根幹たるもの」「新潟日報」一九六四年十月二十日付
(33)「窓」「新潟日報」一九六四年十月十八日付
(34)前掲『輿論と世論』一九五ページ。佐藤が指摘するように、「輿論」とは、Public Opinion（公論）、理性的な意見をさし、Popular Sentiments（民衆の感情）、心情的な「世論」とは区別されるものである。
(35)前掲「東京オリンピック」二五、二七ページ
(36)前掲『輿論と世論』一八九ページ
(37)前掲「東京オリンピック」二九ページ
(38)松山秀明「テレビ・ドキュメンタリーのなかの東京――1950・60年代の番組を中心に」、日本マス・コミュニケーション学会編「マス・コミュニケーション研究」第八十号、日本マス・コミュニケーション学会、二〇一二年、一六三ページ
(39)「資料」、前掲『東京オリンピック』所収、一五二ページ
(40)安田武「東京五輪が近づく国民的熱狂の中での疑念」「新潟日報」一九六四年十月八日付
(41)前掲『輿論と世論』一九四ページ
(42)大会終了後、「新潟日報」に用意された「読者がつくる紙面」では、阿部功男という人物の「論説 新潟県勢の伸展策」が掲載された（一九六四年十一月十日付）。同論説はオリンピック事業をやり玉にあげ、国家資金の偏りを批判している。しかし、大会終了後であってもこうした批判の声は例外的なものだった。
(43)「逆風満帆 映画監督・山本晋也「東京破壊」の時代を生きて」「朝日新聞」二〇一四年五月十日付

あとがき

石坂友司／松林秀樹

本書は社会学と歴史学を専門とする研究者による、一九六四年東京オリンピックが生み出した遺産をめぐる分析の書である。スポーツと都市をテーマとした二部構成になっていることからもわかるとおり、主にスポーツ社会学者と都市社会学者が融合したチームで執筆をおこなった。また、編著者を含めその何人かは、長野オリンピックが生み出した遺産と地域変容を検証した石坂友司／松林秀樹編著『〈オリンピックの遺産〉の社会学――長野オリンピックとその後の十年』（青弓社、二〇一三年）にも携わっていて、日本でおこなわれた夏冬二大会の分析を手がけたことになる。

長野大会の分析は二〇〇八年から取りかかったが、そのきっかけになったのは、一六年オリンピックの招致を目指していた東京都の立候補だった。結果として二〇年に開催されることになった東京大会の課題を探るため、五十年も前に開催された六四年大会との比較よりも、直近に開催された長野大会の分析のほうがより緊急性が高いと判断したからである。後述するように、「レガシー」の分析をするべきという機運が高まっていたことと、長野大会の開催からちょうど十年がたっていた、という状況もあった。長野大会との比較によって二〇年大会の課題が浮き彫りになってきた半面、同じ東京で開催された六四年大会が強烈なまでの成功神話を伴って、二〇年大会に影響力を及ぼし続けていることを私たちは意識せざるをえなくなった。

六四年大会がどのような意味で現代まで影響を及ぼし続けているのかは、本書の各章を通じて明らかにしてきたが、この大会は日本のスポーツ界・都市における発展の基盤を築いたといっても過言ではない。現代の日本でこれほど重要な六四年大会の社会学的分析はどうおこなわれてきたのかといえば、驚くべきことにほとんどなされてこなかったのが実情である。社会学がオリンピックを分析する視角をもちえていなかったことがいちばんの理由だが、社会にオリンピックやスポーツがもたらす影響力が過小評価されてきたといえるだろう。本書を含めて、東京都の二〇年大会への立候補、招致決定を経て、ようやく歴史社会学的な研究が始まったのである。

東京大会を分析した歴史社会学的な先行研究の主なものを紹介しておこう。例えば、本書でも何度か登場するが、当時のメディアや世論調査の分析を社会学者が担当した日本放送協会放送世論調査所編『東京オリンピック』（日本放送協会放送世論調査所、一九六七年）は、一九六四年当時の研究としては代表的なものであり、六四年大会を分析する導きの糸になっている。

六四年大会をスポーツ界・都市の変容という同時代的視点から描き出した研究には、石坂友司「東京オリンピックと高度成長の時代」（「年報日本現代史」編集委員会編「年報・日本現代史」第十四号、現代史料出版、二〇〇九年）、石渡雄介「未来の都市／未来の都市的生活様式――オリンピックの六〇年代東京」（清水諭編『オリンピック・スタディーズ――複数の経験・複数の政治』所収、せりか書房、二〇〇四年）などがある。また、六四年大会を「精神史」という視点から、戦争の時代という暗い〈過去〉がまとわりつく大会として論じた内田隆三「成長の時代の幻像――精神史としての東京オリンピック」（小路田泰直／井上洋一／石坂友司編著『〈ニッポン〉のオリンピック――日本はオリンピズムとどう向き合ってきたのか』所収、青弓社、二〇一八年）なども登場している。

一九四〇年に開催が予定されながらも返上に追い込まれた、「幻の東京オリンピック」との連続性を視野に入れながら分析した研究には、石坂友司「国家戦略としての二つの東京オリンピック――国家のまなざしとスポーツの組織」（前掲『オリンピック・スタディーズ』所収）、東京大会をメディア・イベントとして捉えて、同時代の社会的背景を実証的に描いたものに浜田幸絵『〈東京オリンピック〉の誕生――1940年から2020年へ』（吉川弘文館、二〇一八年）がある。反対に、六四年大会と二〇年大会の連続性から考察した研究には阿部潔「「2020」から「1964」へ――東京オリンピックをめぐる〈希望〉の現在」（前掲『〈ニッポン〉のオリンピック』所収）がある。

また、オリンピックとの関係性をデザイン・広告などから分析した加島卓『オリンピック・デザイン・マーケティング――エンブレム問題からオープンデザインへ』（河出書房新社、二〇一七年）など、関連する領域でも体系的な研究が少しずつ積み重ねられている。

それらの研究群に対して本書の特徴としてあげられるのは、六四年大会が生み出したものを遺産として、現代的視点から問い直すことである。このことは、長野大会後の各地域で同様の枠組みから検証してきた編著者らのオリジナリティでもある。IOCがレガシーという言葉をオリンピックに持ち込んで以来、オリンピックが生み出す遺産の検証は開催都市にとって必須になってきた。それらをIOCが提唱する肯定的評価に彩られたレガシーに完結するのではなく、否定的なものをも生み出す遺産として捉え返すことが二〇年大会に求められているといえるだろう。長野大会の調査・分析を進めていくなかで、我々のなかに深く印象に残った言葉があった。それは、大会当時に運営に関わった行政関係者の「準備期は開催に精いっぱいで、開催後のことを考える余裕はなかった。いまにして思えばもう少し考えておくべきだった」という発言である。はたして、二〇年大会は遺産を長期的な視野で検討できているだろうか。

序章で、二〇年大会が目指すべき方向性のヒントは六四年大会に隠されていると述べた。その答えは各章でアプローチしてきたように、六四年大会が波乱なく順調に開催された大会などではなかったことをまずは認識して、大会で生み出された遺産や課題を現代的な枠組みで評価し直すことから導き出される。それはすなわち、高度経済成長期と位置づけられる時代の特徴ですべてを説明するのではなく、この大会が可能にしたことと、積み残したこととを明確に分けて論じることである。二〇年大会に東京都が立候補した一因は、六四年大会が残したとされる課題解決のためでもあるし、それは同時に、日本社会が抱える課題の一部を形成してもいる。

六四年大会の競技的・運営的成功が現在の成功神話を作り出しているように、二〇年大会も準備過程の混乱をよそに、大会の終了をもって成功と記憶される可能性が十分にある。混乱を同時代的に経験している私たちは、それらが引き起こされた原因や社会的背景を十分に認識して記録・記憶していく必要があるのではないだろうか。そのことが、現代から六四年大会を問うことの最大の教訓になる。

長野大会も六四年大会と同様、一般的には成功した大会として記憶されていると思われる。オリンピックは開催前・開催中には人々の注目を浴びるものの、開催後には途端に忘れられる傾向にある。夏と冬の大会が交互に二年置きに開催されていること、ワールドカップや世界選手権など、さまざまな競技の世界レベルの大会が頻繁に開催され、メディアが「次」のスポーツイベントに注目していくことなどがその要因として考えられる。しかしいまこそ、スポーツ界と都市の双方に大きなインパクトを残すスポーツ・メガイベントの遺産について、あらためて「開催後」に意識を向けていくべきだろう。折しも本書執筆時に二〇二五年の万博開催地が大阪に決定した。本書でも大阪万博の分析を含めたように、一九六四年と七〇年に酷似した構図が再び描かれることになる。少子・高齢化に基づく「縮小社会」で、メガイベントがはたしてどのような役割を期待されているのか。また、どのような遺産を生み出していくのだろうか。

以上のような問いと検証が成功しているかどうかは、読者の判断に委ねなければならない。二〇年大会を迎える社会を考えるうえで、本書が議論を深めることに役立っていれば幸いである。

本書を企画・構想したのは、オリンピック開催まで四年と迫った二〇一六年七月のことだった。当初は歴史学者と社会学者の融合の書として完成する予定だったが、編著者間での議論を経て、社会学中心の論考をまとめることにした。本書の方針に向けて背中を押していただいた坂上康博先生、骨格を固める議論に関わっていただいた高尾将幸先生には、この場を借りてお礼を申し上げる。また、編集担当の矢野未知生さんには、いつもながらお世話になった。

オリンピック開催日に向けての準備が切迫しているように、本書の執筆もタイトなスケジュールで進めてきた。二〇年大会が終わってしまえば、六四年大会を振り返る意義が薄れてしまうことを懸念したからだ。六四年大会を振り返り、検証するための時間は十分に残すことができたように思う。一九六四年当時、代々木競技場を設計した丹下健三氏の心労には比べようもないが、ほっとひと安心している。二〇年大会の準備過程に一喜一憂するのではなく、いまこそ六四年大会を振り返っておくべきときなのである。

町村敬志（まちむら・たかし）
1956年、北海道生まれ
一橋大学大学院社会学研究科教授
専攻は社会学、都市研究、エスニシティ研究
著書に『開発主義の構造と心性』（御茶の水書房）、『越境者たちのロスアンジェルス』（平凡社）、『「世界都市」東京の構造転換』（東京大学出版会）、共編著に『脱原発をめざす市民活動』（新曜社）など

丸山真央（まるやま・まさお）
1976年、神奈川県生まれ
滋賀県立大学人間文化学部教授
専攻は政治社会学、都市研究
著書に『「平成の大合併」の政治社会学』（御茶の水書房）、共著に『ローカル・ガバナンスと地域』（ナカニシヤ出版）、『再帰的近代の政治社会学』（ミネルヴァ書房）、論文に「大都市問題の変容」（「都市問題」第106巻第11号）など

高岡裕之（たかおか・ひろゆき）
1962年、奈良県生まれ
関西学院大学文学部教授
専攻は日本近現代史
著書に『総力戦体制と「福祉国家」』（岩波書店）、共編著に『アジア・太平洋戦争辞典』（吉川弘文館）、編集協力に『戦後日本社会の歴史』シリーズ（岩波書店）、共著に『触発する歴史学』（日本経済評論社）など

水出幸輝（みずいで・こうき）
1990年、愛知県生まれ
日本学術振興会特別研究員
専攻は歴史社会学、メディア論
共著に『1990年代論』（河出書房新社）、論文に「2020年東京オリンピック・パラリンピック開催決定と他者」（「スポーツ社会学研究」第24巻第1号）、「「地震後派」知識人の震災論」（「マス・コミュニケーション研究」第93号）など

［著者略歴］
新倉貴仁（にいくら・たかひと）
1978年、東京都生まれ
成城大学文芸学部准教授
専攻は文化社会学、メディア論
著書に『「能率」の共同体』（岩波書店）、共著に『文化社会学の条件』（日本図書センター）、『戦後思想の再審判』（法律文化社）、論文に「都市とスポーツ」（「iichiko」第126号）など

高岡治子（たかおか・はるこ）
1949年、東京都生まれ
筑波大学大学院人間総合科学研究科後期博士課程修了
専攻はスポーツ社会学
論文に「家庭婦人スポーツ活動における「主婦性」の再生産」（「体育学研究」第53巻第2号）、「主宰者機構からみた家庭婦人スポーツ活動における「主婦性」の再生産」（「体育学研究」第55巻第2号）など

下竹亮志（しもたけ・りょうじ）
1988年、徳島県生まれ
筑波大学体育系特任助教
専攻はスポーツ社会学、運動部活動論
論文に「規律訓練装置としての運動部活動における「生徒の自由」を再考する」（「体育学研究」第60巻第1号）、「運動部活動における「伝統」と「自主性」の隠れた関係」（「現代スポーツ評論」第35号）など

渡 正（わたり・ただし）
1979年、北海道生まれ
順天堂大学スポーツ健康科学部准教授
専攻はスポーツ社会学
著書に『障害者スポーツの臨界点』（新評論）、論文に「障害者スポーツのボランティアをめぐる現状と課題」（「現代スポーツ評論」第37号）、「スポーツ科学の価値と未来」（「現代スポーツ評論」第34号）など

尾崎正峰（おざき・まさたか）
1959年、東京都生まれ
一橋大学大学院社会学研究科教授
専攻はスポーツ社会学、社会教育・生涯学習論
共編著に『越境するスポーツ』（創文企画）、共著に『「現代」という環境』（旬報社）、論文に「オリンピックを、いま、東京で、開催する意味」（「世界」2016年2月号）、「地域スポーツを支える条件の戦後史」（「スポーツ社会学研究」第20巻第2号）、“A History of Post-war Sport Policy in Japan and the United Kingdom”（*Hitotsubashi Journal of Social Studies* 43（2））など

［編著者略歴］
石坂友司（いしざか・ゆうじ）
1976年、北海道生まれ
奈良女子大学研究院生活環境科学系准教授
専攻はスポーツ社会学、歴史社会学
著書に『現代オリンピックの発展と危機1940-2020』（人文書院）、共編著に『〈オリンピックの遺産〉の社会学』『〈ニッポン〉のオリンピック』（ともに青弓社）、『オリンピックが生み出す愛国心』（かもがわ出版）、論文に「東京オリンピックと高度成長の時代」（「年報・日本現代史」第14号）など

松林秀樹（まつばやし・ひでき）
1975年、山形県生まれ
平成国際大学スポーツ健康学部准教授
専攻は都市社会学、スポーツ社会学
共編著に『〈オリンピックの遺産〉の社会学』（青弓社）、共著に『東京大都市圏の空間形成とコミュニティ』（古今書院）、『開発の時間 開発の空間』（東京大学出版会）、論文に「交通網整備からみる都市構造の変遷」（「日本都市社会学会年報」第22号）など

一九六四年《ねん》東京《とうきょう》オリンピックは何《なに》を生《う》んだのか

発行――2018年12月21日　第1刷

定価――2800円＋税
編著者――石坂友司／松林秀樹
発行者――矢野恵二
発行所――株式会社青弓社
〒101-0061 東京都千代田区神田三崎町3-3-4
電話 03-3265-8548（代）
http://www.seikyusha.co.jp
印刷所――三松堂
製本所――三松堂

ISBN978-4-7872-2080-6　C0021